U0822674

本系列丛书受中南财经政法大学法学一流学科社会服务典型案例：“监察文化、法治及其国际化”建设项目资助。

职务犯罪构成新论

A NEW VIEW ON THE CONSTITUTION OF DUTY CRIME

童德华 陈梅/编著

齐文远/审读

中国法制出版社
CHINA LEGAL PUBLISHING HOUSE

序

党的十八大以来，党的十八届三中全会吹响了全面深化改革的号角，全会通过的中共中央《关于全面深化改革若干重大问题的决定》明确强调，强化权力运行制约和监督体系是把权力关进制度笼子的根本之策。这不仅回应了社会的关切和期待，也是全面深化改革的重要一环。近些年，中央持续加强对职务犯罪的预防与惩治，腐败案件的存量明显减少，腐败案件的增量也得到了有效控制，党风、政风得到了纯化，权力监控体制得到了加强和完善。

据统计，2013 年，全国共审计党政领导干部和企事业单位领导人员 2.6 万多名，查出领导干部负有直接责任的问题金额 230 多亿元，62 名被审计领导干部和 135 名其他人员的问题被移送司法、纪检监察机关处理；2013 年 1 月至 11 月，全国共审计 11 万个单位，促进增收节支和挽回损失 2600 多亿元，移送违法违纪案件线索 1400 多件，提交报告和信息 8.5 万多篇，发布审计结果公告 5700 多篇，推动建立健全制度 2600 多项。[①] 而且反腐表现出持续化、制度化和规范化的发展趋势。自 2013 年至 2016 年，违反中央八项规定精神被处分人数占处理人数比例呈上升趋势，分别为 25.29%、32.96%、68.61%、73.57%，2017 年上半年亦保持在 68.61%；而查处的违反中央八项规定精神问题数量则逐年减少，分别为 9.44 万起、3.45 万起、2.65 万起、1.61 万起，2017 年上半年为 0.45 万起，不到去年一半。在此情况下，人民群众对党风廉政建设和反腐败工作的满意度不断增加，2013 年为 81%；2014 年为 88.4%；2015 年为 91.5%；2016 年为 92.9%；2017 年为 93.9%。[②] 这些数据说明腐败问

---

① 赵丽:《审计反腐成绩斐然但仍面临困难挑战》,《法制日报》2014 年 1 月 1 日，第 4 版。

② 瞿芃:《大型成就展“数”说正风反腐》,《中国纪检监察报》2017 年 9 月 30 日，第 1 版。

题得到了有效遏制。

但是，中央清醒地认识到“党风廉政建设和反腐败斗争形势依然严峻复杂”，[①] 腐败问题依然严重，买官卖官、批地抢项目、收红包、收敛钱财等违法乱纪的问题并未根除。在这种形式下，建立反腐败的制度至关重要，用法治推动职务犯罪预防与打击尤其重要。习近平总书记曾提出：“深化司法体制改革，建设公正高效权威的社会主义司法制度，是推进国家治理体系和治理能力现代化的重要举措。”[②]2016 年，中央提出建立覆盖国家机关及其公务员体系的国家监察体制，旨在将党内监督与法律监督、民主监督、审计监督、司法监督、舆论监督协调起来，形成监督合力，“推动国家治理体系和治理能力现代化”。[③]2017 年，在中国共产党第十九次全国代表大会上，习总书记在报告中提出，深化国家监察体制改革，在全国范围内组建国家、省、市、县监察委员会，“实现对所有行使公权力的公职人员监察全覆盖”。[④]2017 年 10 月，中共中央办公厅印发《关于在全国各地推开国家监察体制改革试点方案》，部署在全国范围内深化国家监察体制改革的探索实践，完成省、市、县三级监察委员会组建工作，实现对所有行使公权力的公职人员监察全覆盖。

文件下发不久，在全国范围内就掀起了“转隶潮”，《关于在全国各地推开国家监察体制改革试点方案》，旨在深化国家监察体制改革的要义，强化党对反腐败斗争的领导，通过整合检察、侦查、预防腐败和行政监察力量，组建集中统一、权威高效的反腐败国家机关——监察委员会，与党的纪律检查机关合署办公，实现对所有党员干部和公务人员监督、监察全覆盖；与之同时，国家监察法立法工作也同步展开。2018 年 3 月 20 日，备受瞩目的《中华人民共和国监察法》正式公布施行。

这是新时代的重大政治改革，它标志着党和国家反腐败专门机构在政权结构中正式建立，对健全完善中国特色社会主义监督体系必将产生重大影

---

① 习近平：《习近平谈治国理政》（第二版），外文出版社 2017 年版，第 161 页。

② 习近平：《习近平谈治国理政》（第二版），外文出版社 2017 年版，第 130 页。

③ 习近平：《习近平谈治国理政》（第二版），外文出版社 2017 年版，第 169 页。

④《党的十九大报告辅导读本》，人民出版社 2017 年版，第 66—67 页。

响。[1]1998 年最高人民检察院印发的《关于人民检察院直接受理立案侦查案件范围的规定》的通知中规定，人民检察院直接受理的案件一共三大类涉及 53 个罪名。这三大类分别为：（1）刑法分则第八章规定的贪污贿赂犯罪及其他章中明确规定依照第八章相关条文定罪处罚的犯罪案件；（2）刑法分则第九章规定的渎职犯罪案件；（3）国家机关工作人员利用职权实施的特定侵犯公民人身权利和民主权利的犯罪案件。而根据《中华人民共和国监察法》，监察机关的职责包括对涉嫌贪污贿赂、滥用职权、玩忽职守、权力寻租、利益输送、徇私舞弊以及浪费国家资财等职务违法和职务犯罪进行调查。监察机关对如下 6 大类公职人员进行监察：第一，中国共产党的机关、人民代表大会及其常务委员会机关、人民政府、监察委员会、人民法院、人民检察院、中国人民政治协商会议各级委员会机关、民主党派机关和工商业联合会机关的公务员，以及参照《中华人民共和国公务员法》管理的人员；第二，法律、法规授权或者受国家机关依法委托管理公共事务的组织中从事公务的人员；第三，国有企业管理人员；第四，公办的教育、科研、文化、医疗卫生、体育等单位中从事管理的人员；第五，基层群众性自治组织中从事管理的人员；第六，其他依法履行公职的人员。这意味着监察机关对职务犯罪的调查范围并不限于上述 53 个罪名，如刑法分则第三章第三节妨害对公司、企业的管理秩序罪中的非法经营同类营业罪，为亲友非法牟利罪，签订、履行合同失职被骗罪，国有公司、企业、事业单位人员失职罪，国有公司、企业、事业单位人员滥用职权罪，徇私舞弊低价折股、出售国有资产罪等，其犯罪主体为国有公司、企业或者事业单位的管理人员，属于监察机关的监察范围，对于这些犯罪的案件的受理与侦查机关发生的变更，显然是值得研究的。

从国家监察的使命看，国家监察机关并不是简单接收检察机关原来的工作，因为监察机关负有三大职责：一是监督，即监察机关对公职人员依法履职、秉公用权、廉洁从政从业以及道德操守情况进行监督检查；二是调查，监察机关对涉嫌贪污贿赂、滥用职权、玩忽职守、权力寻租、利益输送、徇私舞弊以及浪费国家资财等职务违法和职务犯罪进行调查；三是处置，监察机关依据

① 吴建雄：《国家监察体制改革与新时代中国特色社会主义监督体系构建》，载《统一战线学研究》2018 年第 11 期。

相关法律对违法的公职人员做出政务处分决定；对在行使职权中存在的问题提出监察建议；对履行职责不力、失职失责的领导人员进行问责；对涉嫌职务犯罪的，将调查结果移送检察机关依法提起公诉。可见监察机关将成为一个集行政执法与刑事执法为一体的机构。因此，凡是属于不正确行使公权力的案件都可能纳入监察机关的工作中去，包括国有公司、企业、事业单位的管理人员渎职的行为。

毫无疑问，这种体制变化必将扩大原来检察机关办理的职务犯罪的案件范围。为了适应时代变化和法治建设的要求，我们结合以往的教学和研究成果，编写了《职务犯罪构成新论》，总结了公职人员职务犯罪在司法实践中的一般经验，并对一些争议提出了我们的观点。“以审判为中心”的司法体制的核心要求，不是将法官置于最重要的地位上，而是各个机关在办理有关案件的时候，要基于审判中的争议问题展开工作。这注定了刑法关于犯罪构成和刑罚的实体规定，应当成为刑事诉讼中始终面向的课题，如侦查中应根据涉嫌犯罪的各个构成要素搜集相关证据，在审判中也要围绕这些构成要素是否能成立展开指控和辩论。对于新成立的监察委员会及其工作人员而言，适应上述时代变革的要求，为他们编写一本这样的书，是我们作为刑法教学和研究的人员的历史使命。本书的编写任务和分工是：第一章第二节、第三节和第二章由童德华编写，其他章节由陈梅编写。特别感谢齐文远教授鼓励文本编写，并担任审稿人，对书稿写作付出了辛勤汗水。也感谢编辑李佳、孙璐璐的热心鼓励和专业能力，为书稿增光添彩。

目　　录

第一章　职务犯罪构成概述

第一节　职务犯罪

一、职务犯罪的概念

职务犯罪，最初是一个犯罪学上的概念。以往学界一般认为“职务犯罪”并不是一个法律概念，只是学界与实务界约定俗成的对与职务有关的犯罪的概称。[①]随着我国监察体制改革的进行，调查职务违法和职务犯罪是我国监察机关的主要职能之一，“职务犯罪”将成为正式的法律概念。为此，有必要对“职务犯罪”进行准确的界定，这也是科学认识职务犯罪构成的前提。

有的学者认为职务犯罪主要就是腐败犯罪，“职务犯罪与权力息息相关。权力的欲胀性，本能地决定了这类犯罪是腐败的主要表现形式，贪污贿赂犯罪又是其中最重要的表现形式”。[②]这种观点代表了当下的一种较为普遍的认识，但这种认识只注意到了职务犯罪的一个面向。事实上职务犯罪与腐败犯罪并不是绝大部分重合的两个同质概念，腐败犯罪在本质上来说指的是以公权力谋取私利的犯罪，其必定以某种不正当利益为基础。“不涉及非法获取不正当利益的，不应当视为腐败犯罪。”[③]而职务犯罪不仅包括贪利型的贪污贿赂

---

① 参见何秉松:《职务犯罪的预防与惩治》，中国方正出版社 1999 年版，第 4 页。

② 王德合:《职务犯罪与侦查对策》，中国传媒大学出版社 2007 年版，第 1 页。

③ 赵秉志、陈弘毅主编:《国际刑法与国际犯罪专题探索》，中国人民公安大学出版社 2003 年版，第 314 页。

犯罪，还包括非贪利型的渎职犯罪，其在本质上是对国家管理社会生活和管理公务的双重职能的侵犯①。

大多数学者还是将职务犯罪与腐败犯罪区别开来，但对于职务犯罪的概念，学界也尚未达成一致意见。归纳起来，刑法学界对职务犯罪概念的界定主要有这样几种具有代表性的意见：一是认为职务犯罪是国家工作人员利用职务之便贪污公共财物、收受贿赂或者滥用职权、玩忽职守、徇私舞弊，破坏国家工作人员职务行为廉洁性或者国家机关正常管理活动的行为。②二是认为职务犯罪是指国家公职人员不履行职责、不正确履行职责或者利用职权谋取不法利益，妨害国家对职务行为的管理活动，损害公众对于政府的信赖感，依法应受刑事处罚的行为的总称。③三是认为职务犯罪是具有法定职责的公务人员，违反职责义务，故意或过失地侵犯国家管理社会生活和管理公务活动，致使国家和人民利益遭受重大损失的各种犯罪行为的总称。④四是认为职务犯罪是指国家工作人员和其他在社会团体、企业、事业单位中依照法律、法规或者组织章程等从事公务的人员在履行职责过程中，利用职务上的便利条件，或者滥用职权，或者不正确履行职权所实施的违背职责要求的依照刑法规定应受刑罚处罚的行为的总称。⑤

综观学者们给出的职务犯罪的概念，都在一定程度上反映出了职务犯罪的某些特征，但尚且存在一些不完善的地方。第一种观点将职务犯罪的行为方式以列举的形式在概念中予以呈现，难免有所缺漏。并且此种概念并未将一般违纪违法行为与犯罪行为区别开来，职务犯罪行为具有严重的社会危害性，并不是所有的破坏国家工作人员职务行为廉洁性或者国家机关正常管理活动的行为都是职务犯罪行为。第二种、第四种观点并未概括出职务犯罪的主观心理状态，而主观心理状态是职务犯罪成立必不可少的条件之一，应当在概念中有所反映。第三种观点相对较为合理，但其将职务犯罪的后果明确

① 参见钱大群、孙国祥：《职务犯罪研究》，南京大学出版社 1996 年版，第 121 页。

② 高铭暄、陈璐：《当代我国职务犯罪的惩治与预防》，载《法学杂志》2011 年第 2 期。

③ 储槐植、冯卫国：《略论职务犯罪及其控制方略》，载《山东公安专科学校学报》2000 年第 3 期。

④ 钱大群、孙国祥：《职务犯罪研究》，南京大学出版社 1996 年版，第 121 页。

⑤ 何秉松：《职务犯罪的预防与惩治》，中国方正出版社 1999 年版，第 5 页。

限定在“致使国家和人民利益遭受重大损失”上，仅能体现部分渎职犯罪的特征，而在大多数贪污贿赂犯罪的犯罪构成中，并不要求这一要件。

根据上述分析，我们认为职务犯罪可以分为广义上的概念及狭义上的概念，从广义上讲，它是行为人（包括国家工作人员和非国家工作人员）在履行职务的过程中，故意或过失地不履行职责、不正确履行职责或者利用职权谋取不法利益，妨害国家对职务行为的管理活动的，应受刑罚处罚的行为的总称。从狭义上讲，它是国家公职人员在履行职务的过程中，违反职责义务，故意或过失地侵犯国家管理社会生活和管理公务活动，实施的与职务有关的，应受刑罚处罚的行为的总称。根据《中华人民共和国监察法》，其对职务犯罪采用了狭义的概念，故本书也在此范围内展开论述。

二、职务犯罪的分类

对职务犯罪予以分类，是为了更加深刻、系统地认识职务犯罪。国内刑法学者曾对职务犯罪的种类进行了尽可能广泛的介绍，将其按照不同的分类标准分为以下几种类别[①]：

1. 根据犯罪主体的身份，分为纯正职务犯罪与非纯正职务犯罪。前者是指只能由从事公务的人员才能实施的犯罪行为，后者是指既可以由从事公务的人员实施，也可以由其他非公务人员实施的犯罪行为。

2. 根据犯罪行为与职务的关系，分为必然的职务犯罪和任意的职务犯罪。前者是指只能在职务行使中才能构成的犯罪，后者是指行为与职务没有必然联系，行为人不利用职务之便即可以实施的犯罪。

3. 根据构成职务犯罪主体的范围，分为单一型职务犯罪与混合型职务犯罪。前者是指刑法规定只能以国家机关工作人员为主体的范围，后者是指既可以以国家机关工作人员为主体，又可以以其他从事公务的人员为主体的犯罪。

4. 根据职务犯罪主体是否有特殊要求，分为一般职务犯罪与特殊职务犯罪。前者是指刑法规定只需具备从事公务的身份即可构成的职务犯罪，后者是指刑法规定担负特定职责、具有特定身份的公职人员才能构成的犯罪。

5. 根据职务犯罪人犯罪动机中是否含有经济内容，分为经济型职务犯罪

---

① 参见何秉松：《职务犯罪的预防与惩治》，中国方正出版社 1999 年版，第 13—16 页。

与非经济型职务犯罪。

上述分类在学理上有一定的价值和意义，也对掌握职务犯罪有一定的帮助。但是，随着职务犯罪从学理概念上升为法律概念，上述分类要么并未将职务犯罪的概念限定在法定的范围内，要么没有基于职务犯罪的本质和属性进行类别划分。我们认为对职务犯罪的分类，应当根据法律的规定，结合职务犯罪的心理状态、主观目的、客观行为模式等方面进行，可以将职务犯罪分为以下四类：

第一类是占有型职务犯罪。主要包括贪污罪、私分国有资产罪、私分罚没财物罪。挪用公款罪在主观目的上虽不是对国有资产的侵占，但其易与贪污罪混淆，且其是对国有资产使用秩序的侵犯，所以也可以将其纳入占有型职务犯罪中来，有学者在研究税务系统的职务犯罪时就将挪用税款归类到占有型职务犯罪中[①]。这类犯罪的主观方面都是故意，客观上侵犯了国家职务的廉洁性，破坏了国有财物的所有及管理秩序，造成了大量国家资财的直接流失。

第二类是交易型职务犯罪。主要包括贿赂犯罪，非法经营同类营业罪，为亲友非法牟利罪，徇私舞弊低价折股、出售国有资产罪。这类犯罪的主观方面也都是故意，在方式上以权钱交易的模式进行。值得注意的是，近年来直接的"权钱交易"型职务犯罪逐渐转向了"利益输送"型职务犯罪，在合法交易的掩盖下进行利益交换，对于新出现的交易型职务犯罪模式，需要提起足够高的警惕，从行为的本质属性上予以分析。

第三类是滥用职权型职务犯罪。其基本罪名是滥用职权罪，具体罪名特殊型滥用职权罪包括：国有公司、企业、事业单位人员滥用职权罪，故意泄露国家秘密罪，执行判决、裁定滥用职权罪，私放在押人员罪，滥用管理公司、证券职权罪，违法发放林木采伐许可证罪，食品监管渎职罪，办理偷越国（边）境人员出入境证件罪，放行偷越国（边）境人员罪，阻碍解救被拐卖、绑架妇女、儿童罪，帮助犯罪分子逃避处罚罪。此外，利用职权侵犯公民人身、民主权利的犯罪与国家工作人员的职权滥用有密切的关联性，在直接侵犯公

① 参见郎利武：《税务系统职务犯罪的成因及预防对策》，载黄松涛主编：《中国司法建设理论与实务探索》，经济日报出版社 2010 年版，第 670 页。

民人身权利与民主权利的同时，也严重妨害了国家机关正常管理活动，本书将利用职权侵犯公民人身、民主权利的犯罪也归类到滥用职权型职务犯罪当中。具体包括国家机关工作人员利用职权实施的非法拘禁罪、国家机关工作人员实施的诬告陷害罪、司法工作人员滥用职权实施的非法搜查罪、司法工作人员滥用职权实施的非法侵入住宅罪、刑讯逼供罪、暴力取证罪、虐待被监管人罪、非法剥夺公民宗教信仰自由罪、侵犯少数民族风俗习惯罪、报复陷害罪、国家机关工作人员利用职权实施破坏选举罪。

第四类是玩忽职守型职务犯罪。其基本罪名是玩忽职守罪，具体罪名特殊型玩忽职守罪包括：国有公司、企业、事业单位人员失职罪，过失泄露国家秘密罪，执行判决、裁定失职罪，失职致使在押人员脱逃罪，国家机关工作人员签订、履行合同失职被骗罪，环境监管失职罪，传染病防治失职罪，商检失职罪，动植物检疫失职罪，不解救被拐卖、绑架妇女、儿童罪，失职造成珍贵文物损毁、流失罪。

第五类是徇私舞弊型职务犯罪。其基本罪名是徇私枉法罪，民事、行政枉法裁判罪，枉法仲裁裁决罪，徇私舞弊减刑、假释、暂予监外执行罪，徇私舞弊不移交刑事案件罪，徇私舞弊不征、少征税款罪，徇私舞弊发售发票、抵扣税款、出口退税罪，违法提供出口退税凭证罪，非法批准征用、占用土地罪，非法低价出让国有土地使用权罪，放纵走私罪，商检徇私舞弊罪，动植物检疫徇私舞弊罪，放纵制售伪劣商品犯罪行为罪，招收公务员、学生徇私舞弊罪。

三、职务犯罪的特征

根据职务犯罪的概念及分析，可以发现职务犯罪有四个方面的基本特征：

第一，职务犯罪从本质上来说是公共权力的异化。国家公共权力的配置目的在于保障社会各项事务的有序运行。职务犯罪是权力的违法使用，背离了权力的设置目的及使用规范。总的来说，权力的违法使用大体有四种情形[①]：利益交易、基于不当动机运行职权、超越职权、不履行或者不正确履行

---

① 参见张明楷、劳东燕、吴大伟等：《司法工作人员犯罪研究》，中国人民大学出版社 2007 年版，第 5 页。

职权。职务犯罪虽然在违法性的表现形态上各有不同，但其核心都是权力的异化与失范。也正因如此，职务犯罪是对政治稳定与政治民主的严重破坏。职务犯罪的存在会降低政府的威信，人们对政府的信任感也随之降低。每一个职务犯罪案件的曝光，虽然一方面显现出了国家对职务犯罪打击的坚定态度，但另一方面被曝光的职务犯罪行为也挑战着人们敏感的神经，甚至会将其他社会问题都归结于职务犯罪。此外，有些职务犯罪是对民主与法治的直接挑战。例如，2013 年发生的衡阳贿选案，共有 56 名当选的湖南省人大代表存在送钱拉票的行为，涉案金额达 1.1 亿余元人民币，有 518 名衡阳市人大代表和 68 名工作人员收受钱物。中共湖南省委指出这起案件是对人民代表大会制度的挑战，是对社会主义民主政治的挑战，是对国家法律和党的纪律的挑战。虽然最终该案件依法依规进行了查处，但该案造成的恶劣影响在短时间内难以完全消除。权力来源于人民的授权，必须依照人民的意志形使，而法律法规就是人民意志的集中体现。职务犯罪正是违反了法律法规规定的权力行使规范，是权力的严重异化。

第二，职务犯罪的主体是国家公职人员。职务犯罪的主体特殊性是其与其他普通犯罪区别开来的重要指征，国家公职人员这一特殊身份具有法定性，即是由法律明文规定了的，依照宪法和各种组织法规定的各种程序和条件而产生，或是受有关机关的委托从事公务而取得。[①] 为此，在担任公职缺乏法律依据，或者虽在国家管理机构中工作但该工作不具有履行公职性质时，不能构成职务犯罪。同时，职务犯罪主体还具有行为人的社会地位、学历层次都比较高的特性。因为职务犯罪的主体是国家公职人员，在国家开始公职人员选拔制度改革后，对公职人员的学历水平要求不断提高，同时“逢进必考”的要求也对公职人员的学识、智力水平提出了较高要求。在过去被抓获的职务犯罪分子当中，不乏名校毕业的高才生，如清华大学毕业的硕士研究生肖明辉，有着超强的组织、协调能力和执行能力，28 岁时就任洋浦经济开发区规划局副局长，却因受贿千万元成了“阶下囚”。这样高学历、高智商，同时又有一定社会地位的犯罪人往往也会采取较为复杂、隐蔽的犯罪手段，并具

---

① 参见高铭暄、马克昌主编：《刑法热点疑难问题探讨》，中国人民公安大学出版社 2002 年版，第 877 页。

有较多的社会资源，编织起他们的权力庇护网络，使得职务犯罪的打击难度较大，也使得打击职务犯罪的专业性不断增强。

第三，职务犯罪的犯罪行为与职务具有关联性。并不是所有国家公职人员实施的犯罪都是职务犯罪，如某具有公职的领导，强迫下属与其发生性关系，就只涉嫌构成强奸罪，而不是职务犯罪，因为此时的犯罪行为与其公职的行使并没有关联。具体来说，犯罪行为与职务具有的关联性主要表现为三种形式：一是利用职务上的便利。根据最高人民检察院《关于人民检察院直接受理立案侦查案件立案标准的规定（试行）》的规定，贪污罪构成中的“利用职务上的便利”是指利用职务上主管、管理、经手公共财物的权力及方便条件。受贿罪中“利用职务上的便利”是指利用本人职务范围内的权力，即自己职务上主管、负责或者承办某项公共事务的职权及其所形成的便利条件。但学界对于“利用职务便利”这一要素尚有不同的解读，在后面的篇章中会予以详细论述。二是滥用职权。滥用职权是指权内违规行使或者违规越权行使本应依法行使的特有的决定或处理有关公共事务的职能权力。其核心是“职权”的“滥用”。[①] 三是不正确履行职权。主要表现为行为人对自己的工作职责不负责任，没有履行应当履行的职责，敷衍了事等。

第四，职务犯罪具有严重的社会危害性。任何一种犯罪都具有严重的社会危害性，否则根据刑法的谦抑性，也不会成为刑法的调整对象。但职务犯罪的社会危害性与一般犯罪的社会危害性还是有所不同的，其影响范围之广之深，是其他普通犯罪所不具备的。这主要表现在职务犯罪对社会生活的渗透力无论是横向广度还是纵向深度都比一般犯罪要强。国家出于公共事务管理的需要，必然会在社会生活的各个方面配置公共权力，但由每个人都参与事务管理是不现实也无法操作的，唯有由选拔出来的部分人代替人们行使管理权能。而职务犯罪依附于权力而存在，也因此附随着权力的运行，其影响范围会扩散到社会生活的方方面面。此外，国家公职人员的道德水平、行为方式会对社会大众造成示范效应，国内外的历史经验告诉我们，当官员秉公执法、廉洁公正时，社会风气也较为淳朴；而当以权谋私、贪污腐化、滥用职权、玩忽职守之风盛行时，民间社会中就会充斥着尔虞我诈，人人自私自利。

① 张小虎：《论我国刑法滥用职权罪的实行行为》，载《法学杂志》2009年第11期。

四、职务犯罪的发展趋势

职务犯罪发展趋势的探究，必须立足于对一段时间以来职务犯罪基本状况的掌握上，结合社会、经济、文化等情况，进行合理预测。为此，我们统计了 2006 年至 2016 年全国法院刑事一审案件情况，并将其中贪污贿赂犯罪与渎职犯罪的相关数据单列出来，同时还统计了 2013 年至 2016 年全国检察机关办理职务犯罪案件的相关情况数据，以期对问题有更加直观的认识和把握。

表 1　2006 年至 2016 年全国法院刑事一审案件情况统计表①

年度	合计		贪污贿赂罪		渎职罪	
	收案（件）	结案（件）	收案（件）	结案（件）	收案（件）	结案（件）
2006	702445	701379	20952	20822	2881	2911
2007	724112	720666	20563	20213	3148	3022
2008	767842	768130	22214	22111	3783	3786
2009	768507	766746	22233	21942	4003	3970
2010	779595	779641	23889	23441	4489	4310
2011	845714	839973	23232	22868	4611	4526
2012	996611	986392	26680	25886	5596	5439
2013	971567	953976	25416	23941	5703	5185
2014	1040457	1023017	27543	25583	5927	5496
2015	1126748	1099205	28846	19493	5779	5187
2016	1101191	1115873	23011	32063	5131	5342

① 数据来源：中华人民共和国最高人民法院官方网站公布的司法数据统计。http://gongbao.court.gov.cn/ArticleList.html?serial_no=sftj，最后访问时间：2018 年 1 月 9 日。

表 2 2013 年至 2016 年全国检察机关办理职务犯罪案件情况统计表[①]

年份	立案侦查职务犯罪案件		涉嫌犯罪人员行政级别			立案侦查贪污、贿赂、挪用公款 100 万元以上案件
	人数	件数	县处级	厅局级	省部级	件数
2013	37551	51306	2610	253	8	2581
2014	41487	55101	3423	589	28	3664
2015	40834	54249	3758	769	41	4490
2016	47650	——[②]	2415	446	21	——

根据表 1，从总体上看职务犯罪案件自 2006 年以来总数较大，全国法院一审的职务犯罪案件数均在 2 万件以上，且自 2012 年以来总数已经突破 3 万件。但增长幅度大致较为平稳，并未出现井喷式增长。贪污贿赂类案件总数在 2011、2013、2016 年甚至出现了小幅下降。从大方向来看，职务犯罪案件未来还将保持一定的增长态势，但职务犯罪的总体情势已经得到控制。值得注意的是，渎职类犯罪案件的增长速度较快，虽然案件总数相对贪污贿赂类案件并不算多，但是从 2006 年的 2881 件已经上升至 2016 年的 5131 件，增幅较大。这一方面是因为国家执法力度的加强，另一方面是因为现在直接的权钱交易性贪污贿赂犯罪已经开始逐渐转向暗中交换式的利益输送，这些行为认定为贪污贿赂犯罪是有难度的，贪污贿赂型犯罪的构成要件中不可或缺的是“获财”这一内容，而诸如内幕交易型腐败[③]、利用职权为特定关系人谋利但未收取财物的腐败，以及国家工作人员之间互相利用职权为对方或对方的特定关系人输送利益的行为，很大程度上就只能以滥用职权罪进行处罚[④]。

根据表 2，可以发现检察机关办理职务犯罪案件的数量与全国法院一审

① 数据来源：2014 年至 2017 年《最高人民检察院工作报告》。参见中华人民共和国最高人民检察院官方网站：http://www.spp.gov.cn/gzbg/，最后访问时间：2018 年 1 月 9 日。

② 此标记表示没有相关数据。

③ 参见陈尧、段伟：《内幕信息交易型腐败：一种新的腐败动向》，载《上海大学学报（社会科学版）》2016 年第 1 期。

④ 参见薛建颖、李勇：《“利益输送”型职务犯罪模式及其认定》，载《人民检察》2014 年第 18 期。

的职务犯罪案件数量的增长趋势是大致吻合的，都表现出了总数较大、起伏式增长，但总体情势得到控制的基本趋势。同时，通过表 2 中对涉嫌犯罪人员行政级别的统计，可以发现检察机关查办高级官员职务犯罪的数量增长较为明显，尤其是在 2015 年查办涉嫌犯罪的高官人数达到了一个高峰，厅局级官员 769 人，省部级官员 41 人。此外，立案侦查贪污、贿赂、挪用公款 100 万元以上的案件数量增幅也较为明显，2015 年与 2013 年相比，数量增长近一倍。

有学者于 2008 年通过数据分析，总结出我国职务犯罪演变的几大趋势[①]：一是一段时期内，职务犯罪将呈波浪式上升趋势；二是随着公共权力的限制和转移，职务犯罪的上升势头会逐渐得到遏制；三是职务犯罪涉案金额上限将继续扩大，涉案金额将不断增大；四是跨国（境）职务犯罪以及职务犯罪嫌疑人负案携款外逃的现象将会继续增多；五是职务犯罪的方式更加复杂多样化，手段将更加隐蔽化；六是单位犯罪将增多；七是群体性职务犯罪将继续呈高发态势。通过上述简要的数据统计，可以在很大程度上印证该学者做出的趋势判断，并且可以推断出这一趋势还将继续持续。但其中第五点趋势，即跨国（境）职务犯罪以及职务犯罪嫌疑人负案携款外逃的现象，在近年来国家大力开展境外追逃追赃工作，并且开展了一系列措施防止职务犯罪人员外逃的背景下，会得到一定的控制，增长的趋势或许也将有所放缓。

第二节　犯罪构成

一、犯罪构成概述

犯罪构成在大陆法系，如德国刑法学、日本刑法学中被指称为构成要件。构成要件（Tatbestand）来源于中世纪意大利宗教裁判上的概念、拉丁语 Corpus delicti 一词此前，还有一个词叫作犯罪的确证（Constare de delict），这是中世纪纠问程序中使用的术语。1581 年，意大利法学家 Farinacius 提出，

---

① 参见莫洪宪、王燕飞主编：《职务犯罪预防战略研究》，中国人民公安大学出版社 2008 年版，第 98—113 页。

用不法集合体（Corpus delicti）一词，表明已经被证明的犯罪事实，此时，它是诉讼法中的概念。随后，该词被传到德国，但在普通法时代，它一直是诉讼法上使用的术语。1796 年，德国学者克莱因（Klein）最早将不法集合体翻译为德语 Tatbestand，不过这个概念还是拘囿于诉讼法范畴中。直到费尔巴哈才使 Tatbestand 成为实体刑法上的概念。后来贝林（Beling）的构成要件理论说、迈耶（M.E.Mayer）的烟火理论、梅兹格（Mezger）的违法类型说发展了它。日本昭和初年，学者将 Tatbestand 翻译为构成要件。虽然这一翻译并不是很让人满意，但还是被日本刑法理论界普遍接受。

早期沙俄时代的学者学习了德国刑法理论，后来随着苏维埃政权的建立，苏联学者一方面吸收先辈的研究，另一方面发展马克思主义学说，提出了犯罪构成理论。中华人民共和国成立后，我国在特殊的时代背景下主动学习苏联刑法理论，系统学习和发展了我国的犯罪构成体系。

在我国刑法中，犯罪构成是指我国刑法规定的，决定某一具体行为的社会危害性及其程度，而为该行为构成犯罪所必需的一切客观要件和主观要件的有机统一体。依据不同的标准，我们可以将犯罪构成做不同分类：

第一，根据法定的形态，犯罪构成分基本的犯罪构成与修正的犯罪构成。

所谓基本的犯罪构成，是指刑法分则条文就某一犯罪的完成形态所规定的犯罪构成。

所谓修正的犯罪构成，是指以基本的犯罪构成为基础，适应故意过程中的犯罪形态或者共同犯罪的形式而加以修正变更的犯罪构成。

第二，根据社会危害性程度，犯罪构成可分为基本的犯罪构成与派生的犯罪构成。

所谓普通的犯罪构成，是指刑法条文对具有通常社会危害程度的行为所规定的犯罪构成。

所谓派生的犯罪构成，是指以普通犯罪构成为基础，由于具有较重或者较轻的社会危害程度情节，而从普通犯罪构成中分化出来的犯罪构成。包括严重犯罪构成和减轻犯罪构成。

第三，根据刑法条文表述是否完结，犯罪构成可分为封闭的犯罪构成与开放的犯罪构成。

封闭的犯罪构成，是指由于刑法条文完整地规定了犯罪构成要件，不需要法官予以补充的犯罪构成。

开放的犯罪构成，是指由于刑法条文仅规定了部分的构成要件，适用时需要法官予以补充的犯罪构成。

第四，根据法定的结构，犯罪构成可分为简单的犯罪构成和复杂的犯罪构成。

简单的犯罪构成，是指刑法条文规定的犯罪构成的要素均属于单一的犯罪构成。

复杂的犯罪构成，是指刑法条文规定的犯罪构成的要素并非单一的犯罪构成，它包括选择的犯罪构成、多层次的犯罪构成、数个客体的犯罪构成、数个行为的犯罪构成、数个罪过的犯罪构成。

二、犯罪构成的客观要件

犯罪构成的客观要件，是指刑法所规定的、说明行为对刑法所保护的社会关系造成侵害的客观事实特征。犯罪的客观方面要件是构成犯罪所必须具备的要件。在刑法中，危害行为是必要的客观要件，这是没有争议的；但危害结果是不是必要的客观要件，理论上由于对结果的认识不同，而存在分歧。有的观点认为，每一个犯罪都有结果，所以危害结果是必要的客观要件；但是传统观点认为，并非每一个犯罪的成立都要求结果，如行为犯和举动犯，所以，危害结果是选择的客观要件。本书认为，根据刑法分则的具体规定，有些犯罪不以危害结果为构成要件，因此，传统的观点是正确的，危害结果只是选择的客观要件。

但是，有些要件并非为每一个具体犯罪所具备，但为部分具体犯罪所要求的客观要件，如危害结果、特定的手段、特定的时间和特定的地点等。

1. 危害行为

犯罪首先是人的一种危害行为。而社会危害性是从行为的客观现实影响中表现出来的。没有危害社会的行为，或者仅有危害社会的思想活动但没有以行为方式表现出来，不可能产生对社会的危害，在现代社会就不能认为是犯罪。因此，危害行为是每一个具体犯罪构成的基础，在犯罪论中居于核心的地位。

危害社会的行为在客观上可以有多种多样的表现形式，我们可以根据行为人实施行为时的主观罪过，将其分为故意行为和过失行为；也可根据危害行为是否属于具体犯罪构成的要件，将其分为实行行为和非实行行为；还可以根据行为违反规范的形式，将其分为作为和不作为。关于故意行为和过失行为、实行行为和非实行行为，本书将另外叙述，因此这里主要论述作为与不作为。

2. 作为

作为，是指行为人用积极的身体活动实施的违反禁止性规范的危害行为。在刑法中的作为，是指行为人违反了禁止性的刑法规范，即刑法禁止人们实施一定的行为，而行为人却积极地施行。我国刑法中规定的大多数犯罪，都可以由作为实施，其中许多只能通过作为实施，如强奸罪、抢劫罪、抢夺罪、诬告陷害罪、诽谤罪、诈骗罪，等等。作为除了要具备危害行为的三个特征之外，还必须表现为身体活动的积极举动，身体的静止不可能实施作为犯罪。

在司法实践中，作为的方式主要有以下几类：（1）利用自己身体的作为；（2）利用物质性工具的作为；（3）利用自然力的作为；（4）利用动物的作为；（5）利用他人行为的作为。

3. 不作为

不作为是危害行为中与作为相对的另一种表现形式。所谓不作为，是指行为人具有实施某种行为的特定义务，能够履行而不履行的危害行为。不作为和作为的区别，不在于行为人的身体是动或是静，而在于行为人违反了什么样的规范：不作为违反的是命令规范；作为违反的是禁止规范。不作为也要具备危害行为的三个基本特征，此外，还有三个特殊的构成条件：第一，行为人负有实施某种作为的特定义务；第二，行为人具有履行特定义务的能力；第三，行为人没有履行作为的特定义务。

行为人负有实施某种作为的特定义务，是构成不作为的前提条件。我国刑法理论通说认为，不作为的义务来源于以下方面：（1）法律明文规定的义务，职务犯罪中的作为义务一般是法定义务。（2）职务或者业务所要求的义务。（3）法律行为引起的义务。（4）先行行为引起的义务。

4. 危害结果

危害结果是指犯罪行为对危害对象施加作用之后已经造成的具体人身伤亡或者物质的减少、毁损或者其他合法状态的改变的事实情况及其实在可能状态。

5. 犯罪客观方面的其他要件

除了危害行为和危害结果之外，犯罪客观方面的构成要件还包括犯罪时间、地点和方法。

（1）犯罪构成的时间、地点和方法。对于多数犯罪来说，犯罪的时间、地点和方法并不是犯罪构成的要件，即不是犯罪构成所必需的，不能决定犯罪的性质。但一些犯罪在成立的时候，要求特定的时间、地点或者方法。如果缺乏这些条件，犯罪也不能构成，如刑法第 340 条、第 341 条规定的非法捕捞水产品罪和非法猎捕、杀害珍贵、濒危野生动物罪，就包括“禁渔期”“禁猎期”的限制性时间条件和“禁渔区”“禁猎区”的限制性地点条件或者“使用禁止的工具、方法”等限制性的方法条件，如果不具备这些特别规定的条件，也不得成立这两个犯罪。

（2）量刑的时间、地点和方法。尽管大多数犯罪在成立的时候，并不要求特定的时间、地点和方法条件，但是一定的时间、地点或者方法对于所有的犯罪的量刑都有影响。因为犯罪的各个不同的时间或者不同的地点以及方法的差异，也能反映犯罪本身的社会危害性和行为人的人身危险性。例如，在比较偏僻的地方发生的抢劫案件和在繁华地带发生的抢劫案件，或者在深夜发生的抢劫案件和在白天发生的抢劫案件，各自给社会造成的影响是不一样的。再如，杀人案件中，使用安眠药让受害人死亡的方法和使用肢解身体的方法让受害人死亡的，前一个案件中的行为人的人身危险性比较小，后一个案件中的行为人的人身危险性通常比较大。在司法审判中，特别要注意根据这些因素衡量行为人刑事责任的大小，从而合理量刑。

三、刑法中的因果关系

（一）刑法中的因果关系的概念

客观世界的一切运动着的事物，都是普遍联系、相互制约的，其中任何一种现象都会引起、产生另一种现象，也可以说任何现象的产生都是由别的现象所引起的。这种引起产生一定现象的现象叫作原因，被引起、产生的一定现象叫作结果。这种引起和被引起的关系就是因果关系。刑法中的因果关系，也称为刑法中危害行为和危害结果之间的因果关系，是指危害行为与危害结果之间所发生的引起与被引起的关系。

刑法中关于因果关系论的分歧较大，在英美刑法体系和大陆法系刑法之间都是如此。[①] 英美刑法从两个层次判断因果关系：一是事实因果关系（factual causation），一是法律因果关系（legal causation），从而形成了所谓的“双层次原因学说”。在判断事实原因时，一般适用“but for”法则，即如果没有行为，也会发生结果，那么行为就不是结果的事实原因。法律原因是法律上有价值的原因，也就是事实原因中能够被法律认为应让行为人对所产生的危害结果承担责任的原因。如何选择法律因果关系，在英美刑法理论上争议很多。

在大陆法系国家刑法理论中，从 19 世纪中叶就开始讨论刑法中的因果关系，其中形成了多种学说，主要有如下几种：1. 条件说，认为在理论上可以导致结果发生的条件，都是结果的原因，即只要有“如无前者，就无后者”的条件关系时，就可以肯定行为对于结果具有原因力。所以，此说又被称为“条件即原因说”。由于它将一切条件视为原因，不论其中价值大小的区别而作同等对待，故又被称为“同等说”或“等价说”。当条件关系比较复杂时，条件说就难以解决因果关系，而且该说不分条件全部当作原因，扩大了刑法中因果关系的考察范围，因此受到许多批判。2. 原因说，也称为原因条件区别说，认为在若干个条件中只存在一个或部分原因，因而也被称为“个别化说”。在决定什么样的条件是原因方面，该说存在分歧，有人主张必要条件是原因，有人主张优势条件是原因，有人主张最后条件是原因，有人主张最有利条件是原因，有人提出动力条件是原因，有人将离规条件当作原因，有人认为最先条件是原因，还有人主张决定条件是原因，等等。这些主张也表明原因说很不确定，实际上也难以确定原因。3. 相当因果关系说，相当因果关系说以条件说为基础，认为刑法上的因果关系是理论上的因果关系，但不是一切理论上的因果关系都是刑法上的因果关系。作为刑法上的因果关系，必须立足于社会经验的法则，考虑具有相当性的理论上的因果关系。也就是说，对于数个条件，根据一般人的经验、智识加以判断，只有具有发生结果的相当性的，才是刑法上的原因。至于判断“相当性”的标准，却有主观的相当因果关系说、客观的因果关系说和折中的相当因果关系说三种分歧。而折中的相当因果关系说相对比较合理。4. 客观归属论，这种理论定型于 20 世纪 70 年代，已经

---

① 以下内容参见童德华：《外国刑法原论》，北京大学出版社 2005 年版，第 91—126 页。

成为德国刑法学的通说，在日本、奥地利等国影响颇大。其判断分三个方面：一是判断有无条件关系，二是根据危险增加原理判断行为人的行为是否制造了一个特定的危险，三是根据规范的保护目的理论判断行为人的危险是否在规范保护的范围内实现了。当前的相当因果关系说在一定程度上具有转向客观归属论的趋势。

（二）我国关于刑法因果关系基本观点

我国刑法理论对刑法因果关系的研究，始于20世纪50年代，渊源于苏联刑法研究，主要方法是运用辩证唯物主义因果关系学说，开展对刑法中危害行为和危害结果的认识：刑法中的因果关系和哲学上的因果关系是个别与普通的关系，在研究刑法中的因果关系时，不能脱离哲学因果关系的指导，但是犯罪是一个社会现象，刑法中的因果关系具有自己的特殊性。根据这种理解，刑法中的因果关系具有以下特征：

1. 因果关系的客观性

因果关系首先表现出客观的属性。任何事物在运动过程中所发生的因果关系都是客观存在的，作为原因的前一现象与作为后果的后一现象，首先是客观的，不以人们的意志为转移，而且他们之间相互作用、相互联系的方式也是客观存在的。

在考察刑法中的因果关系时，也必须坚持客观性的认识，既不能以行为人是否预见为前提，也不能以司法人员的主观想象来确定，即使在一些比较特殊的案件中，也应该坚持客观分析的方法，如患者甲腹部动了手术后不久尚未痊愈，在休养期间散步时，因故与乙发生争执，双方各不相让，而动手扭打。乙在将甲摔倒时，也被其揪住一同带倒，膝盖恰好在甲的腹部伤口上顶了一下，将伤口顶破造成了大出血，甲伤口感染而死亡。尽管这件事属于意外，但是，并不能否定甲的死亡是乙的行为造成的，两者之间的因果关系是明确的。此时就不能因为乙不知道甲手术后伤口未愈或未预见到会发生如此严重的后果而否认因果关系的存在。

2. 因果关系的相对性

在客观世界中，各种客观现象都是普遍联系和互相制约的。在这个普遍的联系中，某一现象在一对因果链中是作为原因的，又可以是另一对因果链中的结果；某一危害结果的本身也可以是另一对因果关系中的原因。例如，在普通公路上，货车由于超速行驶，撞在前面的小车上，小车被撞向路边，将一个行人撞伤。小车被撞向路边，是货车超速行驶的结果，也是造成行人受伤的直接原因。所以，某一现象对于前一现象来说是结果，而对于后一现象来说可以是原因，即原因和结果在现象的普遍联系中只是相对的，而不是绝对的。为了确定原因和结果，就必须将其中的一对有联系的现象从若干个相互联系的因果链中抽出来，才能显现哪一个是原因，哪一个是结果。此时，原因就是原因，结果就是结果。

3. 因果关系的时间序列性

因果关系的相对性，决定我们在考察它时要注意它的时间序列性。因果关系的时间序列性，就是从发生的时间上看，原因必须发生在前，结果只能在原因之后发生。其时间顺序不能颠倒。所以，考察因果关系时，只能从危害结果发生以前的危害行为中去找原因。如果查明某人的行为是在危害结果发生之后才实施的，那么就可以肯定两者之间不具有因果关系。例如，甲和丙有仇，有一次在路上遇到丙，甲借机报复，用木棍打在丙的头上后跑了，丙倒在地上，后来乙路过，也想伤害丙，他走上前对丙踢了一脚，刚好也踢在头上。第二天发现丙死亡了。在这样的案件中，尽管发现丙的死亡时间是在乙的行为之后，但是不能认为丙死亡的就是发生在乙的行为之后。如果通过法医鉴定发现丙其实在被甲打击之后、乙打击之前就已经死亡的，那么乙的行为和丙的死亡之间就没有因果关系。

4. 因果关系的复杂性

现实生活中发生的因果关系是复杂的，很少以一因一果的形式表现出来。因果关系的复杂性主要表现在两个方面：

（1）“一果多因”，即一个结果由多个原因造成。例如，甲由于受到女朋友的奚落和抛弃，到酒吧喝酒，因为心情不好，与食客乙发生争吵，争吵中他将乙打伤，在医院里，丙医生由于疏忽大意，没有使用消毒器械致使乙感染死亡。在这个案件中，有数个因素是乙死亡的原因，假如甲的女朋友没有抛弃甲，甲也许不会喝酒；甲不喝酒就不会闹事，也不会打乙，甲不打乙，就不用送乙到医院；在医院，如果不是因为医生的疏忽大意，乙不会死亡。在这么多的原因，要找出主要原因，确定对结果承担主要刑事责任的原因，这是刑法中考察因果关系的意义。

（2）“一因多果”，即一个原因造成多个结果。例如，甲诽谤乙的妻子，造成乙对妻子的猜忌，最后将妻子杀死，然后烧毁自家房屋，自己也患上了精神病。在“一因多果”的情形下，首先要考察行为引起的主要结果和次要结果，还要考察直接结果和间接结果。这对于定罪和量刑都有现实意义。

5. 因果关系不排除偶然性

原因和结果之间的因果关系既是一种必然联系，也是一种偶然联系。但是在刑法中判断因果关系时，它是否包含偶然的性质呢？或者说在社会观念中看来是偶然的因果关系是否属于刑法中的因果关系呢？例如，甲将乙打伤，伤势不严重，在医院就诊过程中，由于医生使用了未消毒的器械致使乙感染而死亡。乙的死亡，与丙医生的玩忽职守行为之间具有因果关系，对此没有争议。问题在于甲的伤害行为与乙的死亡结果之间是否具有因果关系。

持必然因果关系观点的学者认为，危害行为应该具有使结果发生的实在可能性，也就是指危害行为具有导致结果发生的规律性。如果某种行为不存在使某种危害结果发生的客观根据，那么该行为就不是原因。只有某种行为中包含使某种结果发生的实在可能性，而且这一可能性在具体条件下只有合乎其本身规律发生该结果时，才能确定具有因果关系，如果因为其他原因的介入，而切断了这一发展的过程，那么，前行为与结果之间也不具有因果关系。以上例来说，由于甲的行为中不包含致乙死亡的可能性，死亡结果是由于医生的疏忽大意造成的。因此，甲的伤害行为与乙死亡结果之间不具有因果关系。退一步讲，假如甲造成乙的致命伤，具有造成乙死亡的实在可能性，却由于医生的疏忽大意行为的介入，其行为的实在可能性不能转变为现实性，也仍然不具有因果关系。

持偶然因果关系观点的学者认为，除了必然因果关系之外，实践中还存在偶然联系的因果关系。所谓偶然因果关系，是指某种行为本身不包含产生某种危害结果的必然性，但在该因果关系的发展过程中，偶然又有其他作为原因的行为介入，这时，原来的因果关系就偶然地同另一原因的发展过程相交错，由后来介入的作为原因的行为合乎规律地引起该种危害结果。此时，前一因果关系与后一因果关系之间是一种偶然联系。以上例来说，甲打伤乙这两者之间是一种必然因果关系，丙使用未消毒器械致乙感染败血症而死亡也是一种必然因果关系，这两个必然因果关系偶然联系在一起，就导致了乙的死亡。所以，这两个必然因果关系，对死亡来说都具有原因力。因为不可否认的是，正是因为甲打伤乙，乙才去医院，才偶然地碰上不负责任的丙大夫。这就不能说甲的行为与乙的死亡没有任何因果关系，也就不能说甲对乙的死亡不负任何责任。当然，这里负责任并不是说负杀人罪的责任，而是说对他的伤害行为在处理时，对乙死亡这一情况也应予考虑。

本书认为，偶然与必然之间是相互转化的，在一定程度上看来是偶然的联系，其实也是必然的；在一定程度上看来是必然的现象，也有偶然性，所以不能排除偶然因果关系。

四、犯罪构成主观要件之故意

犯罪构成主观要件，是指刑法规定成立犯罪必须具备的、犯罪主体对自己实施的危害行为及其危害结果所持的心理态度。犯罪主观方面的内容，在英美刑法理论中称为犯意（Mens Rea），在德日等大陆法系国家刑法理论中称为“罪过”。

（一）犯罪故意

《刑法》第 14 条第 1 款规定：“明知自己的行为会发生危害社会的结果，并且希望或者放任这种结果发生，因而构成犯罪的，是故意犯罪。”据此，犯罪故意是指，行为人明知自己的行为会发生危害社会的结果，并且希望或者放任这种结果发生的心理态度。在构成形式上，它表现为行为人对符合犯罪构成的客观事实的认识和意欲。

成立犯罪故意，应具备两个基本条件：

1. 行为人明知自己的行为会发生危害社会的结果。

“明知自己的行为会发生危害社会的结果”，是成立犯罪故意的主观认识要素，它包括认识的内容和明知的程度两方面的内容。

（1）认识的内容

认识的内容，即“明知”的内容，主要包括：

一是危害行为。虽然刑法规定“明知自己的行为会发生危害社会的结果”，但不能仅仅限于对结果的认识，因为行为是犯罪的核心要件，无行为则无犯罪，故此，行为人首先必须认识自己的行为。对行为的认识，主要是对自己行为的形态及其社会危害性质的认识。

至于是否要求行为人认识到自己的行为是违法的，在过去一直根据“不知法不赦”这一格言进行处理，即行为人即便不知道行为的违法性，也可以成立故意。但是，现在在外国刑法理论上则有不同看法。受其影响，我国刑法学中也出现了如下分歧：其一，不必要说，即坚持不知法不赦的原则，即便行为人不知道行为的违法性，也不阻却故意的成立；[①] 其二，必要说，认为犯罪故意的成立，必须具备违法性的认识。[②] 在这两种对立观点之间，还有观点认为，刑法中的社会危害性具备刑事违法性的特征，刑事违法性可以通过社会危害性反映出来，因此，在认定故意时，只需要行为人对社会危害性是否有认识即可，而不必另外查明他对刑事违法性是否有认识。[③] 本书认为，社会危害性认识和违法性认识在一般情况下是一致的，但是，社会危害性认识和违法性认识评价的标准和基础很可能不一样，如我们可以认识社会危害性是一种实质性的评价，而违法性是一种形式的评价；此外，社会危害性评价不排除主观因素，而违法性可能以客观的法规范为前提，因此，理论上不能认为有社会危害性认识就必然有违法性认识，特别在罪刑法定原则下，更不能因为行为人有社会危害性认识就必然推定其有违法性认识。相反，根据法律的要求，行为人即便没有违法性认识也不阻却故意的情形是客观存在的，因此，根据我国刑法的规定，结合实际的要求，我们还是应当坚持“不知法不赦”的原则。当然，在行为人明显不可能知道法律规定的情况下，应当减轻或者免除其刑事责任。

二是行为结果。行为结果是行为对刑法所保护的社会关系可能或者已经造成的损害。因此，行为结果并非危害结果。要求对行为结果的认识，是因为它能揭示行为人的认识和意志两个方面的因素，如果行为人认识某种有危害的行为结果，必然对其社会危害性有认识，当行为人认识到其社会危害性而行为时，根据其行为的形态，很容易反映其主观上的意向。反之，如果行为人没有认识到行为危害社会的结果，则不能反映犯罪故意中的意向，因此，

---

① 参见杨春洗、杨敦先主编：《中国刑法论》，北京大学出版社 1998 年版，第 108 页。

② 参见赵秉志主编：《犯罪总论问题探索》，法律出版社 2003 年版，第 227—228 页。

③ 参见马克昌主编：《犯罪通论》，武汉大学出版社 1999 年版，第 336—337 页。

就不能成立故意。特别是在结果犯中，对于特定的结果的认识，更是成立故意的必要条件，如杀人罪中，行为人必须认识到自己的行为可能导致他人死亡的结果，否则就不能构成故意。

三是行为对象。行为对象是行为人的行为导致行为结果的媒介。尽管行为对象不是犯罪的必要要件，但是，对行为对象的认识，决定了行为人对行为结果的认识，如误认人为动物或者误认动物为人而进行射击的场合，就人的死亡这一点上，它反映了行为人对于致人死亡这一社会结果的不同认识，由此进一步反映出行为人的不同意志取向。另外，在以对象为选择要件的犯罪中，如奸淫不满 14 周岁幼女所构成的强奸罪中，还要求行为人明知对方是不满 14 周岁的幼女，如果行为人确实不能知道这一对象性因素，行为人的行为就可能不构成犯罪。

四是行为时间、地点和方法手段。犯罪都是在一定时空中以一定方法和手段进行的。行为的方法手段既说明行为本身的性质，也足以预示行为可能的结果。在以时间、地点和方法手段为构成要件的犯罪中，如非法捕捞水产品罪（第 340 条）、非法猎捕、杀害珍贵、濒危野生动物罪（第 341 条）中，就是以禁渔区、禁猎区为特定的地点要件，以禁渔期、禁猎期为特定的时间要件，以禁用的工具、方法为特定的方法要件，如行为人对此不能认识，就势必影响对犯罪故意的认定。

五是关于因果关系的认识。在故意中，不仅要认识行为，还要认识结果，至于行为和结果之间的联系，是否属于故意的构成要件呢？理论上有必要说（通说）和不必要说之争。[①] 本书认为，如果对因果关系完全没有认识，就不能判断结果，如迷信犯，所以必须要求对因果关系的认识。但要指出，因果关系不是犯罪构成的要件，因此，因果关系的认识只是认定故意的一个前提。

（2）明知的程度

明知的程度，也就是认识的程度，在我国刑法犯罪故意的规定中，就是要求行为人明知自己的行为“会发生”危害社会的结果。具体说，“会发生”包括“必然发生”和“可能发生”两种情况，明知“必然发生”，是指行为人对危害结果的发生持有确定认识；明知“可能发生”，是行为人对危害结果的

---

① ［日］大谷实：《刑法讲义总论》，成文堂 1996 年补定 4 版，第 194 页。

发生与否持有一种不能完全确定的认识，即结果可能发生，也可能不发生。

2. 行为人“希望或者放任”危害社会的结果发生

行为人不仅要认识到自己的行为会发生危害社会的结果，“并且希望或者放任这种结果发生”。这是故意的意志因素。根据刑法的规定，故意的意志表现为两种情形：

（1）希望结果发生，就是指行为人对结果的发生持有积极追求的心理态度。它表现为行为人以特定的危害结果作为自己行为的直接目的，企图利用各种有利的条件，实施一系列活动以促使该结果的发生。

（2）放任结果发生，就是行为人对特定的危害结果，虽不希望其发生，但又不阻止这一结果发生，即对该结果的发生采取容忍的心理态度。它表现为听任危害结果的发生，结果发生也可以，不发生也可以，总之，它事实上在行为人的意料之中，但行为人对该危害结果的发生不加控制，不采取措施予以阻止，听之任之。

（二）犯罪故意的法定种类

根据刑法的规定，犯罪故意可分为直接故意和间接故意。

1. 直接故意

直接故意，是指行为人明知自己的行为会发生危害社会的结果，并且希望这种结果发生的心理态度。直接故意具有两个特征：其一，在认识因素上，行为人明知自己的行为会发生危害社会的结果；其二，在意志因素上，行为人希望危害社会的结果发生。这两个特征对直接故意的成立缺一不可。

根据犯罪故意中明知程度的不同，直接故意可表现为两种情形：（1）行为人明知自己的行为必然会发生危害社会的结果，并且希望这种结果发生；（2）行为人明知自己的行为可能发生危害社会的结果，并且希望这种结果发生。

2. 间接故意

间接故意，是指行为人明知自己的行为会发生危害社会的结果，并且放任这种结果发生的心理态度。间接故意也具备两个特征：其一，在认识因素上，行为人明知自己的行为会发生危害社会的结果；其二，在意志因素上，行为人放任危害结果的发生。在认定间接故意时，这两个特征必须同时具备。

根据实际情形，间接故意在明知的程度上只能是行为人明知自己的行为可能发生危害社会的结果，即行为人对危害结果是否发生的认识是不确定的，如果行为人明知危害结果必然发生而行为，就很难再认为是放任，或者说此时根本不可能产生放任态度，只能说是希望发生危害结果，从而认为行为人的心理态度属于直接故意了。

在实践中，间接故意主要发生在三种场合中：（1）行为人追求某一犯罪目的，而放任另一危害结果的发生，如行为人将毒物投放于食物中意图杀妻时，意识到妻子可能将事物分给孩子吃，但由于杀妻心切而行为，结果孩子因为分食而死亡。对妻子的行为，表现了行为人直接故意的心理态度，但是他并不希望自己的孩子死亡，对孩子的死亡，就不能认为是出于直接故意的心理态度。可是，行为人意识到自己的行为可能导致孩子死亡的结果，出于杀妻的目的，他没有采取预防措施，而是听任这一结果的发生，在主观上不是过失的，而是属于间接故意。（2）行为人追求一个非犯罪目的而放任某种危害结果发生，如行为人为了狩猎，在意识到自己会击中他人的情况下实施射击，结果导致受害人重伤的。显然，行为人不希望击中受害人，但是他也不是因为过失击中受害人，就属于间接故意。（3）在突发性故意犯罪中，行为人动辄行凶，不计后果，用刀、棍等工具伤人后扬长而去致人伤亡的案件中，很难说行为人希望结果的发生，根据社会规范的必要，也不宜做过失论处，考虑到行为人可能认识到自己的行为会导致伤亡的结果，亦可认为行为人对这种结果是放任的，因此认为是间接故意。

直接故意与间接故意的相同之处在于，明知自己的行为会引起某种危害结果的发生。但是它们的区别还是比较明显的：（1）明知的程度不同，直接故意既可明知这种结果可能发生，也可明知这种结果必然发生，而间接故意只能是明知自己的行为可能引起危害结果的发生，在明知结果必然发生的情况下的行为，只能说明行为人具有希望的态度；（2）对危害结果的态度不同，直接故意是希望危害结果发生，而间接故意只能表现为放任危害结果的发生。正因为如此，在刑法条文中以特定目的才能构成犯罪的，都是以直接故意为主观要件。

（三）犯罪故意的理论分类

1. 确定故意与不确定故意

根据认识程度与决意程度的不同，犯罪故意可分为确定故意与不确定故意。

确定故意，是指行为人对自己的行为会发生某种具体结果具有明确的认识，并希望这种结果发生的心理态度。不确定故意，是指行为人虽然明知自己的行为会发生危害结果，却不明确会发生何种具体结果，而希望或者放任这种结果发生的心理态度。不确定故意可进一步分为：（1）未必故意，即行为可能会发生结果，但是不必然发生结果，而行为人希望或者放任其发生的心理态度；（2）择一故意，指行为会发生一个结果，但在数个对象中究竟何者发生该结果不确定，而行为人希望或者放任其发生的；（3）概括故意，指行为会发生结果，但是究竟哪些对象会发生该结果不确定，而行为人希望或者放任其发生的。

2. 预谋故意与一时故意

根据故意形成的时间长短，犯罪故意可分为预谋故意与一时故意。预谋故意是指，行为人在实行犯罪之前就已经形成了犯罪故意的心理的情形。一时故意，或称突发故意，指产生犯罪故意后立即实行该行为的情况。

3. 实害故意与危险故意

根据故意的内容对刑法保护利益的后果，犯罪故意可分为实害故意与危险故意。实害故意是指，行为会发生实际的损害，而行为人希望或者放任其发生的心理态度。危险故意是指，行为有发生实际损害的危险，而行为人希望或者放任其发生的心理态度。

4. 事前故意与事中故意

根据行为当时的意思，犯罪故意可分为事前故意和事中故意。事前故意，是误认为已经完成特定的故意犯罪，事实上犯罪事实并没有发生，在进一步实施一定的行为时，当初的事实才发生的场合，如用刀砍杀他人后，以为受害人死亡，将其掩埋，实际上受害人是在土中窒息而亡的，当初的砍杀故意就是事前故意。所谓事中故意，或者事后故意，是没有故意实施特定行为，在实施行为过程中才产生故意，而将以后的事态置于自然推移的场合的，如医生在做手术过程中突然产生杀死病人的意思之后，对病人采取不作为处置的，就是事中故意。

五、犯罪构成主观要件之过失

（一）犯罪过失的概念与理论发展

《刑法》第 15 条第 1 款规定：“应当预见自己的行为可能发生危害社会

的结果，因为疏忽大意而没有预见，或者已经预见而轻信能够避免，以致发生这种结果的，是过失犯罪。”通说据此认为，“所谓犯罪过失，就是指行为人应当预见自己的行为可能发生危害社会的后果，因为疏忽大意而没有预见，或者已经预见而轻信能够避免的一种心理状态”。[①] 本书认为，现代刑法以处罚故意犯罪为原则，以处罚过失犯罪为例外，即过失犯罪的成立限于刑法分则条文有明确规定的场合，犯罪过失也应当限于这种场合；通说揭示了犯罪过失的事实特征，但未揭示犯罪过失的法律特征，有失全面。准确而言，犯罪过失是指，行为人应当预见自己的行为可能发生危害社会的后果，因为疏忽大意而没有预见，或者已经预见而轻信能够避免，并且刑法给予特别处罚的规定场合的心理状态。

随着社会的发展，一方面过失犯罪的成立范围在刑法中有扩张的趋势，另一方面要求过失犯罪的成立条件具有适应社会的弹性，因此，围绕注意义务这一条件，过失犯罪的学说在国外有很大发展：[②]1. 旧过失论认为，过失的主要内容是对结果的预见可能性或者结果预见义务，即如果行为人具有结果的预见可能性，就可以构成过失并由刑法加以非难。2. 新过失论认为，过失的内容不仅包括结果预见义务，而且包括结果避免义务，特别是在运输和医疗中，如果仅仅依据结果的预见可能性，就会扩大过失犯的范围。在现代社会，为了成立过失，不仅要求行为人有预见可能性，还必须要求行为人尽到了自己的结果避免义务。3. 新新过失论，也称为危惧感说，它由新过失论发展而来，但关于预见可能性的判断，该学说认为只要行为人具有危惧感、不安感，即可认为具有预见可能性。本书认为，在现代社会，旧过失论已经过时，而新过失论和新新过失论比较适应社会的需要，只是还有进一步检讨的必要。这两种理论能体现现代社会必须承认的两个事实：一是被容许的危险。所谓被容许的危险，是指在有危险的业务活动中，诸如驾驶汽车、操纵飞机、工厂生产等危险作业的过程中，或者有风险的医疗手术等行为，对于发生法益

---

① 高铭暄、马克昌主编：《刑法学》，北京大学出版社、高等教育出版社 2007 年版，第 123 页。

② 参见［日］曾根威彦：《新旧过失犯论争总括——自旧过失论的立场》，载日本《现代刑事法》2000 年总第 15 期；船山泰范：《新旧过失犯论争总括——自新过失论的立场》，载日本《现代刑事法》2000 年总第 15 期。

侵害的结果，并不难以预见，但是，这些伴随着潜在危险的行为，因为具有一定的社会机能，基于行为的危险性和它对社会的有益性的全面衡量，它们具有一般利益衡量的结果，从而作为被容许的具有危险的行为。二是信赖原则。信赖原则是根据被容许的危险和危险分配的需要发展出来的，是行为人在实施某种行为时，有相当的理由信赖被害人或者第三人可以实施适当的行为，但由于受害人或者第三人的不恰当行为而发生结果的场合，行为人对此不负责任的原理。运用信赖原则，可以否定结果预见可能性和结果避免义务。在德日刑法理论中，“被容许的危险”和“信赖原则”已经成为刑法学中的两个基本理论，这有必要引起我们的重视。

（二）过失的种类

犯罪过失在刑法上可分为疏忽大意的过失和过于自信的过失两种。在理论上，过失可分为一般过失和业务过失两类，一般过失是指行为人在一般（日常）社会生活中，违反一般的注意义务因而造成危害结果的心理态度；业务过失是指行为人在业务活动中，违反业务上的注意义务因而造成危害结果的心理态度。通常，对业务过失犯罪的处罚要比一般过失犯罪的处罚重。本书仅仅介绍法定的犯罪过失。

1. 疏忽大意的过失

疏忽大意的过失，也称为无认识的过失，是指行为人应当预见自己的行为可能发生危害社会的结果，因为疏忽大意而没有预见，以致发生这种结果的心理态度。

疏忽大意的过失表现为，行为人没有认识到自己的行为可能发生危害社会的结果。和其他罪过形态的犯罪不同，在疏忽大意的过失犯罪中，行为人的犯罪意向不明显，没有对危害结果的希望或者放任的态度，这和行为人的认识因素有关系。但是，行为人虽然没有认识到危害结果发生的可能，并不表明行为人不具备认识这种结果发生的能力。规范有序的社会生活，要求社会成员在各项活动中必须遵守一定的注意义务，以防止发生危害他人和社会的结果，如果行为人具备认识危害结果发生的能力，马虎大意，不认真负责履行注意的义务，导致较为严重的社会结果，刑法完全可以根据不同的情形予以制裁，以发挥其预防机能。刑法基于以上理由惩治疏忽大意的过失犯罪。

行为人应当预见自己的行为可能发生危害社会的结果，因为疏忽大意而没有预见这种结果的发生，是成立疏忽大意过失的一般条件，它表明认定疏忽大意过失的关键因素，一是对危害社会结果可能发生的预见能力，二是应当预见的“行为的社会结果”的内容。

（1）预见能力

预见能力是行为人履行预见义务的前提。应当预见是一种预见义务，但是它并不限于法律有明确规定的场合，日常生活中的规则也是义务的来源。由于法律只能规范有能力者，因此，赋予行为人义务，必须要求行为人具备一定的能力，因此，预见义务必须以预见能力为前提。

由于行为人的生活环境、接受的教育和文化知识等存在差异，所以每个人对于危害结果的预见能力是不同的，因此在判断行为人是否具备预见能力的问题上，有：主观说，认识应当以行为人本人的能力和水平为标准，判断其是否具有预见能力；客观说，认为应当以社会上一般人的能力和水平为标准，判断行为人是否具备预见能力；折中说，认识应当以主观说为主、以客观说为辅，当行为人的预见能力高于一般人的预见能力时，以一般人的预见能力为标准，当行为人的预见能力低于一般人的预见能力时，以行为人的预见能力为标准。如果采取主观说，则能力强者过失犯罪的可能性更大，而平庸者过失犯罪的可能性较小，这显然是不利于社会发展的；如果采取客观说，那么，即便能力强者完全可以预见危害结果时，也不认为其具有预见能力，因此不构成过失，这并不合理。相反，如果行为人的预见能力低于一般人，的确不能预见一般人能预见的危害结果，此时依旧认为行为人具有预见能力，显然也是不合理的；如果采用折中说，就低不就高，大体上比较合理，但是当行为人的预见能力显然高于一般人的预见能力时，完全根据一般人的能力也不可取，在一定场合也可以认为行为人具备预见能力。

在具体判断行为人有无预见能力的时候，不可能对行为人和一般人的预见能力做个别化的分析和判断，因此在司法实务中，首先要进行不同类社会角色的考察，即主要考察行为人所从事的社会工作，比如关于死亡的认识，医生的预见能力应当高于其他社会成员，消防人员对于火灾事故的认识能力应当高于非消防人员。其次还要进行同类社会角色的考察，即要根据和行为人社会角色相同或者类似的人的预见能力进行比较性考察，此时特别要评价行为人本人的知识结构、能力水平等因素，比如在医疗事故中，甲医生和乙医生由于各自工作的医院不同、各自接受的医疗教育不同、实际工作中积累的医疗经验也不同等，对于某种疾病致死的后果的认识也可能不一样。最后应当进行环境因素的考察，由于环境的不同，行为人的认识能力也会有变化，比如在紧张的时候和不紧张的时候，行为人的预见能力就会不一样。

（2）预见内容

在过失犯罪中，行为人应当预见的是危害社会的结果，而不是行为本身的违法性，在一些过失犯罪的场合，行为人可能是故意实行行为，但对结果的发生则是过失的，比如交通肇事罪属于过失犯罪，行为人往往故意违反交通法规，但只要他对于危害结果不是持希望或者放任的态度，就属于过失。行为人所预见的危害社会的结果，不要求是具体的，而是刑法条文所规定的抽象结果。

2. 过于自信的过失

过于自信的过失，也称为有认识的过失，是指行为人预见到自己的行为可能发生危害社会的结果，但轻信能够避免，以至于发生这种结果的心理态度。过于自信的过失在认识因素上具有以下两个特征：

（1）行为人预见到自己的行为可能发生危害社会的结果。也就是说，行为人意识到自己的行为与某种危害社会的结果之间具有不太确定的联系。必须注意的是，关于危害社会的结果发生的概率性问题，过于自信的过失中是“可能发生”，在故意中是“会发生”，这说明行为人对于结果发生可能性大小的认识存在一定区别。

（2）行为人对于实际发生的危害结果具有轻信能够避免的心理状态。所谓轻信能够避免，就是行为人在预见到危害结果可能发生的同时，凭借某些不可靠的主客观条件，错误地相信自己能够避免危害结果的发生。轻信发生的主要原因包括：其一，行为人过高地估计了自己处置危害结果的能力；其二，行为人对于导致危害结果的客观条件缺乏正确的认识；其三，行为人轻视了危害结果发生的可能性。轻信能够避免说明行为人并不希望也不放任危害结果的发生。

（三）过失的认定

1. 过失与故意的区别

在国外刑法学中，关于过失和故意的区别，有以下学说：[①]（1）认识说，该学说强调以认识要素区分故意与过失，认为只要行为人认识到构成要件结果发生的可能性，即便其没有达到一定的发生程度，也可以成立故意；（2）希望说，该学说强调以意志要素区别故意与过失，认为为了成立故意，必须要求行为人希望结果发生。（3）容认说，该学说也强调以意志要素区分故意与过失，认为希望结果发生和容认结果发生都属于故意。如果采取认识说，就没有疏忽大意的过失的余地，如果采取希望说，那么间接故意的情形就应作为过失处理，因此这两说都不合理，而容认说克服了这两说的缺点，相对比较合理。

我国刑法主要采取容认说区别故意与过失，但是，在区别两者时也不排除认识因素：就认识因素看，犯罪故意中行为人应当认识到行为会发生危害结果，而犯罪过失中行为人不一定能认识到危害结果，即便能认识到这种危害结果，但是关于其发生的概率性也有区别，故意是“会发生”，过失是“可能发生”；就意志因素看，犯罪故意中，行为人对特定危害结果具有希望或者放任的心理态度；而犯罪过失中，行为人不仅不希望或者不放任危害结果的发生，而且其内心应当排斥该结果的发生。

2. 过失与无罪过

无罪过事件包括意外事件和不可抗力。无罪过事件与过失的区别要点是意外事件与疏忽大意、不可抗力与过于自信的过失。

意外事件与疏忽大意的过失有相同之处，表现为客观结果发生了，但行为人没有预见到了该结果。它们的区别是：在意外事件的场合，行为人不能够预见结果；而在过失的场合，行为人能够也应当预见到结果，只是因为主观上疏忽大意而没有预见。

不可抗力与过于自信的过失的相同之处，表现为客观结果发生了，而且

---

① 参见［日］山中敬一：《刑法总论Ⅰ》，成文堂1999年版，第300页；洪福增：《刑事责任之理论》，台湾刑事法杂志社1988年修正再版，第380—381页。

行为人已经预见到了该结果。它们的区别是：在不可抗力的场合，行为人不可能采取措施避免结果发生，或者虽然采取措施也不可能避免结果发生；而在过失的场合，行为人本可以采取有效措施避免结果发生。

六、犯罪构成主观要件之犯罪目的和动机

（一）犯罪目的

犯罪目的，是行为人通过实行犯罪所希望达到的结果。我们可以说犯罪目的的内容是犯罪的结果，但是不能将目的和结果等同起来。

在我国刑法中，犯罪目的表现为：1. 直接故意中的意志因素，即行为人对于自己的行为直接造成危害结果的希望，如直接故意杀人，行为人明知自己的行为会发生他人死亡的结果，并且希望他人死亡。希望他人死亡，就是行为人的目的。2. 在直接故意犯罪中，行为人通过实现行为的直接危害结果后，进一步追求的某种非法利益或结果，如刑法分则中所规定的非法占有的目的，牟利的目的、营利的目的等。

在故意犯罪中，有些犯罪要求以一定的目的为构成要素，有些犯罪则不要求以犯罪目的为构成要素，但一定的犯罪目的可作为量刑时裁量的因素。以犯罪目的为构成要素的犯罪，理论上称为目的犯。目的犯中对于目的的要求，一般通过明示的方式规定下来，但也有一部分并没有明确的规定，而是采取默示的方式加以规定，根据一般认识，一定的犯罪目的是其中的必要内容。

在现行刑法中，以明示方式规定犯罪目的的罪名主要包括：1. 以非法销售为目的，如《刑法》第 126 条规定的违规制造、销售枪支罪；2. 以牟利或传播为目的，如《刑法》第 152 条规定的走私淫秽物品罪；3. 为谋取不正当利益，《刑法》第 164 条对非国家工作人员行贿罪，第 389 条行贿罪，第 391 条对单位行贿罪，第 393 条单位行贿罪；4. 以转贷牟利为目的，如《刑法》第 175 条规定的高利转贷罪；5. 以牟利为目的，如《刑法》第 187 条用吸收客户资金不入账罪，第 228 条非法转让、倒卖土地使用权罪，第 265 条盗窃罪的特殊规定，第 326 条倒卖文物罪，第 345 条非法收购盗伐、滥伐的林木罪，第 355 条非法提供麻醉药品、精神药品罪的特殊规定以及第 363 条规定的制作、复制、出版、贩卖、传播淫秽物品牟利罪；6. 以非法占有为目的，如《刑法》第 192

条集资诈骗罪，第 193 条贷款诈骗罪，第 196 条信用卡诈骗罪中关于恶意透支的规定，第 224 条合同诈骗罪的规定；7. 以营利为目的，如《刑法》第 217 条规定的侵犯著作权罪，第 218 条销售侵权复制品罪，第 303 条赌博罪；8. 以勒索财物为目的，如《刑法》第 239 条规定的绑架罪；9. 以出卖为目的，如《刑法》第 240 条规定的拐卖妇女、儿童罪；10. 意图使他人受刑事追究，如《刑法》第 243 条规定的诬告陷害罪；11. 意图泄私报复或其他个人目的，如《刑法》第 276 条破坏生产经营罪；等等。

在现行刑法中，以默示方式不明文规定目的，但依然强调目的要素的罪名也不少，如取得型侵犯财产罪，包括盗窃罪、抢劫罪、抢夺罪、诈骗罪等均属之。对于法律没有明文规定犯罪目的的目的犯的成立，要根据法律设定的社会背景和时代要求进行把握。

（二）犯罪动机

犯罪动机，是促使犯罪人实施犯罪行为以达到一定目的的内心冲动或者内心起因。犯罪动机源于一定的生理或者心理的需要。在犯罪活动中，犯罪的动机具有导向性和促进性。导向性表明犯罪动机可以确定行为人达到目的的方式和途径，而促进性表明犯罪动机在不断强化或者弱化犯罪心理态度的活动过程。

在刑法中，犯罪动机通常不是构成犯罪的必要条件，但是在评价行为人的人身危险性时，犯罪动机是一个重要的因素。在犯罪活动中，不同的犯罪动机可以形成相同的犯罪，如故意杀人，有的出于报复的动机，有的出于义愤的动机，有的是图财，有的是为灭口等，这些不同的因素可以表现行为人的主观恶性，所以，在量刑时，犯罪动机是重要的因素。

（三）犯罪动机与犯罪目的的联系

犯罪动机与犯罪目的的关系密切。二者都是犯罪人在实施犯罪的过程中存在的主观心理活动，它们的形成和作用都能反映行为人的主观恶性程度及行为的社会危害性程度。其中，犯罪目的以犯罪动机为前提和基础，犯罪目的源于犯罪动机，犯罪动机促使犯罪目的的形成。

但是在刑法中，它们也有不一致的地方。首先，在心理活动的层面上，二者产生的时间不同，犯罪动机产生在前，犯罪目的产生于后；二者的内容不同，犯罪动机揭示的是行为人为什么实施犯罪行为，犯罪目的表明的是行为人实施犯罪行为所希望发生的结果是什么；二者并不必然对称，在同一动机下可能形成不同的目的，一个目的也可能形成于不同的动机。

其次，在刑法中，犯罪目的是评价犯罪成立的一个选择性要素，有些犯罪的成立必须以犯罪目的为条件。而犯罪动机通常不是犯罪成立的要素，只在量刑时发挥作用。

七、刑法中的认识错误

（一）刑法中的认识错误概述

错误，是行为人的认识与实际情况的不一致。刑法中的认识错误，是行为人关于自己行为的法律性质和事实情形的认识错误。错误认识影响行为人的意志取向，在刑法中，对于定罪和量刑都具有决定性的意义。

根据错误的不同内容，刑法中认识错误一般分为：法律认识错误和事实认识错误。另外，在日本刑法中，还将事实错误进一步分为具体的事实错误和抽象的事实错误。本书认为，将事实错误做具体和抽象之分的意义并不大，法、意、英、美等国的刑法分类也足以反映这一点，根据我国刑法理论的特征，更是如此。

（二）法律认识错误

法律认识错误，是指行为人对于自己的行为在法律上是否构成犯罪，构成何种犯罪以及在法律上应当受到什么样的处罚存在的不正确认识。法律认识错误分为三种情况：

1. 假想犯罪，即行为在法律上并不构成犯罪，但行为人误认为构成犯罪。例如，误认为小偷小摸构成盗窃罪、误认为通奸行为构成重婚罪、误认为致加害人死亡的正当防卫构成故意杀人罪，等等。尽管行为人在主观上有犯罪的意识，但由于其行为不具有构成犯罪的社会危害性，因此不足以将行为人的行为定为犯罪。

2. 假想非罪，即行为在法律上构成犯罪，但行为人误认为不构成犯罪。

例如，将防卫过当误认为是正当防卫、将重婚行为误认为是非法同居、将盗窃犯罪行为误认为是一般违法行为，等等。根据“不知法不赦”的原则，对于假想非罪的行为一般要根据行为人的行为事实和对行为事实的认识进行处理。但是，如果行为人的确有充分理由表明自己不可能知道其行为构成犯罪的时候，就不宜要求其承担刑事责任。

3. 此罪（刑）与彼罪（刑）的错误，即行为人对行为在法律上应当成立的罪名、判处的刑罚的不正确认识，通常存在以下情形：误认重罪为轻罪，或者误认轻罪为重罪；误认重刑罚为轻刑罚，或者误认轻刑罚为重刑罚。例如，行为构成贪污罪而误认为构成职务侵占罪，或者构成职务侵占罪而误认为构成贪污罪；或者应当判处无期徒刑以下刑罚而认为可能判处死刑，或者应当判处死刑但误认为应判处无期徒刑，等等。在这种情形中，由于行为人具有违法行为，所以，行为人的错误认识不影响定罪量刑。

（三）事实认识错误

事实认识错误，是行为人关于自己行为的事实情形的错误认识。事实认识决定行为人的行为是否构成犯罪、构成何种犯罪以及刑事责任的大小。由于行为的事实因素比较复杂，因此，事实认识错误的类型也比较多，以下依次介绍。

1. 客体错误。即行为人意图侵犯一种客体，而实际上侵犯的是另一客体。例如，甲见到两个人正在扭住自己的朋友乙，以为三人正在斗殴，于是上前帮忙，将其中一个人打成轻伤，尔后甲、乙逃跑。事实上乙当时是为了抗拒两名警察执行对他的逮捕命令。在这样的案件中，甲意图侵害他人身体健康，但是实际上妨害了国家机关工作人员执行正常的公务活动。对于这样的认识错误，应当按照行为人意图侵犯的客体定罪。

2. 对象错误。也称为目标错误，是指行为人对侵害的人或物产生错误认识，以致现实被侵害的不是意图侵害的对象。对象错误可分为以下几种：

（1）不同类犯罪对象错误，即误将甲犯罪对象当作乙犯罪对象而侵害，而甲、乙对象体现出不同的社会关系。例如，欲捕杀珍贵动物金丝猴，却误将一小孩当作金丝猴而射杀。因行为人意图实施对珍贵动物的犯罪，因此对造成人的死亡没有故意，而是过失。在这个案件中，行为人意图的行为未遂，对于它实现的结果，则要考虑行为人是过失还是意外事件，如果是过失，要根据想象竞合犯处理。

（2）同种类犯罪对象错误，即误将甲对象当作乙对象，而甲、乙体现出相同的社会关系，如行为人误将 A 当作 B 而杀害，在这种情况下，行为人的罪过内容并没有差别。应以故意犯罪的既遂形态追究刑事责任。

（3）误将犯罪对象当作非犯罪对象而实施了侵害行为。例如，行为人狩猎时，误将他人当作兽射击致重伤。在这种情况下，由于行为人没有杀人的故意，故不能以故意犯罪论处。如其主观上有过失，可构成过失犯罪；如行为人无过失，则应根据意外事件处理。

（4）误将非犯罪对象当作犯罪对象加以侵害，或者犯罪对象不存在而误以为存在而实施犯罪行为。例如，甲意欲杀乙，却误将乙饲养的动物杀死，甲意图侵害的是人，实际侵害的是财产，由于过失造成财产损失并不构成犯罪，因而，只能以其甲意图实行的故意犯罪的未遂形态追究其刑事责任。

在实践中，要把对象错误和打击错误区别开。所谓打击错误，是指行为人在故意侵害某一特定对象时，由于受客观条件的限制，行为发生偏离，侵害了另一对象。甲意图伤害乙，抡起铁锹向乙横扫过去，乙躲闪开，铁锹打在旁人丙身上造成其重伤。对此如何处理，在理论上还有争议：[①] 有的认为，关于对象的认识错误不阻却故意，但关于打击错误阻却故意，据此，甲应当根据想象竞合犯的原则，从故意伤害罪（未遂）和过失致人重伤罪中择一重罪论处；有的认为两者都不阻却故意，据此，甲的行为构成故意伤害既遂。本书认为，这个问题还有待研究，不过主张当打击错误的对象属于同种类时，不阻却故意；当打击错误属于不同种类时，阻却故意。

3. 工具错误。是指行为人选择的犯罪工具、手段按照其客观性质或当时的具体情况，无论如何都不能发生危害结果，而行为人误认为能够发生危害结果，而使用该工具或手段去实施犯罪行为的，如以为白糖是砒霜而投放在他人的食物中。这种情形属于不能犯，应按照犯罪未遂论处。与之相反，行为人的行为手段和方式可能导致结果而行为人没有认识到或者不可能认识到的，要根据犯罪过失或者意外事件处理。另外，如果行为人选择根本没有科学依据的迷信方法实行犯罪行为，由于这种行为完全不具备社会危害性，理

---

① 童德华：《外国刑法原论》，北京大学出版社 2005 年版，第 139—140 页。

论上当作“迷信犯”，不以犯罪论处。

4. 行为性质的认识错误。是指行为人对自己行为的实际性质发生错误认识。比如，把不存在不法侵害的行为误认为正在进行的不法侵害而实行“假想防卫”的，把不存在的危险事实误认为“危险正在发生而实施假想避险”的。在该种情况下，行为人主观上不具有犯罪的故意，如有过失的，要以过失犯罪论处；如行为人不可能有正确认识的，则作为意外事件论处。

5. 因果关系的错误。是指行为人对自己行为与危害结果之间的因果关系的错误认识。因果关系的错误大致有四种情况：

（1）行为人误认为自己的行为已经产生了预期的犯罪结果，事实上并没有发生这种结果，如甲意图杀乙，用棍棒击打乙头部，乙昏倒，甲以为乙死亡而离开，乙后来获救。在这种情况下，甲的行为依旧构成故意杀人罪，但属于犯罪未遂。

（2）行为人所追求的结果事实上是由于其他原因造成的，而行为人误认为是自己的行为造成的，如甲意图杀乙，用棍棒击打乙头部，乙倒地死亡，甲随即离开。鉴定发现，乙是因为心脏病急发死亡的。如甲意图杀乙，用棍棒击打乙头部，乙昏倒，甲以为乙死亡而离开，后来丙路过，将乙勒死并拿走其财物。由于甲的行为并没有产生死亡结果，因此，他不对死亡结果负责，只承担杀人未遂的责任。

（3）行为人的行为没有按照他预想的方向发展及其预想的目的停止，而是发生了行为人所预见、所追求的目标之外的结果。例如，甲持刀伤害乙，不料刀刺在乙大腿内侧的动脉血管上，乙因流血过多而死亡。在这种情况下，由于甲没有杀人的意思，所以其行为不是故意杀人罪，但刺刀伤人致死的情况在现实生活中并不少见，所以他对死亡结果有过失，要承担故意伤害致人死亡的责任。

（4）行为人先后实行了两个行为，结果是由后行为造成的，但行为人误认为是前行为造成的。如甲意图杀乙，用棍棒击打乙头部，乙昏倒，甲以为乙死亡，为了避免发现，就将乙推下水库，结果乙溺死。在这种情况下，虽然甲的前行为在犯罪构成上是未遂，后行为属于过失，但是要根据整体评价行为人的行为，即将行为人的先后行为作为一个行为，那么甲对乙的死亡要承担既遂的刑事责任。

第三节　职务犯罪构成的几个共性问题

职务犯罪作为一类犯罪的总称，其具体罪名的犯罪构成各有不同，但也存在一些共性问题。对这些共性问题进行梳理和研究，可以更为明晰地从整体上对职务犯罪予以把握。

一、职务犯罪的主体范围

明确职务犯罪的主体范围有着区分罪与非罪，此罪与彼罪的重要意义。例如，在行为人隐瞒境外存款与巨额资产来源不明的时候，是否具备国家工作人员的身份直接决定了行为人是否构成犯罪，此时国家工作人员的范围起着区分罪与非罪的作用。又如，在行为人实施非法占有单位财物、挪用资金以及索取或者非法收受他人财物的行为时，具备国家工作人员身份，行为人可能构成贪污罪、挪用公款罪、受贿罪；而不具备国家工作人员身份，行为人则可能构成的是职务侵占罪、挪用资金罪、非国家工作人员受贿罪。此时，国家工作人员的范围就起着区分此罪与彼罪的作用。

总的来说职务犯罪的主体可以分为两类，一是国家工作人员，涉及的具体罪名包括：贪污罪、受贿罪、挪用公款罪、巨额财产来源不明罪、行贿罪、利用影响力受贿罪、介绍贿赂罪、单位行贿罪、隐瞒境外存款罪。二是国家机关工作人员。涉及的具体罪名包括：滥用职权罪、玩忽职守罪及其他特殊渎职罪。这些罪名根据刑法条文的表述可直接进行判断，问题在于，如何判断行为人是否属于国家工作人员或者国家机关工作人员，国家工作人员与国家机关工作人员的范围到底有哪些，以什么标准来界定国家工作人员及国家机关工作人员。对这一问题，立法及相关司法解释进行了规定，在一定程度上进行了明确，学界也对此进行了深入的研究与探讨。

（一）立法及相关立法解释、司法解释的规定

1. 国家工作人员的范围

根据我国现行《刑法》第 93 条的规定：国家工作人员，是指国家机关中从事公务的人员。国有公司、企业、事业单位、人民团体中从事公务的人员

和国家机关、国有公司、企业、事业单位委派到非国有公司、企业、事业单位、社会团体从事公务的人员，以及其他依照法律从事公务的人员，以国家工作人员论。对此，可以将国家工作人员分为四类：

（1）国家机关工作人员，即在各级国家机关，如国家权力机关、国家行政机关、国家审判机关、国家检察机关和国家军事机关从事公务的人员；

（2）在国有公司、企业、事业单位、人民团体中从事公务的人员；

（3）受国家机关、国有公司、企业、事业单位委派，到非国有公司、企业、事业单位、社会团体中从事公务的人员；

（4）其他依照法律从事公务的人员。

对于该条文，既有立法解释，也有司法解释。2000 年通过，2009 年修正的全国人民代表大会常务委员会《关于〈中华人民共和国刑法〉第九十三条第二款的解释》中规定，村民委员会等村基层组织人员协助人民政府从事下列行政管理工作，属于《刑法》第 93 条第 2 款规定的“其他依照法律从事公务的人员”：①救灾、抢险、防汛、优抚、扶贫、移民、救济款物的管理；②社会捐助公益事业款物的管理；③国有土地的经营和管理；④土地征收、征用补偿费用的管理；⑤代征、代缴税款；⑥有关计划生育、户籍、征兵工作；⑦协助人民政府从事的其他行政管理工作。

最高人民法院于 2003 年印发的《全国法院审理经济犯罪案件工作座谈会纪要》（以下简称纪要）对有关问题也进行了说明。

首先是对于“受国家机关、国有公司、企业、事业单位委派，到非国有公司、企业、事业单位、社会团体中从事公务的人员”的认定。《纪要》指出，所谓委派，即委任、派遣，其形式多种多样，如任命、指派、提名、批准等。不论被委派的人身份如何，只要是接受国家机关、国有公司、企业、事业单位委派，代表国家机关、国有公司、企业、事业单位在非国有公司、企业、事业单位、社会团体中从事组织、领导、监督、管理等工作，都可以认定为国家机关、国有公司、企业、事业单位委派到非国有公司、企业、事业单位、社会团体从事公务的人员——如国家机关、国有公司、企业、事业单位委派在国有控股或者参股的股份有限公司从事组织、领导、监督、管理等工作的人员，应当以国家工作人员论；国有公司、企业改制为股份有限公司后原国有公司、企业的工作人员和股份有限公司新任命的人员中，除代表国有投资主体行使监督、管理职权的人外不以国家工作人员论。

其次，对于“其他依照法律从事公务的人员”的范围，《纪要》规定，刑法第93条第2款规定的“其他依照法律从事公务的人员”应当具有两个特征：一是在特定条件下行使国家管理职能；二是依照法律规定从事公务。具体包括：①依法履行职责的各级人民代表大会代表；②依法履行审判职责的人民陪审员；③协助乡镇人民政府、街道办事处从事行政管理工作的村民委员会、居民委员会等农村和城市基层组织人员；④其他由法律授权从事公务的人员。

2. 国家机关工作人员的范围

国家机关工作人员是国家工作人员中的一种，渎职类犯罪的主体为国家机关工作人员，其主体范围相对其他的职务犯罪要窄一些。具体来说，包括在各级国家权力机关、行政机关、司法机关和军事机关中从事公务的人员。

根据全国人民代表大会常务委员会《关于〈中华人民共和国刑法〉第九章渎职罪主体适用问题的解释》，以及《全国法院审理经济犯罪案件工作座谈会纪要》，国家机关工作人员也可以分成四类：

（1）在依照法律、法规规定行使国家行政管理职权的组织中从事公务的人员；

（2）在受国家机关委托代表国家机关行使职权的组织中从事公务的人员；

（3）虽未列入国家机关人员编制但在国家机关中从事公务的人员；

（4）在乡（镇）以上中国共产党机关、人民政协机关中从事公务的人员，司法实践中也应当视为国家机关工作人员。

对于“从事公务”的理解，《全国法院审理经济犯罪案件工作座谈会纪要》中予以了说明。从事公务，是指代表国家机关、国有公司、企业事业单位、人民团体等履行组织、领导、监督、管理等职责。公务主要表现为与职权相联系的公共事务以及监督、管理国有财产的职务活动，如国家机关工作人员依法履行职责，国有公司的董事、经理、监事、会计、出纳人员等管理、监督国有财产等活动，属于从事公务。那些不具备职权内容的劳务活动、技术服务工作，如售货员、售票员等所从事的工作，一般不认为是公务。

（二）疑难问题的探究

"国家工作人员"的界定标准

虽然立法及立法解释、司法解释的相关规定对国家工作人员的范围进行了一定的明确，但在司法实务中仍然存在着认定困难、标准难以把握的问题。总的来说，我国"国家工作人员"的界定标准经历了从形式的"身份论"到实质的"公务论"的转变，并在当前呈现出"身份论"与"公务论"并存的局面。在一些具体案件中，分辨行为人是否属于国家工作人员的工作，很容易陷入困境。国家工作人员主体的特质究竟是什么？理论界也就此问题展开了探讨。

（1）身份论

身份论是指在国家工作人员的认定中，注重行为人是否具有干部身份的判断方式。身份论主要是在司法解释及司法判决中有所体现。1995 年 12 月，最高人民法院发布了《关于办理违反公司法受贿、侵占和挪用等刑事案件适用法律若干问题的解释》（现已失效），其中规定：国家工作人员，是指在国有公司、企业或者其他公司、企业中行使管理职权，并具有国家工作人员身份的人员，包括受国有公司、国有企业委派或者聘请，作为国有公司、国有企业代表，在中外合资、合作、股份制公司、企业中，行使管理职权，并具有国家工作人员身份的人员。其中明显偏重"国家工作人员的身份"。一些地方性的规范文件中更为明确地表示了"身份论"的取向，如江苏省高级人民法院、江苏省人民检察院 1996 年 5 月联合发布了《关于公司、企业中贪污、贿赂、挪用公款与侵吞、商业受贿、挪用资金犯罪主体的讨论纪要》，其中规定：国家工作人员必须具有国家干部身份，并且是经县以上政府人事管理机关同意，正式办理了干部审批手续的在编在册人员。也为此，许多司法人员在办理相关案件时，往往纠缠于行为人是否填写过国家人事部门的干部履历表，是否属于国家干部编制等问题。

而在司法实践中，主张"身份论"的判例也并不少见。例如[①]：① 1994

---

① 案例转引自陈洪兵：《"国家工作人员"司法认定的困境与出路》，载《东方法学》2015 年第 2 期。

年10月5日，河南省西峡县田关乡党政联席会议商定让被告人李某到田关乡救灾扶贫互助储金会（系社会团体法人）工作，按乡招聘人员对待，被告人先后担任出纳和会计。由于利用职务之便挪用资金，检察院以挪用公款罪起诉，法院经审理认为，被告人李某不属于国家工作人员，应构成挪用资金罪。②被告人姚某系海口市邮政局解放路分局储蓄班合同制职工。1997年4月17日中午12时许，其乘人不注意，利用同事的工号和密码操作电脑，将30万元转入自己所支配的账户上。检察院以侵占罪起诉，法院亦以“海口市邮政局是国有企业，被告人姚某是该局的合同制工人”为由，认定构成侵占罪（系全国人大常委会《关于惩治违反公司法的犯罪的决定》中规定的罪名）。③被告人王某于1988年11月14日被招入浙江省兰溪市建设银行，为“全民单位合同制工人”。1995年5月29日，被告人王某利用担任兰溪市建设银行奎风储蓄所所长的职务之便，在自己所支配的账户上虚增存款。检察院以贪污罪起诉，一审法院亦认定成立贪污罪。之后，兰溪市法院再审认为，被告人王某身份是企业职工，与贪污罪的主体不符，故改判为侵占罪。

“身份论”虽然在认定上相对较为简便，但是根据“身份论”认定国家工作人员的范围过于狭窄，甚至会造成诸多的不正义。例如，江苏省南京市某县出现的“郑秀华事件”就是一例：被告人郑秀华于1992年被该县法院城关法庭聘为临时工，并自1993年起被安排参与办理简易民事案件。2000年因受害人举报，该县检察院以涉嫌枉法裁判罪对郑秀华提起公诉。2001年，该县法院以郑秀华不是“国家机关工作人员”、不符合渎职犯罪主体为由，判决郑秀华无罪。[①] 为此，“身份论”在理论界广受诟病，但由于思维惯性的影响，其至今在司法实践中仍有一定的影响，如2008年11月20日，最高人民法院、最高人民检察院在《关于办理商业贿赂刑事案件适用法律若干问题的意见》中指出，依法组建的评标委员会、竞争性谈判采购中谈判小组、询价采购中询价小组中国家机关或者其他国有单位的代表有索取他人财物或者非法收受他人财物，为他人谋取利益，数额较大的，以受贿罪定罪处罚。这就意味着“国家机关或者其他国有单位的代表”这一身份决定了行为的性质。

---

① 转引自刘仁文：《刑法中“国家工作人员”概念的立法演变》，载《河南大学学报（社会科学版）》2010年第6期。

（2）“公务论”

“公务论”是指无论行为人的身份是什么，是否具有国家公务人员编制，只要其是依法执行公务、履行国家工作人员职责，就将其认定为国家工作人员。“公务论”在当前的立法、司法活动及理论研究中占据主流地位。例如，根据《刑法》第 93 条的规定，无论是何种认定为国家工作人员的范围，都必须具备“从事公务”的条件。理论界的通说也认为，从事公务是“国家工作人员”主体的本质特征[①]。同时，有学者提出厘定国家工作人员范围的关键在于“公务性”广义解释[②]，即一方面要将“公务性”作为国家工作人员的本质特征，不论行为人是否具有传统的国家干部身份，也不论行为人是否具有国有单位的正式编制，不论是长期的，还是临时的，不论是在国有单位，还是在非国有单位，只要行为人在从事公务活动，就应该作为刑法上的国家工作人员认定；另一方面应摒弃目前“公务性”的狭义解释，淡化公务与劳务的区别，突出公务与私务的界限。将公务理解为公众、公共事务的广义概念，而不是《全国法院审理经济犯罪案件工作座谈会纪要》中界定的“与职权相联系的公共事务以及监督、管理国有财产的职务活动”。据此，只要是为了公共利益以公权力为依托而进行的管理和服务行为，都应作为公务认定。例如，国有公司、企业中的售货员、售票员，国有事业单位的医生、教师等医疗活动或者教学活动，一律作公务活动的认定。但也有学者认为：“泛泛地讨论行为人从事的是公务还是劳务，职业是出纳、会计、仓库保管员，还是售货员、售票员、收费员并没有实际的意义。只能根据贪污罪、挪用公款罪、受贿罪等罪的行为方式、行为对象以及法益的要求，在个罪个案中进行具体判断。”[③]

（3）本书观点

“公务论”与“身份论”之间的纠缠，主要来自随着国家社会经济的发展及政治经济体制改革的进行，司法实践中“国家工作人员”的内涵及外延存在着动态性及不确定性。出于特定的国家利益保护目的，立法及司法不得不在“公务论”与“身份论”之间摇摆，如在 1997 年新刑法制定时，就有过针

---

① 参见高铭暄、马克昌主编：《刑法学》，北京大学出版社、高等教育出版社 2011 年版，第 623 页。

② 参见孙国祥：《论刑法中的国家工作人员》，载《人民检察》2013 年第 11 期。

③ 陈洪兵：《“国家工作人员”司法认定的困境与出路》，载《东方法学》2015 年第 2 期。

对“国家工作人员”范围的争论，有的主张在国家政企分开和国家人事制度改革的大方向下，应当将国家工作人员的范围适度缩小[①]。但立法机关出于加强对国有资产的管理、保护的目的，将受国家机关、国有公司、企业、事业单位委派，到非国有公司、企业、事业单位、社会团体中从事公务的人员视为国家工作人员，而这些人员本身并不属于国家工作人员。为此，在判断“国家工作人员”范围时，应当具体问题具体分析，不能采取一刀切的模式，唯“身份论”或者唯“公务论”，还是应当根据刑法的规定，结合实践中的法益保护需要，分情况分类别地予以判断和认识。

有学者提出“‘国家工作人员’是一个从核心（国家权力）到边缘（公共管理事务），有着巨大的解释空间的包含‘两类、四种’的集合性概念，而在其边缘又需要向着核心（国家权力）反向收缩解释”。[②]本书认同这种分类予以解释的方式，并认为应当在解释的过程中考虑到个罪对行为对象、行为方式及法益保护要求，进行具体的判断。

将国家工作人类分为“两类、四种”，是指在国家机关中从事公务的人员为一大类，在国有公司、企业、事业单位、人民团体中从事公务的人员，受国家机关、国有公司、企业、事业单位委派，到非国有公司、企业、事业单位、社会团体中从事公务的人员，以及其他依照法律从事公务的人员为另一大类，共计四种。而在每一种国家工作人员当中，认定的关键要素各有所不同。

第一类国家工作人员认定的关键要素在于“身份”，这一类也是最典型的国家工作人员。同时，对于这一类国家工作人员没有区分劳务与公务的必要性，“公务不必是权力关系的事务，因而与劳务不是对立的概念，虽然公务一般表现为裁量性、判断性、决定性的事务，但也不能一概将机械性、体力性的活动排斥在公务之外”。[③]第二类第一种国家工作人员认定的关键要素在于“公务”，且这里的公务主要是与国家利益有关。此时就有必要区分劳务与公

① 参见刘仁文：《刑法中“国家工作人员”概念的立法演变》，载《河南大学学报（社会科学版）》2010 年第 6 期。

② 曲新久：《论刑法中的“国家工作人员”——“两类、四种”区别对待》，载《北大法律评论》2014 年第 15 卷，第 2 辑。

③ 张明楷：《刑法学》（第四版），法律出版社 2011 年版，第 136 页。

务。因为国有公司、企业、事业单位、人民团体的事务大多数并不包含国家权力与国家职能的内容，之所以将在国有公司、企业、事业单位、人民团体中从事公务的人员规定为“准”国家工作人员，也是出于保护国家利益的目的，这就要求有相应的职权存在。第二类第二种国家工作人员的认定关键要素在于“委派”，“受委派”的身份决定了国家工作人员与非国家工作人员的差异。同时，委派中必然也包含着一定的职权因素。第二类第三种国家工作人员的认定关键要素在于“公务”，且“公务”中必须包含“国家权力”因素。村民委员会等村基层组织人员的村集体公共事务管理工作实际也是一种公务，但其中只有包含国家（政府）权力因素的几种情形才能归类到刑法中的“公务”当中。总结来说，在第一类、第二类第三种国家工作人员的认定中，公务行为不仅具备明确的法定权力和义务，而且这种行为必须是一种国家行为或者国家权力派生出来的行为。在第二类第一种、第二种国家工作人员的认定中，公务活动主要包含的是职权要素，而不是国家管理性质。

同时，需要注意的是不同的职务犯罪中国家工作人员的主体范围是不相同的。例如，村民委员会等村基层组织人员协助人民政府从事特定行政管理工作，属于《刑法》第 93 条第 2 款规定的“其他依照法律从事公务的人员”，其可以成为贪污贿赂犯罪、挪用公款罪的主体，但其不能直接成为巨额财产来源不明罪以及隐瞒境外存款罪的主体，因为巨额财产来源不明罪与隐瞒境外存款罪的主体类似于美国法上的所谓身份公务员，即必须具有行政法上之公务员资格。[①] 而村基层组织人员在绝大多数情况下从事的公务并不具有使其成为行政法上的公务员资格。因此，“公务论”是否必定优于“身份论”尚且不能下一个定论，必须根据刑法的相关规定以及司法实践的需求，在具体个罪及案情中对“公务”及“身份”进行具体的理解。

二、职务犯罪的客观要件

职务犯罪的主观构成要件方面的认定，只需根据刑法总则中对故意与过失的规定，结合客观构成要件的具体内容，即可确定职务犯罪的故意与过失

---

① 张明伟:《刑法上公务员概念之研究——与美国法制之比较》，载《台北大学法学论丛》2013 年第 85 期。转引自陈洪兵:《“国家工作人员”司法认定的困境与出路》，载《东方法学》2015 年第 2 期。

的内容，相关内容可不再赘述。而职务犯罪的特殊性，主要体现在其客观构成要件方面的职务关联性。既然称之为“职务犯罪”，必然与职务具有关联性，其具体体现为利用职务上的便利、滥用职权以及不正当履行职权三种情形。

（一）利用职务上的便利

“利用职务上的便利”是贪污罪、受贿罪、挪用公款罪、非法经营同类营业罪、为亲友非法牟利罪等个罪的共同客观构成要件，但是在不同的个罪中，“利用职务便利”的内容又有所不同。

1. 贪污罪中的“利用职务上的便利”

1999年施行的最高人民检察院《关于人民检察院直接受理立案侦查案件立案标准的规定（试行）》中指明：贪污罪是指国家工作人员利用职务上的便利，侵吞、窃取、骗取或者以其他手段非法占有公共财物的行为。其中“利用职务上的便利”是指利用职务上主管、管理、经手公共财物的权力及方便条件。此外，根据最高人民法院2012年发布的第三批指导性案例，贪污罪中的“利用职务上的便利”，是指利用职务上主管、管理、经手公共财物的权力及方便条件，既包括利用本人职务上主管、管理公共财物的职务便利，也包括利用职务上有隶属关系的其他国家工作人员的职务便利。理论界一般也认为“利用职务上的便利，是指利用职务权力和地位所形成的主管、管理、经营、经手公共财物的便利条件”。①

然而，贪污罪的具体行为方式包括侵吞、窃取、骗取以及其他非法占有公私财物的手段，在不同的行为方式下，利用职务便利的表现形式也是不一样的。“侵吞”与“窃取”②中的职务便利应当是事前已经占有、支配和控制公共财物的便利；“骗取”中的职务便利应当是其在特定职务的基础上，基于特定事项，对其所属单位享有的债权请求权。③其他非法占有公私财物的手段中的“职务便利”，总是可以还原到上述两种类型中去。要么是已经事前合法占

---

① 高铭暄、马克昌主编：《刑法学》（第六版），北京大学出版社、高等教育出版社2014年版。

② 贪污罪上的“窃取”只有当行为人与他人共同占有公共财物时，行为人利用职务上的便利窃取该财物时才成立。参见张明楷：《刑法学》（第四版），法律出版社2011年版，第1046页。

③ 参见邹兵建：《论贪污罪中的“利用职务上的便利”——以指导性案例11号为切入点的反思》，载《政治与法律》2016年第11期。

有，要么是享有基于职务的债权请求权。

2. 受贿罪中的“利用职务上的便利”

根据最高人民检察院《关于人民检察院直接受理立案侦查案件立案标准的规定》，受贿罪中的“利用职务上的便利”是指利用单人职务范围内的权力，即自己职务上主管、负责或者承办某项公共事务的职权及其所形成的便利条件。在2003年最高人民法院发布的《全国法院审理经济犯罪案件工作座谈会纪要》中，规定了“利用职务上的便利”，既包括利用本人职务上主管、负责、承办某项公共事务的职权，也包括利用职务上有隶属、制约关系的其他国家工作人员的职权。担任单位领导职务的国家工作人员通过不属自己主管的下级部门的国家工作人员的职务为他人谋取利益的，应当认定为“利用职务上的便利”为他人谋取利益。不难发现，受贿罪与贪污罪中虽然都有“利用职务上的便利”这一要件，但二者职务指向的对象是有差异的，受贿罪中的“职务”指向的是“公共事务”，而贪污罪中的“职务”指向的是“公共财产”。这也就是说，贪污罪中“利用职务上的便利”的“职务”必须与公共财物具有密切联系，而受贿罪中“利用职务上的便利”的“职务”没有这一限制。

值得注意的是，受贿罪中的“利用职务上的便利”并不是一个实行行为，因为索取、收受财物，以及为他人谋取利益并不必然需要职务上的便利。索取和收受财物是非常简单的行为，并不需要利用职务便利就能完成。而为他人谋取利益，只要承诺即可①，而承诺本身也并不需要职务上的便利。这也就是说，受贿罪中的“利用职务上的便利”，强调的实际上是财物具有的收买公职性质，即索取或收受的财物与行为人的职务之间具有对价关系。

3. 挪用公款罪中的“利用职务上的便利”

挪用公款罪中的“职务上的便利”与侵占型贪污罪中的“职务上的便利”是同质的，都是事前已经占有、支配和控制公共财物的便利。对此，理论界

---

① 根据最高人民法院、最高人民检察院2016年发布的《关于办理贪污贿赂刑事案件适用法律若干问题的解释》第13条的规定，具有下列情形之一的，应当认定为“为他人谋取利益”，构成犯罪的，应当依照刑法关于受贿犯罪的规定定罪处罚：（一）实际或者承诺为他人谋取利益的；（二）明知他人有具体请托事项的；（三）履职时未被请托，但事后基于该履职事由收受他人财物的。国家工作人员索取、收受具有上下级关系的下属或者具有行政管理关系的被管理人员的财物价值三万元以上，可能影响职权行使的，视为承诺为他人谋取利益。

与实务界的认识基本是一致的，如马克昌先生认为：“行为人利用本人职务所形成的主管、管理、经手公款的便利条件，其中既包括本人直接经手、管理公款的便利条件，也包括行为人因其职务关系而具有的调拨、支配、使用公款的便利条件。”[①] 实务界的观点为：“利用职务之便”是指利用自己职务范围内权力和地位所形成的有利条件，均以该行为人所担负的单位职责为基础，只要该行为人利用本人职责范围内的、对单位财物的一定权限而实施的占有、处置行为，就属于“利用职务便利”而实施的侵害单位财物的行为。[②]

需要说明的是，利用职务便利与利用工作之便的差异。后者是指“利用因工作关系熟悉作案环境、凭工作人员身份便于进出某些单位，较易接近作案目标或对象等与职权无关的方便条件”。[③] 例如，某国有银行科技部工作人员 A，利用其系统管理员职务，更改数据文件，在个人开设的账户中虚增存款，并使用该存款用于个人买卖股票。因为 A 并未事先占有、支配和控制被“挪用”的资金，也没有相关权限，其只属于利用工作便利条件，而不是利用职务上的便利，所以其并不能构成挪用公款罪，而应当以盗窃罪定罪处罚。

4. 非法经营同类营业罪中的“利用职务上的便利”

非法经营同类营业罪中的“利用职务上的便利”指的是“利用自己在国有公司、企业任董事、经理掌管材料、物资、市场、计划、销售等便利条件”。[④] 行为人作为国有公司、企业的领导，按照《公司法》有关竞业禁止的规定，不得从事竞业经营活动。同时，因为其担任领导职务的公司、企业为国有公司、企业，行为人经营同类营业的行为不仅破坏了公平的市场竞争秩序，更会损害国有资产的利益。特别是表面上合法经营，实际将国有公司、企业的利益转移至其个人或亲友手中的行为，危害性更大。需要注意的是，此时可能会涉及非法经营同类营业罪与迂回型贪污罪的竞合，即不仅构成非法经营同类营业罪，也构成贪污罪，二者属于想象竞合的关系，从一重罪予以处罚。

① 高铭暄、马克昌主编：《刑法学》，中国法制出版社 1999 年版，第 1130 页。

② 陈波、魏文荣、陈启叶：《认定挪用公款罪必须把握的要件》，载《人民检察》2017 年第 20 期。

③ 高铭暄、马克昌主编：《刑法学》（第六版），北京大学出版社、高等教育出版社 2014 年版，第 618 页。

④ 王爱立主编、全国人大常委会法制工作委员会刑法室编著：《中华人民共和国刑法解读第 4 版》，中国法制出版社 2015 年版，第 320 页。

5. 为亲友非法牟利罪中的“利用职务上的便利”

为亲友非法牟利罪中的“利用职务上的便利”是指国有公司、企业、事业单位的工作人员在自己主管、管理、经营、经手的公司、企业内，因为业务活动而形成的便利。例如，行为人是某国有公司的采购人员，因为其业务性质和业务活动，其对采购业务具有决定权，也因此具有了向自己亲友经营管理的单位采购商品的便利。同样，如果其以明显高于市场的价格向自己的亲友经营管理的单位采购商品或者以明显低于市场的价格向自己的亲友经营管理的单位销售商品，然后与该亲友分割利润的，此情况下，行为人已构成贪污罪，也涉及与为亲友非法牟利罪的想象竞合，从一重罪处罚。

（二）滥用职权

“滥用职权”是认定滥用职权罪的关键。根据最高人民检察院2006年发布的《关于渎职侵权犯罪案件立案标准的规定》，滥用职权罪是指国家机关工作人员超越职权，违法决定、处理其无权决定、处理的事项，或者违反规定处理公务，致使公共财产、国家和人民利益遭受重大损失的行为。据此，可将“滥用职权”划分为两类，一是超越职权，二是违反规定处理公务。

超越职权主要包括三种情况：一是横向越权，即行为人行使了属于其他国家机关的专有职权。二是纵向越权，即具有上下级隶属关系的统一性质但不同级别国家机关之间的越权，即包括上级对下级职责范围内的工作滥用指令，也包括下级对上级职权范围的侵犯。三是内部越权，即依照有关规定，某类问题应由该单位或机关通过内部民主讨论后形成决策，而行为人却独断专行，不倾听或不采纳别人的意见。①

违反规定处理公务，是指虽然行为没有逾越行为人的职权范围，但行为人以不正当目的或非法的方法行使自己的职权，对有关事项做出不符合法律法规规定的处理或决定。具体来说，违反规定处理公务主要包括两种情形：一是违背相关规定行使职权；二是背离职务行为宗旨行使职权。②一般情况下，

---

① 参见赵秉志主编：《危害国家安全罪暨相关犯罪的法律适用》，中国法制出版社2016年版，第349页。

② 参见江岚：《滥用职权罪中的“滥用职权”再析》，载《中国刑事法杂志》2013年第11期。

违背相关规定行使职权也会背离职务行为宗旨。例如，某政府企业办主任刘某，同时兼任某镇改制清算小组副组长，为达到低价购买厂房和设备的目的，在参与某建筑陶瓷厂的破产清算工作中，明知评估陶瓷厂价值为130余万元，而以26万元确定资产处置价格有可能导致集体资产流失，仍然多方游说以此价格为拍卖底价，且私下与谭某某一起参与拍卖，并以26万元的低价达成协议①。刘某的行为就属于违反规定处理公务，其即违背了改制清算的相关规定，同时也违背了其职务行为的宗旨。但有时并未违背相关规定行使职权，也有可能背离职务行为宗旨，并造成重大损失。因为有关职权行使的规定不可能没有弹性，部分行政职权的自由裁量权还很大，在自由裁量权的范围内，如果行为人出于非法动机，故意采取最不利于当事人的方式行使职权，虽未违反相关规定，但仍可能属于违反规定处理公务。

（三）不正当履行职权

"不正当履行职权"指的是国家机关工作人员严重不负责任，不履行或不认真履行自己的工作职责，如果致使公共财产、国家和人民利益遭受重大损失，则构成玩忽职守罪，因此"不正当履行职权"是认定玩忽职守罪的重要条件。不正当履行职权既可以表现为不作为的形式，即放弃职守；也可能表现为作为的形式，即不认真履行职责。在有的玩忽职守案件中，不正当履行职权同时包含了作为的形式与不作为的形式，如在重庆綦江"虹桥"垮塌案中，有4名被告人因玩忽职守被定罪处罚。人民法院在判决中认定各个行为人不履行和不正确履行对虹桥工程质量的监督职责，对虹桥垮塌负有重要的直接责任和主要的、一定的管理责任，构成玩忽职守罪。

值得注意的是，玩忽职守罪中"不正当履行职权"的"职权"，与滥用职权罪中的"职权"应当是有所差异的。当前，尚且没有司法解释对玩忽职守罪的职责认定进行相关解释，刑法学界一般也直接将玩忽职守罪中的职责等同于滥用职权罪中的职权，并进而将其范围理解为"不仅包括法定的职务权限，而且包括根据惯例、基于国情等形成的职务权限"。② 对此，有学者对此

---

① 参见（2016）湘03刑终278号判决。

② 张明楷:《刑法学》，法律出版社2011年版，第1093页。

提出，玩忽职守罪的职责范围应当进一步明确：一是地方性法规、自治条例和单行条例、地方规章所创设的职责不得与宪法、法律、行政法规所规定的职责范围相抵触，只能是在宪法、法律、行政法规所规定的职责范围内进行补充、细化。二是法定职责必须明确，具有可执行性，原则性的职务条款不得作为职责的范围。三是按照国情、职业惯例、国家机关惯例、内部决定和命令所确定的职责，必须有明文规定。四是必须依据工作规范，而非职业操守、形象规范与单位内部事务性的规定。五是不能依职务、岗位和签字确定职责。[①] 玩忽职守罪的前提条件是违反相应的职责义务，此处的职责义务与日常生活中的责任显然应当是有区别的，进行进一步的明确有其必要性。

三、职务犯罪的共同犯罪认定

（一）共同犯罪的基本问题

1. 共同犯罪的概念

现行《刑法》第25条第1款规定：共同犯罪是指二人以上共同故意犯罪。共同犯罪是相对于单独犯罪而言的，是犯罪的高级形态。对于共同犯罪的概念，因共同犯罪的体系不同而存在差异。我国刑法中的共同犯罪体系是以主犯为中心的，而德日等大陆法系国家共犯论体系是以正犯为中心的。[②] 虽然体系中心有所不同，但我国刑法学理论研究中借鉴了大陆法系国家的共犯理论，为此有必要对其也进行一定的介绍。我国的共同犯罪体系包括主犯、从犯、胁从犯与教唆犯，德日等大陆法系国家的共同犯罪主要根据分工的不同，分为正犯与共犯。其中正犯又可根据实行者的多少分为单独正犯与共同正犯；根据是否直接实施犯罪，分为直接正犯与间接正犯[③]。狭义的共犯主要指帮助犯与教唆犯。我国的共同犯罪体系混合了以分工不同为标准，以及以作用大小为标准，既有按照分工不同而区分出的教唆犯，又有以作用大小不同区分出的主犯、从犯、胁从犯。

---

① 参见贾健：《玩忽职守罪中的职责界分应予明确》，载《人民检察》2016年第14期。

② 曲新久主编：《刑法学》（第五版），中国政法大学出版社2016年版，第153页。

③ 直接正犯是指亲自实施刑法分则条文中符合构成要件的实行行为的人；间接正犯是指利用他人作为工具实施犯罪的人。

2. 共同犯罪的性质

共同犯罪的性质主要涉及两个方面的问题，一是共同犯罪与构成要件的关系，也称之为共犯的本质问题（主要是指共同正犯）。共同犯罪是否需要共同符合同一个构成要件，共同犯罪的“共同”到底是在什么意义上的“共同”？对此，学界有犯罪共同说与行为共同说的对立。犯罪共同说主张共同犯罪必须是数人共同实施同一罪名的犯罪，如果甲与乙共同对丙实施暴力，导致丙死亡，但甲抱着杀人的故意，而乙抱着伤害的故意，因为二人实施的是不同罪名的犯罪，因此并不构成共同犯罪。这样处理很有可能会导致轻纵罪犯，在下述案例中更为明显：A 以杀人的故意，B 以伤害的故意共同向 C 开枪射击，只能查明 C 因为中了 A 或者 B 的子弹死亡，但不能查出是谁射击的子弹时，A 只能成立故意杀人未遂，B 只能成立故意伤害未遂，[①]而在大多数国家的刑法中，故意伤害未遂是不处罚的。犯罪共同说因为其不能很好地处理实践中出现的共同犯罪问题，基本已经被淘汰，而在此基础上修正、发展而来的部分犯罪共同说相对更具合理性。部分犯罪共同说认为，二人以上虽然共同实施了不同的犯罪，但当这些不同的犯罪之间具有重合的性质时，则在重合的限度内成立共同犯罪。根据部分犯罪共同说，上述案例中，甲与乙在故意伤害罪的范围内成立共同犯罪，共同对丙的死亡结果承担刑事责任，但乙只对共同实行的故意伤害犯罪承担责任，对甲超出共同故意实行的故意杀人犯罪不承担责任。部分犯罪共同说也是司法实践中的通行理解和做法。[②]此外，我国还有学者主张行为共同说[③]，行为共同说认为共同犯罪是指数人共同实施了行为，而不是共同实施特定的犯罪。但也有学者认为，“行为共同说”所宣扬的较之于“犯罪共同说”的一系列“比较优势”并不能成立，而且司法实践中所出现的有关共同犯罪的疑难问题，运用“犯罪共同说”是同样能够迎刃而解的。不必有悖于司法实践中的通行理解与做法而去倡导所谓的“行为共

① 参见张明楷：《刑法学》（第五版），法律出版社 2016 年版，第 393 页。

② 闫宏波：《二人共同实施不同的犯罪，亦可成立共同犯罪》，载《人民司法·案例》2011 年第 16 期。

③ 参见张明楷：《刑法学》（第五版），法律出版社 2016 年版，第 393—394 页。

同说”。[①]

二是正犯与共犯的关系。学说上主要有共犯独立性论和共犯从属性论。共犯独立性论认为狭义的共犯根据其自身固有的行为而成立，并不要求有正犯者的行为。教唆、帮助行为本身是行为人反社会性格的表征，对于结果的发生具有原因力，所以即使没有正犯者的行为，教唆者、帮助者一样也可以构成犯罪。共犯从属性论认为正犯者已经着手实行犯罪，是成立狭义共犯的要件；如果正犯者没有着手实行犯罪，就不成立狭义的共犯。[②]根据我国《刑法》第 29 条第 2 款的规定：“如果被教唆的人没有犯被教唆的罪，对于教唆犯，可以从轻或者减轻处罚”，由此可见我国《刑法》基本上采用了共犯独立性论。

3. 共同犯罪的成立条件

在主观上，共同犯罪的成立要求存在共同故意。共同故意包括两个方面的内容，一是各个共犯人有共同的犯罪故意。共同的犯罪故意指的是各个共犯人对行为的性质以及社会危害性都有认识，但并不要求故意的形式和具体内容完全重合，如甲想一定要将丙殴打致死，乙想着打死不打死无所谓，甲属于直接故意，乙属于间接故意，但这并不影响二人成立故意杀人罪的共同的犯罪故意。二是各个共犯人主观上具有意思联络，即各共犯人之间存在着沟通、联络，大家都意识到自己并不是在独立实施犯罪，在心理上各个共犯人之间也彼此支持。这种意思联络具体包括了共同实行的故意、教唆的故意、帮助的故意以及组织犯的故意。要注意的是，在实务中以下几种情形不构成共同犯罪[③]：共同过失行为；故意犯罪行为与过失犯罪行为；同时犯；先后故意实施相关犯罪行为，但是彼此没有主观联系的；超出共同犯罪故意之外的犯罪；事前无同谋的窝藏、包庇，掩饰、隐瞒犯罪所得或者犯罪所得收益的行为。

在客观上，共同犯罪的成立要求存在共同行为。共同行为是指二人以上共同实施或参与犯罪的行为。具体来说包括四种情况：一是共同的实行行为，

---

① 参见陆诗忠：《我国〈刑法〉中的“共同犯罪”：“犯罪共同说”抑或“行为共同说”》，载《华东政法大学学报》2016 年第 1 期。

② 童德华：《规范刑法学原理》，中国人民公安大学出版社 2005 年版，第 278—279 页。

③ 参见李少平、朱孝清、李伟主编：《公检法办案标准与适用》，人民法院出版社 2014 年版，第 123 页。

即二人以上共同直接实施符合构成要件的行为，但并不要求每个人的行为都完全符合构成要件，仅实施一部分也可以认定为共同的实行行为。因为行为人之间互相配合、补充，形成了一个行为整体，如A、B二人共同对C实施抢劫，A实施暴力控制住C，B夺取财物，A、B的行为共同符合抢劫罪的构成要件。二是教唆行为，即故意引起他人犯罪意图的行为。三是帮助行为，即为他人犯罪顺利进行创造条件、给予辅助的行为。四是组织行为，即策划、指挥、领导犯罪的行为。

（二）共同犯罪与身份

从广义上看，刑法上的身份并不局限于男女性别以及本国人、外国人之间的差别以及亲属关系、公务员资格等，与一定犯罪行为有关的犯罪人在人的关系上的某种特殊地位或状态也是身份。实施以一定的身份为构成要件的犯罪，称为身份犯。

身份在刑法中有着特殊的意义，有的可以决定犯罪是否成立，有的可以决定对行为人的处罚。根据身份在构成要件中的具体表现不同，可将它分为：

1. 构成身份（真正身份）和加减身份（不真正身份）。构成身份是指行为人只有在具备一定身份的情况下才能符合构成要件，或者说身份本身就是构成要件的一个组成部分。例如，受贿罪中的身份就是构成身份，只有具备国家工作人员身份的才能构成受贿罪。加减身份是指并不影响定罪，但影响量刑的身份。如根据我国《刑法》的规定，国家机关工作人员实施诬告陷害罪的，从重处罚。

2. 违法身份和责任身份。所谓违法身份，是指这样一种身份，正因为有其存在，犯罪行为的违法性才会有其存在的根据，或者其违法性才得以加重或者减轻；所谓责任身份，是指这样一种身份，正因为有其存在，犯罪行为的责任才会有存在的根据，或者其责任才得以加重或者减轻。①

3. 积极身份和消极身份。积极身份是指使行为人的行为构成刑法规定的犯罪的身份或成为从重处罚法定事由的身份；消极身份是阻却犯罪性和当罚性

① 参见［日］山口厚：《日本刑法中的“共犯”与“身份”》，载马克昌、莫洪宪主编：《中日共同犯罪比较研究》，武汉大学出版社2003年版，第140页。

的身份，分为违法阻却身份、责任阻却身份和刑罚阻却身份。

在共同犯罪中，身份主要涉及两个方面的问题，一是无身份者单独实施某一行为不能构成犯罪，但与有身份者共同实施该犯罪时如何处理？二是有身份者与无身份者均可以构成某一犯罪，但有身份者的身份为加减身份时，对无身份者如何处理？

对于第一个问题，实际涉及真正身份犯能不能成立共同正犯的问题。对此学界有肯定说和否定说的不同观点。持肯定说的学者认为，无身份者可以与有身份者一起构成真正身份犯的共同正犯，我国台湾地区《刑法》就明文规定纯正身份犯的共同正犯，日本的理论界与实务界也普遍肯定非身份者构成纯正身份犯的共同正犯[①]。而持否定说的学者认为身份是犯罪主体的构成要素之一，不具有特殊身份的人不能成为要求犯罪主体具有特殊身份的犯罪的共同实行犯。[②]一般来说，我国学界还是持否定说，即无身份者单独实施某一行为不能构成犯罪，与有身份者共同实施该犯罪时，可以构成共同犯罪。但无身份者不能成为正犯，只能成为狭义的共犯。事实上，因为在我国《刑法》中，并没有正犯与狭义的共犯的严格区分，只要能明确无身份者与有身份者成立共同犯罪，然后按照作用大小区分主犯与从犯，也可以顺利实现定罪量刑。但也有学者认为这样的做法颠倒了定罪与量刑的顺序，这一问题值得继续深入探讨。

具体来说，第一个问题包括两种情况，一是无身份者加功于有身份者，如妇女帮助或教唆男子实施强奸，妇女不能单独构成强奸罪，但其帮助和教唆男子实施强奸，构成强奸罪的共犯。刑法分则所规定的特殊身份仅就正犯而言，教唆犯与帮助犯并不要求也具有这种特殊身份。二是有身份者加功于无身份者，如国家工作人员教唆或帮助非国家工作人员挪用公款的，如果有身份者“作为‘没有身份的故意的道具之利用’，可以成立间接正犯，但是如果有身份者和非身份者之间不存在规范的障碍时，应当可以成立共犯”。[③]

对于第二个问题，有身份者与无身份者均可以构成某一犯罪，但有身份

① 参见赵合理：《论共同犯罪中的身份》，载《法律科学（西北政法大学学报）》2009年第1期。

② 参见陈兴良：《共同犯罪论》（第二版），中国人民大学出版社2006年版。

③ 参见童德华：《外国刑法导论》，中国法制出版社2010年版，第298页。

者的身份为加减身份时，刑法关于刑罚加减的规定仅适用于具有加减身份的人，而不能扩散至不具有加减身份的行为人。例如，A（国家机关工作人员）和 B（普通市民）共同捏造事实诬告陷害 C，意图使 C 受刑事追究，情节严重，根据我国刑法的规定可能构成诬告陷害罪，并且《刑法》规定国家机关工作人员犯此罪的，从重处罚。对此，A 应该被从重处罚，但 B 并不适用从重处罚的规定。

（三）职务犯罪共同犯罪的一般认定

成立共同犯罪在主观上要求具备共同故意，在客观上要求具备共同的行为。只有在这种条件下才可将不同行为人的犯罪行为连接成一个整体，适用“部分行为，全部负责”的原则。在职务犯罪的范畴内，这两个条件也是认定共同犯罪的条件，并具有其自身的特殊性，具体来说：

1. 在主观上，共同犯罪故意必须要包含认识到利用职务完成犯罪的内容。此时较为疑难的问题是，只有一方行为人认识到自己在利用职务便利帮助他人完成犯罪，即片面帮助的场合，应该如何处理。例如，A、B 都是某国有公司的管理人员，其中 A 为财物主管。B 企图侵占公司的公款，但因为不熟悉财务操作流程，一直无法在账面上将自己所侵吞的公款进行平账，A 发现这一情况后，在没有与 B 商议的情况下帮助 B 完成了平账工作。案发后，如何对 A 的行为进行认定成为难题。学界一般认为，片面的帮助犯应当成立共同犯罪，即单方面地帮助他人实施犯罪，需要对他人实施犯罪行为的后果承担共同犯罪的责任。在司法实务中，也出现过认定片面帮助犯的案例[①]。为此，可知在职务犯罪共同犯罪的主观方面，共同犯罪故意可以做较为缓和的理解，即根据行为人主观联系的不同，可以把共同犯罪故意分为以下两种形式[②]：一是行为人之间具有相互认识的全面共同故意；二是行为人之间具有单方认识的片面共同故意。

2. 在客观上，共同犯罪行为必须以利用职务实施为基础。共同利用职务主要有以下几种情形：一是各个共犯人共同利用本人职务，互相补充和配合

---

① 参见河南省高级人民法院（2013）豫法刑四终字第 4 号刑事裁定书。

② 冯军：《刑法问题的规范理解》，北京大学出版社 2009 年版，第 249—250 页。

的行为。例如，周某甲、周某乙在某街道社区服务中心从事居家养老服务工作，共同负责街道办事处居家养老（助残）服务券（以下简称服务券）的申领、发放工作。经周某甲提议，二人共同虚报养老（助残）人数申领服务券，然后按照实有人数发放，从中截留面值90余万元的服务券据为己有。后由周某甲通过养老服务商将其中面值80余万元的服务券兑换成钱款，并将其中部分钱款分配给周某乙。周某甲、周某乙的行为就属于共同利用本人的职务，互相配合完成共同贪污犯罪。二是主犯利用职务，从犯（或胁从犯）配合主犯进行共同犯罪行为。没用利用职务一般不会构成职务犯罪，但可以参与、协助他人完成职务犯罪。三是分不清主犯、从犯时，共同犯罪的完成依赖于职务才能得以完成。第二、第三种情况主要的问题在于国家工作人员与非国家工作人员在共同实施职务犯罪的认定上，对此问题在下一部分单独进行详述。

（四）国家工作人员与非国家工作人员共同实施职务犯罪的处理

国家工作人员与非国家工作人员共同实施职务犯罪的处理问题在实践中有着特殊的重要性。传统的贪污、受贿等职务犯罪大多是个体之间的犯罪，行为人之间并未形成互相联结的网络。这种模式在国家对权力监督的力度日益加大，权力逐渐分散化的情况下，实施的难度越来越大，单个人手中掌握的权力及信息难以完成利益的交换，同时也使得风险越来越大。因此，为扩张利益，分散的权力通过关系网络集中。而这种关系，包括了血缘关系、地缘关系、熟人关系等，以国家工作人员的职务为纽带，将其他国家工作人员及非国家工作人员连接在一起。这也是近年来职务犯罪领域窝案、大案频发的原因。而其中涉及了非国家工作人员的犯罪行为，其并不具备职务犯罪的一般主体身份，对此类案件该如何处理呢？对此，立法以及司法解释予以了一定的规定和明确。

根据我国《刑法》第382条第3款的规定，与国家工作人员，以及受国家机关、国有公司、企业、事业单位、人民团体委托管理、经营国有财产的人员勾结，伙同贪污的，以共犯论处。

最高人民法院于2000年发布的《关于审理贪污、职务侵占案件如何认定共同犯罪几个问题的解释》规定：行为人与国家工作人员勾结，利用国家工作人员的职务便利，共同侵吞、窃取、骗取或者以其他手段非法占有公共财物的，以贪污罪共犯论处；行为人与公司、企业或者其他单位的人员勾结，利用公司、企业或者其他单位人员的职务便利，共同将该单位财物非法占为已有，数额较大的，以职务侵占罪共犯论处。公司、企业或者其他单位中，不具有国家工作人员身份的人与国家工作人员勾结，分别利用各自的职务便利，共同将本单位财物非法占为己有的，按照主犯的犯罪性质定罪。

最高人民法院2003年印发的《全国法院审理经济犯罪案件工作座谈会纪要》中指出：对于国家工作人员与他人勾结，共同非法占有单位财物的行为，应当按照最高人民法院《关于审理贪污、职务侵占案件如何认定共同犯罪几个问题的解释》的规定定罪处罚。对于在公司、企业或者其他单位中，非国家工作人员与国家工作人员勾结，分别利用各自的职务便利，共同将本单位财物非法占有的，应当尽量区分主从犯，按照主犯的犯罪性质定罪。司法实践中，如果根据案件的实际情况，各共同犯罪人在共同犯罪中的地位、作用相当，难以区分主从犯的，可以贪污罪定罪处罚。非国家工作人员与国家工作人员勾结伙同受贿的，应当以受贿罪的共犯追究刑事责任。非国家工作人员是否构成受贿罪共犯，取决于双方有无共同受贿的故意和行为，国家工作人员的近亲属向国家工作人员代为转达请托事项，收受请托人财物并告知该国家工作人员。或者国家工作人员明知其近亲属收受了他人财物，仍按照近亲属的要求利用职权为他人谋取利益的，对该国家工作人员应认定为受贿罪，其近亲属以受贿罪共犯论处；近亲属以外的其他人与国家工作人员通谋，由国家工作人员利用职务上的便利为请托人谋取利益，收受请托人财物后双方共同占有的，构成受贿罪共犯；国家工作人员利用职务上的便利为他人谋取利益，并指定他人将财物送给其他人，构成犯罪的，应以受贿罪定罪处罚。

最高人民法院、最高人民检察院2008年印发的《关于办理商业贿赂刑事案件适用法律若干问题的意见》中指出：非国家工作人员与国家工作人员通谋，共同收受他人财物，构成共同犯罪的，根据双方利用职务便利的具体情形分别定罪追究刑事责任：（1）利用国家工作人员的职务便利为他人谋取利益的，以受贿罪追究刑事责任。（2）利用非国家工作人员的职务便利为他人谋取利益的，以非国家工作人员受贿罪追究刑事责任。（3）分别利用各自的职务便利为他人谋取利益的，按照主犯的犯罪性质追究刑事责任，不能分清主从犯的，可以受贿罪追究刑事责任。

当前在学界，针对无身份者与有身份者共同犯罪的处理，存在着主犯决定说、犯罪客体说、分别定罪说、纯正身份犯决定说、共同犯罪构成要求符合说、区别对待说等学说[①]。通过对上述立法规定及司法解释的分析，可以发现司法实践主要采用的是主犯决定说，即根据主犯犯罪的基本特征来确定共同犯罪的性质，但主犯决定说受到的批评也是最多的，因为主犯与从犯是量刑的依据，用量刑情节来作为定罪的依据属于本末倒置，且当主犯、从犯难以区分时，司法实践中采取的“一刀切”做法也缺乏合理性论证。我们认为，在职务犯罪领域，共同职务犯罪的核心仍然在于“利用职务”这一要素，为此，认定的关键也在于“利用职务”对共同犯罪完成所起的地位和作用认定上。如果职务因素并不影响共同犯罪的完成，即不存在共同利用职务这一成立共同职务犯罪的前提条件，如果职务因素是共同犯罪的基础，“职务”这一特征便伴随着共同犯罪的整体，应当认定其职务犯罪共同犯罪的性质。

① 参见狄世深:《刑法中的身份新论》，北京燕山出版社2016年版，第122—124页。

第二章 占有型职务犯罪

占有型职务犯罪主要包括贪污罪、私分国有资产罪、私分罚没财物罪以及挪用公款罪，其中，贪污案件在司法实践中最为高发、典型。明晰了贪污罪的犯罪构成，即掌握了占有型职务犯罪的核心内容与难点部分。为此，本章以贪污罪为核心展开论述，同时对挪用公款罪、私分国有资产罪，以及私分罚没财物罪的犯罪构成进行分析。

第一节 贪污罪的犯罪构成

一、贪污罪的概念

我国《刑法》第 382 条第 1 款规定："国家工作人员利用职务上的便利，侵吞、窃取、骗取或者以其他手段非法占有公共财物的，是贪污罪。"第 382 条第 2 款规定："受国家机关、国有公司、企业、事业单位、人民团体委托管理、经营国有财产的人员，利用职务上的便利，侵吞、窃取、骗取或者以其他手段非法占有国有财物的，以贪污论。"据此可知：贪污罪，是指国家工作人员和受国家机关、国有公司、企业、事业单位、人民团体委托管理、经营国有财产的人员，利用职务上的便利，侵吞、窃取、骗取或者以其他手段非法占有公共财物的行为。

二、贪污罪的客体

贪污罪侵犯的是复杂客体，主要客体是国家工作人员的职务廉洁性，次要客体是公共财产所有权。

对于“公共财产”的外延，传统理论认为，贪污罪的对象是公共财产，其法律依据是《刑法》第382条关于贪污罪的基本规定。依据《刑法》第91条的规定，刑法所称公共财产，是指下列财产：（1）国有财产；（2）劳动群众集体所有的财产；（3）用于扶贫和其他公益事业的社会捐助或者专项基金的财产；（4）在国家机关、国有公司、企业、集体企业和人民团体管理、使用或者运输中的私人财产，以公共财产论。可是《刑法》第183条第1款、第2款分别规定：“保险公司的工作人员利用职务上的便利，故意编造未曾发生的保险事故进行虚假理赔，骗取保险金归自己所有的，依照本法第二百七十一条的规定定罪处罚。”“国有保险公司工作人员和国有保险公司委派到非国有保险公司从事公务的人员有前款行为的，依照本法第三百八十二条、第三百八十三条的规定定罪处罚。”《刑法》第271条第1款、第2款分别规定：“公司、企业或者其他单位的人员，利用职务上的便利，将本单位财物非法占为已有，数额较大的，处五年以下有期徒刑或者拘役；数额巨大的，处五年以上有期徒刑，可以并处没收财产。”“国有公司、企业或者其他国有单位中从事公务的人员和国有公司、企业或者其他国有单位委派到非国有公司、企业以及其他单位从事公务的人员有前款行为的，依照本法第三百八十二条、第三百八十三条的规定定罪处罚。”《刑法》第394条规定：“国家工作人员在国内公务活动或者对外交往中接受礼物，依照国家规定应当交公而不交公，数额较大的，依照本法第三百八十二条、第三百八十三条条的规定定罪处罚。”因此，有学者提出应当对贪污罪对象重新探讨。

我们认为意见是值得赞同的，因为：第一，通说观念与公共财产的法定标准是相冲突的。我国现行法律、法规或政策对公共财产的规定始终是以所有制形式为依据的。按照法律规定，我国现实中存在的经济组织的资产主体都是单一的。但随着我国经济体制改革的推行，我国出现了大量合作、合营、合资企业以及股份制公司组织形态，这些新的经济组织体大多数是其资产打破了所有制藩篱而重新优化组合而成的多种所有制经济的混合体。这些混合体的财产按法律规定不能全部认为是国有或集体所有财产。如果坚持贪污罪对象只能是公共财产，那么处理利用职务便利非法占有部分公共财产、部分非公共财产的混合制经济组织中的法人财产，正确的办法就是公共财产部分定贪污罪、非公共财产部分定职务侵占罪。这就不符合立法的精神。因为在我国，贪污罪从财产犯罪中独立出来，其中重要的不是对特定财物的占有，而是危害职务廉洁性的要求。因此，以公共财产为犯罪对象没有实际意义。第二，它不能解释刑法实践。在上述情形中，其实很难划分国有和私人所有之间的界限，如果强行要求划分，无益于司法实践，如果不明确划分，不符合立法要求，结果造成两难情形。而且在立法中，具备国家工作人员身份者侵占非国有财物，是按照贪污罪定罪处罚的。所以贪污罪的对象不限于公共财产。

根据以上意见，贪污罪的对象外延包括：

1．公共财产。它分为：（1）国有财物，即所有权归国家的财物。作为贪污罪的对象的“国有财物”必须是所有权明了的国有财物，具体可以包括国家财政收入、国有公司、国有企业事业单位的财政投入、拨款或产生的收入等。需要指出，国有控股公司、企业的财产也应当作国有财产。其原因不再赘述。（2）劳动群众集体所有的财物。从《宪法》的规定和《刑法》第 91 条的修改渊源分析，劳动群众集体所有的财物就是指劳动群众集体所有制组织的财物，其所有权主体是特定的劳动群众集体。这里的劳动群众集体包括集体经济组织、村民自治组织、街道居民委员会等特定的集体。具体认定仍可参照“两高”1989 年 11 月 6 日《关于执行〈关于惩治贪污罪贿赂罪的补充规定〉若干问题的解答》关于“集体经济组织”的解释执行。集体经济组织入股、参股、参加的股份、合作、合资企业，不能认定为集体经济组织，除国有与集体、集体与集体合资、合作、合股形成的企业财产以外，其企业财产不能都认定为公共财产。由于集体经济组织工作人员不再是贪污罪主体，在集体经济组织中具有国家工作人员身份的人才可能构成贪污罪。（3）用于扶贫和其他社会公益事业的社会捐助或者专项基金的财物。这类财物在认定时，应当注意：第一，其财产来源是社会捐助、赞助或为特定公益事业设立的专项基金。第二，财物用途为社会公益事业。第三，财物权属归公益事业机构。国家捐助给公益事业机构的款项，是无偿赞助，权属归公益事业机构，这与国家财政直接设立的由相应国家行政机关管理的某些基金不同，后者是国有财物。（4）在国家机关、国有公司、企业、集体企业和人民团体管理、使用或者运输中的私人财物。这种财物本身是私人所有，由于处于国有、集体单位或人民团体管理、使用、运输，其损毁灭失风险转移于国有、集体单位或人民团体，因而以公共财物论。

2. 应交公的礼物。根据国务院《国家行政机关及其工作人员在国内公务活动中不得赠送和接受礼品的规定》和中共中央办公厅、国务院办公厅《关于严禁党政机关及其工作人员在公务活动中接受和赠送礼金、有价证券的通知》的规定，国内公务活动中接受礼物的范围，不仅包括“国家工作人员在与本职工作有关的活动中接受礼物”，还包括：（1）以鉴定会、评比会、业务会、订货会、展销会、接待会、茶话会、新闻发布会、座谈会、研讨会等各种会议和礼仪庆典、纪念、商务等各种活动的形式和名义接收礼物；（2）以试用、借用、品尝、鉴定的名义接受礼物；（3）以其他形式和名义接受礼物。（4）这些礼物是应当交公的礼物。现行行政规章规定，国家工作人员国内公务活动中禁止接受礼物，确实不能拒收的，接受之后必须交公；对外交往中接受礼物价值较小的，可以留用，价值较大的必须交公。因此，应交公的礼物其所有权属于国家，本质上属于国家财物。

3. 其他经济组织财物。具体指国家参股企业、事业单位以及非国有的企业事业的财物。当国有保险公司工作人员和国有保险公司委派到非国有保险公司从事公务的人员或者其他国有公司、企业或者其他国有单位中从事公务的人员和国有公司、企业或者其他国有单位委派到非国有公司、企业以及其他单位从事公务的人员侵占这些财物时，也构成犯罪，即该财物成为贪污罪中的财物。

4. 土地使用权。在最高人民法院 2012 年发布的指导案例 11 号杨延虎等贪污案中，明确指出土地使用权具有财产性利益，属于《刑法》第 382 条第 1 款规定中的“公共财物”，可以成为贪污的对象。根据我国《土地管理法》第 2 条、第 9 条的规定，我国土地实行社会主义公有制，即全民所有制和劳动群众集体所有制，并可以依法确定给单位或者个人使用。对土地进行占有、使用、开发、经营、交易和流转，能够带来相应的经济收益。因此，土地使用权自然具有财产性利益，无论国有土地，还是集体土地，都属于《刑法》第 382 条第 1 款规定中的“公共财物”，可以成为贪污的对象。

需要注意的是，承包国有企业、财产活动中的“国有财产”的认定问题较为复杂，有必要予以说明。承包经营是资产所有权和经营权分离的制度。目前在我国，承包经营有一定的生命力，国有中小型企业实行的承包的方式依据企业的性质而有所差别：一是中小型企业实行核定基数，递增包干，超收全留；也可以实行核定基数，增长分成；二是亏损企业实行亏损包干，超亏不补，扭亏全留或扭亏分成；三是特殊行业实行投入产出包干。

这种制度打破了“大锅饭”，是我国建立现代企业制度过程中的过渡性经济运行方式。虽然其成效显著，但是一个不容忽视的问题也出现了，就是在承包企业中，由于承包人个人所得和集体提留之间的界限不好掌握，往往无法判断行为人的行为究竟是贪污还是合法的，在一些地方，国有资产悄悄流失，而在一些地方，承包人的合法权益不能得到保证，被错误地作为贪污犯处理。

我们认为，处理承包企业中的贪污问题，关键是对企业的资产有明确界限，因为行为人的行为可以说是接受国家机关或者国有单位委托，经营、管理国有财产。在界限上应当分三步走：

首先，要将承包之前的企业资产作为国有资产。这一点毋庸置疑。关键是根据企业的国有资产登记的时间，将承包前和承包后的企业原资产和新增资产区别开。如果行为人将国有资产占为己有，则是贪污。

其次，要将承包合同中约定的企业提留、职工福利基金等承包后的收益作为公共财产。承包经营一般是为了达到扭亏增效的目的，承包经营合同中通常会明确应当由承包人交纳的费用和作为企业发展必要的提留部分。这部分不能作为个人收益。

最后，除此之外的企业承包收益，是否归个人所有，还必须看承包的方式，在劳务承包中，承包者是根据劳务取得报酬的，不享有对多余收益的额外所有权，如果占有的，构成贪污；在经营性承包中，则应当根据合同，如果是基数定包，那么承包人完成承包任务之外的收益为个人合法收益，不能构成贪污。如果对承包收益约定比例，则在该比例之外的财产，可以构成贪污的对象。例如，肖某原为辽宁省某市司法局副局长，兼任所属公司法人代表、经理，其与司法局签订承包协议，约定实行定额上交利润承包。在肖某按承包协议足额上缴了利润，免税部分虽然没有用于发展基金购置资产，但也足额上交了的情况下，对剩余的所创利润 14 万元，按承包协议规定，应由承包人肖某自主分配，其有权处分。为此，不论行为人以什么方式占有，均不构成贪污罪。[①]

① 参见最高人民法院指导案例第 63 号肖某贪污、挪用公款案，载《刑事审判参考》年总第 8 期。

三、贪污罪的客观方面

贪污罪在客观方面表现为，国家工作人员和受国家机关、国有公司、企业、事业单位、人民团体委托管理、经营国有财产的人员，利用职务上的便利，侵吞、窃取、骗取或者以其他手段非法占有公共财物，即构成本罪，首先要求行为人利用职务上的便利，其次行为人还必须实施了侵吞、窃取、骗取或者以其他手段非法占有公共财物的行为。在客观方面有以下四个问题必须进一步明确。

（一）“利用职务上的便利”的理解与认定

关于“利用职务上的便利”的理解有如下分歧：（1）利用职务上的便利，是指利用职务上主管、管理、经营、经手公共财物的权力。[①]（2）利用职务上的便利，是指利用职务内权力和地位形成的有利条件，具体表现为主管、保管、出纳、经手公共财物等便利条件。（3）利用职务上的便利，是指利用自己主管、管理、经手公共财物的权力及管理、经手公共财产的方便条件。（4）利用职务上的便利，是指利用从事组织、领导、管理、监督等活动的工作便利，或履行公共管理职权、职责的方便条件。（5）利用职务上的便利，是指利用职务上处理、处分或者控制公共财物职务行为的便利。[②]

上述分歧观点都认识到，贪污罪中的“利用职务上的便利”必须是行为人和公共财物之间具备一定的联系方式，这一点是应当肯定的，因为如果行为与财物没有合法的联系，就不能表明利用职务的特性。在此意义上，第四种观点就显得过于宽泛。其他观点只是对联系的方式和前提有不同的看法，分歧点在于：其一，职务上的便利是否包括因其形成的有利条件呢？在现实工作中，由于分工不同，对敏感场所进出的便利因人而异，那么可以进出特定场所的人对地形、物品位置熟知，显然比一般人处于有利条件，这难道是利用职务上的便利？如出纳熟悉单位钱物的存放地点是否属于该有利条件，出纳下班后利用自己知道财物存放地点的有利条件窃取的，是否属于贪污就值

① 参见王建敏：《当前贪污贿赂犯罪的司法认定》，载《中国刑事法杂志》2002 年第 2 期。

② 参见刘流：《论贪污罪中“利用职务上的便利”》，载《法律适用》2001 年第 6 期。

得争议。其二，行为人职务行为与公共财物之间的联系是否限于主管、管理和经手？出纳是否和管理不同，经营是否等于经手？

根据通说的观点，利用职务上的便利应当和仅仅利用了对单位地理位置比较熟悉的客观情形区别开来，所以，将利用职务形成的有利条件囊括进来是不可取的，这容易扩大贪污罪的适用范围。所以第二种观点不可取。此外，出纳属于财务管理的重要部分，和保管具备相同的特性，在本质上也是一种对财物的管理，那么将出纳和保管与管理并列的第二、三种观点也不可取。由于经营行为在《刑法》第383条第2款中明确和管理不同，它是指利用公共财物进行生产和销售的特殊企业行为，所以与经手也不一样，因此第一种观点在这方面比较可取。

不过我们认为，虽然第一种观点概括比较全面。但还是不能体现利用职务上的便利占有公共财产的本质，不具备概括性，所以主张第五种观点，将利用职务上的便利概括为：利用本人对公共财物所具有的处置权或者因为工作而占有的事实。

（二）“侵吞”“窃取”“骗取”“其他手段”的形式及区别

行为人可以使用作为的方式贪污，也可以使用不作为的方式贪污。其具体手段如刑法所说，包括侵吞、窃取、骗取和其他手段。这些手段是有区别的。

1. 侵吞

侵吞是指行为人利用职务上的便利，将自己管理、经营或者经手的公共财物公然非法占有。其现实表现是：（1）出于非法占有的目的，将自己管理之下的公共财物直接加以占有；（2）出于非法占有的目的，将自己控制的公共财物非法占有不归还；（3）出于非法占有的目的，将自己管理之下的公共财物非法调拨为自己或他人长期无偿使用，变相占有；（4）将自己管理或者占有的公物隐瞒不报，非法占有；（5）将自己管理或者占有的公共财物转移给他人；（6）利用经手公共财物的机会，公然为自己挥霍公款。

2. 窃取

窃取，是指行为人利用自己主管、管理或者经手财物的机会，将公共财物秘密据为己有。人们通常将保管员利用职务之便占有自己或者自己与他人共同保管财物的行为作为“窃取”认定（即“监守自盗”）。此外，行为人对某项公物有管理职责和职权，但没有使用的权限，行为人利用职务之便盗用该公物进行个人消费，则应属于典型窃取。[①]也有学者认为“监守自盗”行为属于将自己占有、管理的财物据为己有的“侵吞”。其实，只有当行为人与他人共同占有公共财物时，行为人利用职务上的便利窃取该财物的，才属于贪污罪中的“窃取”。[②]我们认同后一种观点。

3. 骗取

骗取，即行为人利用职务之便，使用欺骗的手段，在管理、经手公共财物时非法占有公共财物。这种方法最为常见，主要方式包括：造假账、伪造、涂改单据、虚报冒领差旅费等。

4. 其他方法

其他方法，即指上述三种常见方法之外的方法。日常生活中常见的是：（1）工作中吃回扣；（2）巧立名目私分公款；（3）利用经济合同占有公共财物；（4）由单位承担个人损失。比如在期货交易中，利用自己是交易员的特殊身份，自己为自己炒卖期货，但当觉得要亏损时，就将有关期货转归单位名下，由单位承担损失。此外，刑法规定的国有保险公司工作人员和国有保险公司委派到非国有保险公司从事公务的人员，利用职务上的便利，故意编造未曾发生的保险事故进行虚假理赔，骗取保险金归自己所有，以及国家工作人员在国内公务活动或者对外交往中接受礼物，依照国家规定应当交公而不交公，也属于其他方法。

（三）“管理、经营”的认定

根据《刑法》第382条第2款的规定，受国家机关和国有单位委托，管理、经营国有财产的人员，可以构成贪污，即非国家机关工作人员，非国有单位工作人员在受到这些单位委托，对国有财产进行管理和经营时，利用职务上的便利，侵吞、窃取、骗取或者以其他手段非法占有国有财物的，在刑法上定为贪污。换言之，如果他们不是受到委托管理、经营国有财产就不构成贪污。因此，“管理、经营”是确定哪些人构成贪污罪的客观界限。

---

① 孙国祥主编：《刑法学》（第二版），科学出版社2012年版，第640页。

② 张明楷：《刑法学》（第四版），法律出版社2011年版，第1046页。

在我们看来，这里的“管理、经营”应当指国家机关或者国有单位为了达到国有资产保值、增值的目的所进行的企业行为的管理经营，而非简单地、临时地看管。除此之外，是难以想象出将国有资产交付他人管理经营的正当理由。也只有如此，才能比较容易地理解立法上对此加以单独规定的意义。也只有如此，才能合理界定管理者和经营者的范围。

企业的经营管理有广义和狭义之分，狭义的经营管理是对企业经营活动的管理。企业的活动包括经营活动和生产活动。经营活动主要是筹划、处理企业与外部环境所发生的各种关系，如确定经营目标、战略、策划，编制计划，组织实施等；生产活动指企业内部将原材料转换成产品的活动，即将企业的人、财、物、技术等集合起来生产产品。广义的包含经营活动和生产活动。

在《刑法》第382条中的“管理、经营”，就是对国有财物进行的经营活动和生产活动。但其中的经营者，应该是在总体上对企业的经营战略、经营目标、经营决策、经营计划具有决定权的人或者对企业的产生行为具有决定权的人。

四、贪污罪的犯罪主体

贪污罪的基本构成主体是国家工作人员和受国家机关、国有公司、企业、事业单位、人民团体委托管理、经营国有财产的人员。在第一章中，本书已经对职务犯罪的主体进行了论述，在此仅就比较迫切的三个问题进行详述：国家工作人员和准国家工作人员的界限、“从事公务”的含义和村党务人员是否能成为贪污罪的主体。

（一）国家工作人员与准国家工作人员的认定与范围

我国《刑法》第93条规定：“本法所称国家工作人员，是指国家机关中从事公务的人员。国有公司、企业、事业单位、人民团体中从事公务的人员和国家机关、国有公司、企业、事业单位委派到非国有公司、企业、事业单位、社会团体从事公务的人员，以及其他依照法律从事公务的人员，以国家工作人员论。”对于国家工作人员与准国家工作人员的认定，在理论上与实践中有不同的看法，主要是围绕两个方面的界限展开的，一是国家机关的范围和含义；二是“以国家工作人员论”的人员范围。

1. 国家机关的范围和含义

关于国家机关的范围和含义，学界曾经有过三种代表性的观点：

（1）实质的国家机关说

这种观点主张，国家机关应当包括中国共产党的各级机关、国家各级权力机关、行政机关、审判机关、军队中的各级机关、中国人民政治协商会议的各级机关以及一些名为总公司但实为国家行政部门的机构，如石油天然气总公司、电力总公司等。

其理由是，关于国家工作人员的认定，既要严格按照有关法律规定，又要充分考虑我国实际，实事求是，具有可操作性。在我国，中国共产党是执政党，所从事的管理活动事关国家大政方针，人民政协是各民主党派和团体参政议政的重要形式，中国共产党的各级机关和中国人民政治协商会议的各级机关均具有国家机关的性质，按照中央和国务院的有关规定，中国共产党的各级机关及政协各级机关中从事公务的人员，均参照国家公务员条例进行管理。所以，从中国目前实际情况出发，把中国共产党的各级机关及政协的各级机关视为国家机关要适宜一些。而名为总公司实为行政部门的机构，由于它并不适用企业的经营体制，而是依靠国家行政拨款，按照国家规定和授权行使着一定的行政管理职能，所以，其本质上仍属于国家机关。

（2）修正的实质国家机关说

这种观点认为，国家机关除了上述权力机关、行政机关、司法机关以及军队内机关以外，还应包括中国共产党的各级机关以及政协的各级机关。

该说的理由在于，我国立法与司法实践对于国家机关有广义与狭义两种理解和规定。根据宪法和有关法律的规定，狭义的国家机关仅指国家的各级权力机关、行政机关、审判机关、检察机关和军事机关。但是，长期以来，刑事司法实践对于国家机关持广义的解释。此外，刑法中的国家机关，是指一切管理国家事务（包括地方事务）的各级机构和组织。因此，中国共产党作为执政党，领导管理国家的中央事务和地方事务，其各级机关当然应当属于国家机关；各民主党派根据宪法和法律的规定，作为参政党，参与管理国家的中央和地方事务，其各级机关也应当属于国家机关的范畴。人民政协是各党派共同参政议政的重要组织机构，其成员的提案和所做的决定在很大程度上影响着国家政策的制定和法律的制定，并且也是具有中国社会主义特色的民主监督的重要形式。所以，人民政协的各级机关也应具有国家机关的性质。所以，国家机关工作人员除了各级国家权力机关、行政机关、司法机关和军事机关的工作人员之外，还可以包括中国共产党和各民主党派、政治团体的各级机关的工作人员，政协各级机关的工作人员。此外，《宪法》序言第 10 段对人民政协的性质和地位作了高度的概括："中国人民政治协商会议是有广泛代表性的统一战线组织，过去发挥了重要的历史作用，今后在国家政治生活、社会生活和对外友好活动中，在进行社会主义现代化建设、维护国家的统一和团结的斗争中，将进一步发挥它的重要作用。"这也可以作为论理上的法律根据。

（3）宪法的国家机关说

这种观点认为，"国家机关"就是指从事国家管理和行使国家权力，以国家预算拨款作为独立活动经费的中央和地方各级组织，具体包括权力机关、行政机关、检察机关、审判机关以及军队系统的各级机构。

该说的理由是，在司法实践中界定"国家机关"的范围，必须基于现有法律的明确规定，即必须具有法律根据。依据我国《宪法》第三章关于国家机构的规定，我国的国家机关应当包括权力机关、行政机关、审判机关（人民法院）、检察机关（人民检察院）以及军事机关。而且，在宪法中，政党和社会团体、企事业单位一样，都是和国家机关相并列的。例如，《宪法》第 5 条第 4 款规定："一切国家机关和武装力量、各政党和各社会团体、各企业事业组织都必须遵守宪法和法律。一切违反宪法和法律的行为，必须予以追究。"可见，尽管从我国的政体和国情来看，中国共产党的各级组织在我国的政治、经济、社会生活各领域中发挥着领导作用，但从其性质上看，它毕竟还是一个政党，而不是国家机构。所以，还是不把中国共产党的各级组织视为《刑法》第 93 条中所指的国家机关为宜。

本书认为，国家机关的范围应当在现有法律的框架内，充分考虑到我国政治制度的实际运行。对于中国共产党机关以及人民政协机关是否属于国家机关，确实是我国《宪法》及宪法学上的一个难题。因为《宪法》并没有明确说明政协各级组织是国家机关，所以将政协作为国家机关还是比较牵强的。就中国共产党的各级来说，虽然在国家的生活中，它具有无法否定的重要地位，但是，恰如党章所规定："党政军民学，东西南北中，党是领导一切的。党要适应改革开放和社会主义现代化建设的要求，坚持科学执政、民主执政、依法执政，加强和改善党的领导。党必须按照总揽全局、协调各方的原则，在同级各种组织中发挥领导核心作用。党必须集中精力领导经济建设，组织、协调各方面的力量，同心协力，围绕经济建设开展工作，促进经济社会全面发展。党必须实行民主的、科学的决策，制定和执行正确的路线、方针、政策，做好党的组织工作和宣传教育工作，发挥全体党员的先锋模范作用。党必须在宪法和法律的范围内活动。党必须保证国家的立法、司法、行政、监察机关，经济、文化组织和人民团体积极主动地、独立负责地、协调一致地工作。党必须加强对工会、共产主义青年团、妇女联合会等群团组织的领导，使它们保持和增强政治性、先进性、群众性，充分发挥作用。党必须适应形势的发展和情况的变化，完善领导体制，改进领导方式，增强执政能力。共产党员必须同党外群众亲密合作，共同为建设中国特色社会主义而奋斗。"因此，中国共产党的各级组织并不具备直接的管理国家事务的职能，将共产党的各级组织理解为国家机关，不仅与宪法不符合，也不合乎党章"适应形势的发展和情况的变化，完善领导体制，改进领导方式，增强执政能力"的目标。

然而，中国共产党机关以及人民政协机关等不属于国家机构，并不必然意味着在其中从事公务的人员不是国家机关工作人员。因为，无论中国共产党机关以及人民政协机关等是否属于国家机构，这一难题在《宪法》和宪法理论上如何回答、怎样解决，均不影响刑法解释将其中从事公务的人员认定为国家机关工作人员。刑法解释的任务不是要从法律形式特征上回答中国共产党（及其领导机关）是否属于国家机构，而是需要实质判断其中从事公务的人员是否属于国家工作人员，乃至于国家机关工作人员。2003 年最高人民法院发布的《全国法院审理经济犯罪案件工作座谈会纪要》对此问题也进行了明确，其中第 1 条第 1 项就明确指出：在乡（镇）以上中国共产党机关、人民政协机关中从事公务的人员，司法实践中也应当视为国家机关工作人员。需要注意的是，中国共产的组织设置较为复杂，包括党的中央组织、党的地方组织以及党的基层组织，该纪要中规定的"中国共产党机关"指的是乡（镇）以上的中国共产党机关，是与政府并行设立的、作为领导机关的各级党委，而不包括公司、企业、事业单位中的党委，更不包括党支部等基层党组织。

要注意对“从事公务”的把握，进行具体问题具体分析。

2.“以国家工作人员论”的人员范围

以国家工作人员论的人员范围，包括国有公司、企业、事业单位、人民团体中从事公务的人员和国家机关、国有公司、企业、事业单位委派到非国有公司、企业、事业单位、社会团体从事公务的人员，以及其他依照法律从事公务的人员。其中主要涉及两个方面的问题，一是如何界定国有公司、企业、事业单位、人民团体中从事公务的人员？二是“委派”如何认定，其与《刑法》第382条第2款规定的“委托”是什么关系？

（1）国有公司、企业、事业单位、人民团体中从事公务的人员

国有公司、企业、事业单位和人民团体的界限比较容易明确。但是由于经济改革的需要，现在公司、企业的成分比较复杂，那么国有公司、企业是仅指全部资本为国有资本的公司、企业？还是包含混合经济成分的公司、企业呢？

一种观点认为，《刑法》第93条第2款中所指的国有单位不应该涵盖国有资产控股的公司、企业。理由是新《刑法》由第八届全国人大第五次会议于1997年3月14日修订，10月1日正式生效。依照全国人大烦琐的立法程序，修订草案在1996年才出炉。当时，国有控股公司已占上市公司份额的半壁江山，势力不可谓不庞大，但至今尚无资料表明官方在任何正式场合拓宽过传统的公有观念，直至翌年后半段召开的中共十五大方才指出：公有制经济不仅包括国有经济和集体经济，还包括混合所有制中的国有成分和集体成分。十五大关于公有制的重新定义恰恰有力地论证了新刑法中所谓“国有”必定不含混合所有制中的国有成分，因为依立法时间与开会时间的对比一眼便知。在解释“国有”时，只有严格遵循历史，密切结合当时的思想背景与时代条件方可得出准确可信的结论。当然，限制解释并不是放任国有控股公司不加约束，相反，可以通过制定新的立法解释、行政法规等规范性文件对这部分经济力量予以指导、帮助与监管。此外，1979年《刑法》第83条规定：“本法所说的国家工作人员是指一切国家机关、企业、事业单位和其他依照法律从事公务的人员”，而修订后的新《刑法》第93条第1款将国家工作人员限缩为国家机关中从事公务的人员，第93条第2款规定了“以国家工作人员论”的人员范围，这一规定将根据1979年《刑法》不是国家工作人员的部分人员

纳入到了“以国家工作人员论”的范畴。这就意味着，新《刑法》第 93 条第 2 款相比较于 1979 年《刑法》而言，是对行为主体的从重处罚。从刑法解释原则看，凡是对行为人不利的解释只能在可能的解释选择中作限制解释，不能超出法条的基本含义任意扩大，否则，势必违反刑法规定的罪刑法定原则和从旧兼从轻原则，也违背了我国刑法所体现的人权保障的价值取向。本着这一原则，应当对“国有”作出对行为人有利的解释，即国有控股公司、企业的这部分员工、领导不含在内。

还有一种观点认为，对于 1997 年《刑法》中规定的“国有公司、企业”，除包括国有的独资公司、企业之外，还应当包括国有控股的公司、企业，即认为刑法中的国有公司、企业，是指其财产完全属于或者相当部分属于国家所有并且国家对全部财产具有控制支配力的公司、企业。

上述两种观点，前一种立足于罪刑法定的基本精神，从刑罚的适用着手说明问题，后一种观点则体现了刑法规定贪污罪，并将贪污罪和职务侵占罪区别规定的立法原意。随着 2008 年《企业国有资产法》的颁布，国家出资企业的概念得以确立，该法第 5 条规定：“本法所称国家出资企业，是指国家出资的国有独资企业、国有独资公司，以及国有资本控股公司、国有资本参股公司。”国有资本控股公司、国有资本参股公司与国有独资企业、国有独资公司成为并列的概念。与之相对应的，2010 年，最高人民法院、最高人民检察院发布了《关于办理国家出资企业中职务犯罪案件具体应用法律若干问题的意见》，该意见第 6 条对关于国家出资企业中国家工作人员的认定进行了专门规定：经国家机关、国有公司、企业、事业单位提名、推荐、任命、批准等，在国有控股、参股公司及其分支机构中从事公务的人员，应当认定为国家工作人员。具体的任命机构和程序，不影响国家工作人员的认定。经国家出资企业中负有管理、监督国有资产职责的组织批准或者研究决定，代表其在国有控股、参股公司及其分支机构中从事组织、领导、监督、经营、管理工作的人员，应当认定为国家工作人员。国家出资企业中的国家工作人员，在国家出资企业中持有个人股份或者同时接受非国有股东委托的，不影响其国家工作人员身份的认定。根据这一规定可知，在国有控股、参股公司及其分支机构中从事公务的人员并不必然就是国家工作人员，还需经过提名、推荐、任命、批准等程序。这就说明，当前国有控股、参股公司并不属于国有公司。

（2）受“委托”或“委派”人员的认定

正如上文所述，国有控股、参股公司属于非国有公司，在其中从事公务的人员必须经过委派或委托。这在2001年最高人民法院做出的《关于在国有资本控股、参股的股份有限公司中从事管理工作的人员利用职务便利非法占有本公司财物定罪问题的批复》、2003年最高人民法院发布的《全国法院审理经济犯罪案件工作座谈会纪要》中已经予以明确，并达成了共识。该批复中指出："在国有资本控股、参股的股份有限公司中从事管理工作的人员，除受国家机关、国有公司、企业、事业单位委派从事公务的以外，不属于国家工作人员。"该纪要则明确："国家机关、国有公司、企业、事业单位委派在国有控股或者参股的股份有限公司从事组织、领导、监督、管理等工作的人员，应当以国家工作人员论。"

问题在于，如何理解《刑法》第382条第2款规定的"受国家机关、国有公司、企业、事业单位、人民团体委托管理、经营国有财产的人员，利用职务上的便利，侵吞、窃取、骗取或者以其他手段非法占有国有财物的，以贪污论"，此处用词为"委托"而不是"委派"，二者有何区别？在《刑法》第93条已经规定了国家机关、国有公司、企业、事业单位委派到非国有公司、企业、事业单位、社会团体中从事公务的人员属于国家工作人员的情况下，在第382条第2款加上"委托"这一规定，应当如何理解，其是法律拟制还是注意规定？

对于"委派"与"委托"，理论界与实务界均认为，委托双方属于平等的民事主体，本质上是民事委托关系，是国有单位以平等主体身份就国有财产的管理、经营与被委托者达成的协议，受托前后受托人与委托单位之间都不存在行政上的隶属关系，但在委托期间，委托单位与被委托人之间可能形成了一种监督关系。而委派的实质是受委派者代表委派的国有单位到被委派单位从事公务活动。委派关系成立后，委派人与受委派人之间就形成了一种隶属关系。受委派人要接受委派人的领导、管理、监督，两者之间是领导与被领导、服从与被服从、管理与被管理的隶属关系。而《刑法》第382条第2款究竟是法律拟制还是注意规定，学界的看法并不统一。将该条款视为法律拟制，意味着受国家机关、国有公司、企业、事业单位、人民团体委托管理、经营国有财产的人员，本身并不是《刑法》中的国家工作人员，而是出于保护国有资产的目的，在贪污罪的相关规定中将他们拟制为国家工作人员，为能够顺利追究这些主体的贪污罪的刑事责任提供法律依据，这些主体也仅能成为贪污罪的犯罪主体，而不能成为其他职务犯罪，如挪用公款罪等的主体。如果将该条款视为注意规定，则意味着受国家机关、国有公司、企业、事业单位、人民团体委托管理、经营国有财产的人员本来就是国家工作人员，只是提示司法办案人员予以注意，也因此这些主体不仅可以成为贪污罪的主体，也能成为挪用公款罪、受贿罪等职务犯罪的主体。

根据自 2000 年 2 月 24 日起施行的最高人民法院《关于对受委托管理、经营国有财产人员挪用国有资金行为如何定罪问题的批复》，对于受国家机关、国有公司、企业、事业单位、人民团体委托，管理、经营国有财产的非国家工作人员，利用职务上的便利，挪用国有资金归个人使用构成犯罪的，应当依照挪用资金罪定罪处罚。由此可知司法实践中选择将《刑法》第 382 条第 2 款认定为法律拟制。但部分学者认为这样的做法并不合理，提出了“既然以委托方式将国有财产交其管理、经营，并且赋予其一定的职权，为什么其只能成为贪污罪的主体而不能成为挪用公款罪的主体呢？如果说上述规定的出发点是为了更有力地保护国有财产，为什么在挪用公款上不需要有所体现呢？如果说，考虑到对非国家工作人员应当与国家工作人员有所区别，为什么对前者侵吞公款与挪用公款不采取同样的从宽政策呢？”的质疑，也有学者更为直接地主张：“《刑法》第 382 条规定的‘受国家机关、国有公司、企业、事业单位、人民团体委托管理、经营国有财产的人员’，其受托的是国有财产管理、经营活动，本身就是典型的‘公务活动’，应作为国家工作人员统一认定，不但可以成为贪污罪的主体，也应成为挪用公款罪、受贿罪等国家工作人员构成犯罪的主体。”可见这一问题仍值得学界与实务界继续予以深入探讨。

此外，还需注意的是，2010 年最高人民法院、最高人民检察院发布的《关于办理国家出资企业中职务犯罪案件具体应用法律若干问题的意见》在“委派”“委托”的基础上增加了“经国家出资企业中负有管理、监督国有资产职责的组织批准或者研究决定，代表其在国有控股、参股公司及其分支机构中从事组织、领导、监督、经营、管理工作的人员，应当认定为国家工作人员”的规定，这一规定实际上扩大了国家工作人员的范围。有学者指出：国家出资企业包括两种情况：一种是国有公司上市以后，国有公司单独从事经营、管理活动的情形。例如，目前的国有银行都已经上市，成为上市公司。在这种情况下，银行就不再是国有独资公司，而是国有资本的控股公司。但从经营、管理体制上来看，并没有发生变化，仍然是原先的国有公司中的国家工作人员在从事经营、管理活动。对于这种国有出资企业来说，将国家出资企业中负有管理、监督国有资产职责的组织批准或者研究决定，代表其在国有控股、参股公司及其分支机构中从事组织、领导、监督、经营、管理工作的人员，认定为国家工作人员是具有一定合理性的。即使是这种国家出资企业委派到下属单位从事经营、管理活动的人员，即所谓二次委派的人员，也应当认定为国家工作人员。另一种是国有出资企业的国有方与非国有方共同进行经营、管理的国有出资企业。对于这种国有出资企业来说，将国家工作人员限制在受国有单位，尤其是履行国有出资人职责的机构的委派，更为合理。我们认同这种观点。

（二）“从事公务”的含义

1. 认识分歧

根据 1997 年《刑法》典第 93 条的规定，无论是国家工作人员还是准国家工作人员，其共同的一个特征就是“从事公务”。因此，“从事公务”应当是国家工作人员的本质特征，对它的正确理解，不仅关系到在《刑法》第 93 条中所列举的一些单位中工作的人员哪些是国家工作人员，而且还关系到我们对准国家工作人员中“其他依照法律从事公务的人员”的范围界定。

关于“从事公务”的确切含义，我国刑法理论界存在四种不同观点：（1）认为“从事公务”就是“依法履行职责的职务行为以及其他办理国家事务的行为”；（2）认为“从事公务”是指“依法所进行的管理国家、社会或集体事务的职能活动”；（3）认为所谓从事公务，就是指“在国家机关、国有公司、企业、事业单位、人民团体等单位中履行组织、领导、监督、管理等职责”；（4）认为“从事公务”，是指代表国家对公共事务所进行的管理、组织、领导、监督等活动。

2. 观点评价

我们认为，对于“从事公务”，应当从活动的职能性和内容性两个方面或两个层次上来加以认识和把握。因为如前所述，尽管国家工作人员是一个人的社会身份，但是在刑法实践中，国家工作人员不是根据行为人的人事身份认定的，而是根据行为人在实际活动的社会身份确定的。所以，对于“从事公务”的理解，不能局限于特定的单位或者特定的人。由于刑法明确规定了非国家机关和非国有单位的人也可以从事公务，所以第三种观点显然过于狭隘了。其他几种观点几乎都是从职能和内容两方面界定“从事公务”的，但是各自理解的范围不同。就职能而言，第一种观点仅仅抽象地描述为“履行职责”和“办理”国家事务，第二种认为是“管理”活动，第三、第四种认为是管理、组织、领导、监督等活动；就内容来说，第一种认为是职务行为和国家事务，第二种认为是国家、社会或者集体事物，第四种认为是公共事务。那么究竟哪一种揭示了公务的实质呢？

首先，从公务的职能分析。很多学者认为，从事公务的活动是一种具有领导、指导、组织、监督、管理性质的职能活动。还有的认为这种职能活动，也可以简括为管理活动。它通常是以有关的主体享有一定的管理职权为前提的，如某个国家机关依法享有监督、管理某项业务领域的职权；某个社会团体获授权而享有协助政府管理某项活动的职权；某个政党依法享有执政或者参政即主持领导或参与领导国事的权力；某个个人因担任某项职务而享有监管某方面工作的职权等。没有一定的管理职权，是不可能从事公务这样的职能活动的。可是，这种解释是不符合实际情况的，其一，国家司法机关的主要职能活动并不能为“领导、指导、组织、监督、管理”所涵盖，以人民法院的工作为例，通常认为其职能是居于中间的立场从事裁判工作。裁判工作完全没有领导、指导、组织以及监督乃至管理的含义；其二，将公务活动当作管理活动理解，不符合行政工作的实际任务，因为就政府工作来说，不仅具有管理的职能，还具有服务的职能，特别是在现代社会，我们提倡“小政府，大社会”，就是认为政府的管理工作要减少，服务工作要增多；其三，人民团体、国有事业单位的工作很难认为是领导、指导、组织、监督、管理工作，如某省人民医院的医生，他的工作对社会而言，应该理解为是服务才比较合理。所以“从事公务”在形式上应该理解为根据国家法律法规的规定，对社会进行管理和提供特定服务。服务的内容主要限于涉及公民基本权利方面的文化、教育、卫生、权利保障等具体内容。

其次，就公务的内容分析。我们认为关键是要将公务和职务区别开来。

所谓职务，在一般意义上，是指“职位所规定应该担任的工作”。而在法律意义上，职务则意味着获得一定的法定身份，代表国家、集体或者社会团体执行一定的具有管理性质的事务。职务与公务是有区别的，职务的范围比较广泛，妨碍职务行为，破坏职务应承担的责任并不一定会破坏到国家管理职能。例如，一个非国有公司的工作人员侵占公司财产的，只是破坏了该公司的正常业务活动和公司人员在业务活动中的廉洁性，并不会破坏国家的管理职能。但是公务行为则不同，它的范围却是有一定的限制，即它不仅如职务一样需要一定的法定权力和身份，而且这种行为还必须是一种国家行为所派生出来的行为，所以在该种行为中的一些非正常现象（如渎职、主体廉洁性遭破坏等），就会破坏国家的管理职能。可见，公务带有公共事物的性质，而职务则具有多种含义，它既含有社会管理的性质，也包含单位事物的特性，公务的范围要比职务狭窄。

公务事务可以分为如此几类事务：其一，国家事务。这类事务是关系国家主权、独立安全、领土完整及国计民生的事务，如制定法律、制定国民经济发展计划、建设国防、进行外交等。其二，地方事务，是指关系到地方经济、文化、社会发展的重大事务，如修建辖区内的重大公益工程项目、颁布地方法规、规章等。其三，社区事务，是指关系到一定社区范围内居民正常生活的事务，如组织社区范围内的居民进行文体活动、支援地方建设等。其四，企事业单位事务，是指关系到某个单位、组织、团体正常的业务活动进行管理的事务。这里的“单位”，不限于国有企事业单位，还可以包括非国有的企事业单位。因为，根据《刑法》第93条的特别规定，国家工作人员还应当包括受国家机关、国有公司、企业、事业单位、人民团体委派到非国有单位中从事公务的人员。其五，社会公益事务，是指关系到公共利益的各类慈善救助活动，如帮助贫穷儿童上学的希望工程、帮助贫穷妇女脱贫的幸福工作、帮助患病者、受灾群众的捐款资助活动、“青年志愿者”活动等。但是，应当指出，国家工作人员所从事的公务，无论其属上述哪一种公务，都具有与国家公权力、地方公权力或者国有企事业单位的经营管理活动、人民团体的公共职能活动等具有直接联系的特点。如果某种公务不具有这个特点，那就不能称其为国家工作人员所从事的公务。

可见“从事公务”是根据国家法律法规的规定，对于社会公共事务进行管理和提供特定服务的活动。

3. 从事公务的特征

为了有助于把握从事公务，我们还可以对从事公务的特征进行概括说明。由于对于从事公务的不同理解，关于它的特征的描述也不同：

（1）两特征说，认为从事公务的特征：其一，管理性，即对公共事务进行管理。这里的公共事务比较广泛，既可以是国家事务，也可以是社会事务和集体事务，其范围涉及政治、经济、文化、军事、文体、卫生、科技以及同社会秩序有关的各种事务的管理；其二，国家代表性，即这种活动是代表国家而进行的，它是一种国家管理性质的行为，而不是代表某个人、某个集体、某个团体的行为，即这种活动是国家权力的一种体现或是国家权力的派生权力的一种体现。既然"从事公务"是国家工作人员的本质特征，那么在司法实践中就应当从这个本质特征出发来准确判断和合理界定国家工作人员的范围，并同时避免仅仅从行为人是否具有干部身份考察其是否为国家工作人员。随着经济体制改革和政治体制改革的日益深化，人事制度的变革也日趋深化，聘任制度已经广泛推行。一个人无论具有何种身份，只要他被聘任从事管理工作，他就是在从事公务。这种情况在国有公司、企业中已较为普遍。另外，基于建立现代企业制度的要求，很多国有公司、企业已实现全员合同制，打破了干部群众的身份界限，管理岗位实行竞争上岗。因此，以干部身份作为认定国家工作人员的标准在当前的现实经济生活中显然也不合时宜。例如，国有企业的检验员、化验员等，所从事的都是管理性工作，无论这些人是否具有干部身份，只要被聘任从事这项管理性工作，就应以国家工作人员论，属于准国家工作人员。

（2）三特性说，认为从事公务的特点是：其一，公务活动具有依属性，国家机关、国有公司、企业、事业单位、人民团体是公务活动产生和存在的基础，离开了国家机关、国有公司、企业、事业单位、人民团体这个基础，就无所谓"公务活动"；其二，具有管理性，即公务活动实质上是一种对公共事务的管理活动。这里的公共事务比较广泛，既可以是国家事务，也可以是社会事务和集体事务，其范围涉及政治、经济、文化、军事、文体、卫生、科技以及同社会秩序有关的各种事务的管理；其三，公务活动总是与行为人的一定职务身份相联系的。具体的行为人具有一定的职务身份性。行为人的这种职务身份性，是通过选举、任命、聘用或受合法委托而取得的，是一定职权和职责的表现，它是行为人的公务活动的前提。如果不具有一定的职务身份，行为人所从事的活动就不是公务活动。

（3）四特征说，认为从事公务的特征是：其一，身份性，无论国家机关工作人员还是准国家工作人员，都必须具备在特定的机构中从事公务、受委托从事公务或依法从事公务的形式特征或身份要件；其二，意志性，国家工作人员从特定团体中来或受特定单位委托派遣，与单位之间形成法律上的职务授权关系，只能在该单位授权范围严格执行单位旨意，依法从事公务的人，则主要按照法律规定，在法律授权范围内，以特定方式行事，体现的是法律意志，即国家意志；其三，公共事务性，“公务”只能是一种国家事务而不包括集体事务；其四，管理性，即对公共事务进行的组织、领导、监督、管理等一系列活动。

由于从事公务在职能上包括管理和服务，在内容上是公共事务，所以，对于上述三种见解及其内容我们都不赞同。因为各说都忽视了公务中的服务色彩。此外，三特征说和四特征说都强调了身份性，这在逻辑上是有问题的，因为我们在刑法中考证行为人是否是国家工作人员，就是对其特殊身份的成立进行证明。而身份性是以应当证明的对象作证明的论据，有以问代答之嫌。而关于从事公务的前提，两特征虽然有所说明，但是“国家代表性”似乎过于抽象，有必要进一步具体化。所以，我们认为，从事公务有两个基本特征：其一，公务活动以公共权力的存在为前提。公共权力应该以公共利益为现实基础，以增进公共利益为目的，它不能等同于单位利益，但也不能和单位利益绝对分割开来。在现行体制下，一定单位的工作目标是为了促进公共福利的组成部分，所以我们将国有公司、企业事业单位纳入这个范畴中。其二，公务活动具有管理性或服务性。现代国家权力的存在，不仅是为了管理社会，而且也是服务社会，所以服务的职能在公共权力中是一项特殊的要素，但是如果这个要素缺失，国家就不能有效担当全面引导社会发展的重任，所以，服务性是从事公务中的重要部分。

（三）村党务人员可否构成贪污罪

根据2000年的立法解释，村委员等基层组织的人员在协助政府从事特殊公务时，可以构成贪污罪，但却没有解决村党务人员在贪污罪中的主体问题。

所以，有人认为村党务人员可以构成贪污罪，也有学者认为不可以构成。但是本书认为，简单回答村党务人员的身份是不正确的。因为如上分析可知，任何人只要取得国家机关或者国有单位的委派从事公务或者受这些单位委托经营管理国有财产，都可以构成贪污罪，在这个意义上，村党务人员是可以构成贪污罪的。但是问题是，在此之外的情形中，村党务人员可否构成贪污罪呢？

根据全国人大常委会《关于〈中华人民共和国刑法〉第93条第2款的解释》的规定，村民委员会等村基层组织人员以国家工作人员身份构成贪污罪，应同时具备如下三个要件：一是从事该立法解释所规定的公务：救灾、抢险、防汛、优抚、扶贫、移民、救灾款物的管理；社会捐助公益事业款物的管理；国有土地的经营和管理；土地征用补偿费用的管理；代征、代缴税款；有关计划生育、户籍、征兵工作；协助人民政府从事的其他行政管理工作。二是以侵吞、窃取、骗取等手段非法占有公共财物。三是利用职务上的便利。

由于村党支部和村委会的关系比较复杂，有的地方"两委合一"，有的地方两委各自为政，在前一种情形下，问题比较容易解决，而在后一种情形下，特别是当党务人员没有接受政府委托而强行参与上述特殊物质的管理并乘机非法占有该财物的，则比较复杂。我们认为，在这种场合，如果接受委托的村委会拒绝党务人员的要求，那么党务人员是不可能非法占有该财物的，只有双方合意才能发生这些特殊财物被非法占有的可能，因此，党务人员不可能单独构成贪污罪。

我们认为，村党务人员侵占集体管理的财物时，可以分如下情形处理：（1）党务人员侵占集体的财产，可构成职务侵占罪；（2）党务人员接受政府委托，管理2000年立法解释中的特殊物质并非法占有的，可以构成贪污罪；（3）党务人员没有接受委托，而向村委会成员提出非法占有特殊政府财物的，可以作为贪污罪的共犯。这与司法实践中的通行观点也是一致的，根据最高人民法院的司法观点，村党支部成员在协助人民政府履行该立法解释规定的七类行政管理工作时，也属于"其他依照法律从事公务的人员"。实践中，还应当注意的是，由于村民委员会等村基层组织成员不是国家工作人员，也不享有国家工作人员的待遇，因此，对其适用《刑法》第93条第2款应当严格掌握，慎重对待。如果在处理具体案件时，难以区分村民委员会等基层组织成员是利用协助人民政府从事行政管理工作的职务便利，还是利用管理村公共事务的职务便利的，即在对主体的认定存在难以确定的疑问时，一般应当认为利用管理村公共事务的职务便利，因为他们本身毕竟是村民委员会等村基层组织成员，而并非政府公务人员。

五、贪污罪的主观方面

本罪是直接故意，并且要求具有非法占有的目的。对非法占有目的的认定，需结合公款的具体去向及行为人处置意思来加以综合认定，实践中应注意区分形式上的“侵占”行为与贪污罪中以非法占有为目的的侵吞行为，以免客观归罪。[①] 例如，胡某在 1991 年至 1993 年间，利用担任某国有公司总经理的职务便利，在公司的经营活动中，采用“虚开发票”“收入不入账”“串票经营”“两价结算”“抬高进价故意亏损”及虚设“外汇补差”“联合经营业务利润分成”等手段，将公司的公款钱款予以截留，并藏匿于他公司。[②] 应当说，该行为较为完整地具备了贪污罪客观方面的一些要件，且在当前国有公司经营领域发生的贪污行为中具有一定的代表性，即利用职务便利、采取虚构事实或者隐瞒真相等手段，将公司经营利润予以截留。同时在无相反证据、事实的情况下，根据上述行为通常足以推定行为人具有非法占有所截留、隐匿公司的主观目的。

六、贪污罪的修正构成

（一）未完成形态

贪污罪的未完成形态的关键是未遂的问题。从理论上看，对于贪污罪的未遂形态有：

1. 否定说，即认为贪污是结果犯，不存在未遂的形态；

2. 控制说，以行为人实际控制财物为贪污既遂的标准，没有控制财物则是未遂；

---

① 刘德权主编：《最高人民法院司法观点集成·刑事卷》（第二版），人民法院出版社 2014 年版，第 1488 页。

② 参见最高人民法院指导案例第 292 号胡某贪污案，载《刑事审判参考》总第 37 期。

3. 占有说，以行为人占有公共财物为既遂标准，没有占有的是未遂；

4. 失控说，以公共财物的所有人、持有人或者管理者是否丧失对该财物的实际控制为标准，失去了则为贪污的既遂，反之为未遂；

5. 非法占有说，以财物处于非法占有的状态为标准，如果财物处于非法占有状态，为既遂，反之为未遂。

我们认为，直接故意犯罪中的结果犯、危险犯和行为犯都存在未遂形态，否定结果犯的未遂形态，与我国的基本刑法理论不符合，所以否定说不可取。

至于后几种学说，可以说控制说要求达到的占有程度比占有说中的占有程度高，那么究竟哪种观点比较可取呢？根据最高人民法院 2003 年 11 月 13 日印发的《全国法院审查经济犯罪案件工作座谈会纪要》中对于认定贪污罪既遂与未遂的规定，贪污罪是一种以非法占有为目的的财产性职务犯罪，与盗窃、诈骗、抢夺等侵犯财产罪一样，应当以行为人是否实际控制财物作为区分贪污罪既遂与未遂的标准。对于行为人利用职务上的便利，实施了虚假平账等贪污行为，但公共财物尚未实际转移，或者尚未被行为人控制就被查获的，应当认定为贪污未遂；行为人控制公共财物后，是否将财物据为己有，不影响贪污既遂的认定。由此可见，司法实务界所持的观点为控制说。在最高人民法院、最高人民检察院 2010 年 11 月 26 日印发的《关于办理国家出资企业中职务犯罪案件具体应用法律若干问题的意见》中，进一步印证了这种观点，该意见指出：国家工作人员或者受国家机关、国有公司、企业、事业单位、人民团体委托管理、经营国有财产的人员利用职务上的便利，在国家出资企业改制过程中故意通过低估资产、隐瞒债权、虚设债务、虚构产权交易等方式隐匿公司、企业财产，转为本人持有股份的改制后公司、企业所有，应当依法追究刑事责任的，以贪污罪定罪处罚。所隐匿财产在改制过程中已为行为人实际控制，或者国家出资企业改制已经完成的，以犯罪既遂处理。

综上所述，贪污罪具有未遂形态，既遂与未遂应当以行为人是否实际控制财物作为区分标准。需要注意的是，全面准确地理解这里所指的“实际控制”要把握好几个问题，一是行为人对财物的“实际控制”，意味着财物既脱离了所有人的实际控制，又排除了第三人的实际控制。二是“实际控制”并非仅指财物完全转移到行为人手上，如票据、信用卡等财物，行为人虽未实际取得现金，但已使财物所有权人丧失了对该财物的实际控制，而行为人已经现实地具有随时支配财物的可能性时就形成实际控制。三是实际控制财物，并非仅指行为人将财物非法据为己有，还包括转给其亲戚、朋友或者其他单位及个人非法占有。对此，前述《关于办理国家出资企业中职务犯罪案件具体应用法律若干问题的意见》第4条第3款就明确指出，国家出资企业中的国家工作人员在公司、企业改制或者国有资产处置过程中徇私舞弊，将国有资产低价折股或者低价出售给特定关系人持有股份或者本人实际控制的公司、企业，致使国家利益遭受重大损失的，以贪污罪定罪处罚。①

（二）共同犯罪

《刑法》第382条第3款规定："与前两款所列人员勾结，伙同贪污的，以共犯论处。"即与国家工作人员和受国家机关、国有公司、企业、事业单位、人民团体委托管理、经营国有财产的人员相勾结，利用职务上的便利，侵吞、窃取、骗取或者以其他手段非法占有公共财物的，是共同贪污犯罪。但在贪污罪的共同犯罪中，有两类情形不太好处理：（1）内外勾结的贪污如何处理；（2）同一单位内具有不同身份的人共同贪污如何处理。在我们看来，之所以产生这些困难，是因为我们在观念上对身份者和非身份者能否共同犯罪，如何认定行为人的性质还有争议。以下先就共同犯罪中的基本观念加以澄清，然后再结合两种情形说明我们的意见。

1. 有身份者和无身份者在共同犯罪中的形态

对于这个问题，有两个层面的意见，一是有身份者可否和无身份者共同构成特殊身份犯罪；二是有无身份者可否构成有特殊身份犯罪中的实行犯。下面分别进行回答。

（1）有身份者可否和无身份者共同构成特殊身份犯罪

现在，一般观点都承认，有身份者可以和无身份者构成特殊身份的共同犯罪。但有个别学者还是认为，无身份者不能构成特殊身份的共同犯罪。其理由主要在于：国家工作人员与没有国家工作人员身份的人如果构成共同贪污罪，会产生如下问题：其一，国家工作人员的身份资格在刑法以外的其他法律，

---

① 刘德权主编：《最高人民法院司法观点集成·刑事卷》（第二版），人民法院出版社2014年版，第1496页。

如行政法上能否为他人借用或者共享？退一步而言，即使在刑法上定罪时能够为他人借用或者共享，那么落实到个体量刑时，从未享受过国家工作人员身份资格的非国家工作人员如何承受只有国家工作人员才能承担的义务，比如贪污罪的最高刑为死刑？其二，非国家工作人员借用国家工作人员的身份资格可以构成贪污罪的共犯，若不借用，只能构成盗窃罪等单独犯。从现有的法律规定看，盗窃罪与贪污罪的数额起刑点仍有数倍之差，现以贪污罪的共犯论处，到底是在宽纵还是为了严惩，其简单性不能一言以蔽之，其间的相互关系如何协调，颇费思量。其三，国家工作人员与国家工作人员相勾结，利用国家工作人员的身份条件实施侵吞、窃取、骗取就只能构成贪污罪，静态的身份条件与动态的占有行为孰轻孰重，在价值判断上颇使人为难。[①]根据这种说法，比如在国企厂长要求饭店老板虚开6000元饭费，合伙骗取企业财产的案件中，饭店老板就不能构成贪污罪。

但是我们认为，无论在理论上还是在实践中，都必须承认有身份者和无身份者的共同犯罪。首先，从理论上看，共同犯罪理论只认为两人以上共同故意犯罪就构成共同犯罪，至于说两人有没有身份上的限制或者差别，一般是不考虑的。而且在共同犯罪中，共同行为应该从整体上考察，没有身份的人的行为虽然不能单独完成有身份者的犯罪，但是借助于有身份者的行为，则可以完成类似犯罪。所以在理论上具有现实的基础。其次，就实践而言，也应当承认这类犯罪并加以处罚。其原因是：第一，有身份者和无身份者共同实施有身份的犯罪现象并不鲜见，其中有的是在无身份者的唆使或者胁迫下实施的，但没有无身份者的协力，身份者的犯罪就不可能完成；反之，如果没有有身份者，无身份者也不能够根据自己的意图实现犯罪的目的。因此，有必要打击这类犯罪。在我国当前社会环境下，如果放纵无身份者，是难以让人信服的，也无助于预防和惩戒贪污犯罪。第二，从形式上看，日本等国刑法明确规定了有身份者和无身份者可以共同实施有身份者的犯罪。虽然在我国刑法中没有类似的规定，但是考虑到我国刑法也没有限制这类犯罪情形的事实，结合上述意见，以共同犯罪惩罚无身份者，是合乎我国实践要求的，也没有违背罪刑法定原则。

---

① 参见杨兴培、何萍：《共同犯罪贪污罪身份非特殊身份人员能否构成贪污罪的共犯》，载《法学》2001年第12期。

因此，无身份者可以和有身份者共同实施特殊身份的犯罪。那么在前述案例中，就可以承认饭店老板实施了共同贪污犯罪。

（2）有无身份者可否构成有特殊身份犯罪中的实行犯

无身份者可以和有身份者共同实施共同的特殊身份犯，那么根据犯罪的分工，他是只能构成教唆犯、帮助犯还是也可构成实行犯呢？因为在排除教唆犯的场合，如果无身份者可以成为实行犯的话，则意味着他可以作为主犯被处罚。由于立法上一般规定不明确，所以，这一点在司法和实践中具有很大争议：

肯定说认为无身份者和有身份者可以构成身份犯的共同实行犯。这在日本无论从理论到司法实践都是居主流的观点。根据这种观点，饭店老板实施了骗取单位财物的实行行为，成立实行犯。

否定说认为无身份者不能构成特殊身份的实行犯。那么，饭店老板只能依据帮助犯处罚。

折中说认为应当区别而论，对于有的犯罪，如背叛祖国罪，没有身份者是不能实施实行行为的，而对于有些存在分工的犯罪，或者犯罪行为比较复杂的，则无身份者可以构成有身份的共同实行犯，比如贪污罪。①

很明显，上述折中说是正确的，即并非无身份者可以实行所有的身份犯罪中的实行行为。但是，它明确肯定在贪污罪中，无身份者可以构成实行犯。事实上，实行犯、教唆犯、帮助犯、组织犯是以形式标准划分的，所谓实行犯是指实施刑法分则具体犯罪的基本构成中的行为。对于贪污罪来说，无身份者虽然不可能利用职务，但是他可以假借有身份者的职务便利，实施侵吞、窃取或者骗取的行为。例如，饭店老板，本来是不能从企业得到6000元现金转账支票的，但是，由于企业厂长的职务便利，使得他的行为能够成功，他实施了伪造票证的行为，也实施了取得支票的行为，还实施了将支票兑现的行为，这些行为属于骗取的实行行为，所以，他是本案中的共同实行犯。

2. 内外勾结的贪污的处理

内外勾结的贪污，主要是指单位外部的人伙同单位内部的国家工作人员，利用其在职务上的便利，侵吞、窃取、骗取或者以其他方法非法占有公共财

---

① 参见赵秉志主编：《犯罪总论问题探索》，法律出版社2003年版，第516—519页。

产的行为。对于这种行为或行为人的定性，有主犯决定说、分别说、实行犯决定说、特殊身份说和职务利用说。[①] 司法实践中采取的是主犯决定说，在本书第一章中已经有所论述，在此不再赘述。

我们认为，关于行为人行为的性质定性，由于刑法作了明确规定，所以主犯决定说、分别说、实行犯决定说都不可取。因为主犯的性质决定于行为人在共同犯罪中的分工和作用，实行犯是否为主犯，要看他是否被胁迫或者起次要作用，如果答案是否定的，那么行为人就是主犯。根据该论断，在上述案例中，饭店老板是起主要作用的实行犯，那么是依照他的身份和行为定诈骗罪还是依照另外一个主犯（即厂长）的行为定贪污罪，就有争议了。而分别说无疑是否定了有身份者和无身份者构成共同犯罪的理论，这自不足取。实行犯决定说依然有问题，因为当有身份者和无身份者都有实行行为，根据各自的实行行为处理，结果比主犯说还难以操作。职务利用说在利用职务这点上和特殊身份说一样。特殊身份说就比较容易操作，而且符合刑法规定。

所以，在内外勾结的情形下，无身份者利用有身份者的职务便利，共同实施侵吞、窃取、骗取或者以其他方法非法占有公共财产的行为时，无论有身份者是否是主犯，是否是实行犯，均应当根据有身份者的犯罪，即贪污罪处理，如妻子希望丈夫将单位的某样财物拿回家，丈夫不同意，为此两人吵架多次，后来，妻子直接到丈夫单位，趁没有其他人在场的时候，当着丈夫的面将该物品拿回家，丈夫因为不愿意吵架也就没有制止，其后这种行为多次发生。在这种情形下，丈夫显然不是实行犯，也不能说是主犯，但是如果丈夫履行了职责，就不会发生这种情形，所以夫妻二人之间通过作为和不作为的方式，实现了贪污罪中利用职务上的便利和实行行为的结合，自然应当以贪污论处。

3. 内部勾结的行为的性质

内部勾结侵占单位财物的，在定性上本来不应该有问题，可是在混合制经济单位中，由具有国家工作人员身份的人和不具有国有工作人员身份的人共同侵占单位财物的，如国有单位委派甲到非国有单位任副经理，甲与非国有单位中的会计乙相互勾结，分别利用职务之便，非法占有非国有单位财物

---

① 参见赵秉志主编:《犯罪总论问题探索》，法律出版社 2003 年版，第 519 页。

归己所有，此时既存在贪污罪的适用余地，也有职务侵占罪的可能。那么，对两类特殊身份的人员实施的犯罪如何定性呢？

在理论上，过去有主犯说和分别处罚说，如有学者认为，对于上述犯罪情况，应以共同犯罪论处，分别定罪处罚，即对委派人员甲以贪污罪论处，对乙以职务侵占罪论处。理由是：（1）甲、乙相对于诈骗罪、盗窃罪等犯罪主体来说，都属于特殊主体，不能因甲属于以国家工作人员论，就认为甲为特殊主体，乙就不是特殊主体。（2）在共同犯罪中，甲、乙各自都享有独立的职务，在共同犯罪中，又各自利用自己或互相利用对方职务上的便利条件。（3）刑法对甲、乙的行为是否构成犯罪、构成何罪都有明确而具体的规定，并互相独立，不能以其中某种犯罪构成来否定另一种犯罪构成存在的价值。（4）由于贪污罪、职务侵占罪的起刑数额高低、法定刑轻重等相差较大，无论是以贪污罪，还是以职务侵占罪来对全案论处，都做不到罪刑相适应，有失公平公正。（5）对于共同犯罪，可以对共犯以不同的罪名论处。（6）如果公司、企业或者其他单位中，不具有国家工作人员身份的人与国家工作人员在共同犯罪中所起的作用基本相同，不存在主犯、从犯之分的，按《解释》[①] 的上述规定，则难以甚至是无法认定处理。但甲、乙应对共同犯罪的数额承担刑事责任。[②]

我们认为，这种见解不符合惩治共同犯罪的要求。首先，从理论上看，之所以对共同犯罪的惩罚在刑法中特别加以规定，是因为共同犯意的联系，更容易导致犯罪的发生，而且产生更为恶劣的社会后果。在上述案件中，如果甲、乙两人没有相互勾结，相互谋议，犯罪就相对比较困难，所以应该作为共同犯罪处罚。其次，从共同犯罪的处罚要求看，如果可以分别单独定罪的话，则违背了共同犯罪的立法宗旨，如此一来，也达不到刑法的目的。而且在共同犯罪中对于共同行为人定不同罪名，不能反映共同的实质。最后，上述见解不符合司法实践的现实。根据 2000 年 7 月 8 日起施行的最高人民法院《关于审理贪污、职务侵占案件如何认定共同犯罪几个问题的解释》规定：（1）行为人与国家工作人员勾结，利用国家工作人员的职务便利，共同侵吞、窃取、骗取或者以其他手段非法占有公共财物的，以贪污罪共犯论处。

① 《关于审理贪污、职务侵占案件如何认定共同犯罪几个问题的解释》。

② 参见郭敏峰：《贪污罪若干问题的司法认定》，载《福建政法管理干部学院学报》2002 年第 3 期。

（2）行为人与公司、企业或者其他单位的人员勾结，利用公司、企业或者其他单位人员的职务便利，共同将该单位财物非法占为己有，数额较大的，以职务侵占罪共犯论处。（3）公司、企业或者其他单位中，不具有国家工作人员身份的人与国家工作人员勾结，分别利用各自的职务便利，共同将本单位财物非法占为己有的，按照主犯的犯罪性质定罪。2003 年 11 月 13 日最高人民法院颁布的《全国法院审理经济犯罪案件工作座谈会纪要》对分别利用各自的职务便利情形的处理进行了进一步说明，该《纪要》指出："对于在公司、企业或者其他单位中，非国家工作人员与国家工作人员勾结，分别利用各自的职务便利，共同将本单位财物非法占有的，应当尽量区分主从犯，按照主犯的犯罪性质定罪。司法实践中，如果根据案件的实际情况，各共同犯罪人在共同犯罪中的地位、作用相当，难以区分主从犯的，可以贪污罪定罪处罚。"所以在司法实践中，是根据行为人之间所利用的职务性质决定的，说到底，还是根据基本的身份犯决定的。只是在各自均利用自己职务上的便利时，才考虑根据主犯的行为定罪。那么，只要是一个共同犯罪，就只应该定一个罪名，而不是数个罪名。

当然，在上述案件中，甲、乙各自都利用了职务上的便利，那么就要看哪一个是主犯了。如果甲是分管财务的副总经理，那么他是乙的领导，乙在整个案件中是受领导的，所以，甲是主犯；如果甲不是分管财务的领导，那么乙不应当受领导，甲的行为是教唆，乙是实行犯，由于不能说乙有被胁迫的情由，而且他起了主要作用，所以乙是主犯。那么在前一情形下，应当定贪污罪，在后一情形下，应当定职务侵占罪。

七、贪污罪的罪数问题

在司法实践中，在贪污罪定罪上一罪与数罪的问题如何区分，存在一些观念上的分歧。主要涉及两个方面的问题，一是贪污罪与职务侵占罪、盗窃罪、诈骗罪之间属于想象竞合、法条竞合或其他何种关系的问题；二是在贪污过程中又触犯其他罪名的处理。

（一）贪污罪与职务侵占罪、盗窃罪、诈骗罪之间的罪数关系

对于贪污罪与职务侵占罪、盗窃罪及诈骗罪之间的关系，有想象竞合说

与法条竞合说之争。认为贪污罪与职务侵占罪、盗窃罪、诈骗罪之间属于想象竞合的部分学者从罪刑均衡的角度出发，认为：当行为人利用职务上的便利，侵吞公共财物（单位财物）时，同时触犯贪污罪与职务侵占罪；当行为人利用职务上的便利实施窃取公共财物行为时，同时触犯贪污罪和盗窃罪；当行为人利用职务上的便利实施骗取公共财物行为时，同时触犯贪污罪和诈骗罪。贪污罪与职务侵占罪、诈骗罪两罪法定刑相比，贪污罪显然属重罪。因为职务侵占罪的最高法定刑为 5 年以上有期徒刑（不超过 15 年有期徒刑），诈骗罪的法定刑最高为无期徒刑；而贪污罪的法定刑最高为死刑。贪污罪与盗窃罪两罪法定刑虽然均有死刑，但贪污罪的死刑适用条件较盗窃罪适用条件宽泛，因而可以说贪污罪的法定刑重于盗窃罪的法定刑。因此，当一行为同时触犯贪污罪与职务侵占罪或盗窃罪、诈骗罪时，应当选择适用法定刑较重的贪污罪定罪处罚，这符合我国刑法总则对想象竞合犯的处罚原则。① 还有学者从罪行法定的原则出发，认为："评价为想象竞合犯而从一重处罚，完全以符合相关犯罪的构成要件为前提，并不违反罪刑法定原则。例如，将国家工作人员利用职务上的便利骗取价值 3000 元的公共财物，虽然行为既侵犯了职务行为的纯洁性，又侵犯了公私财物所有权，将其评价为诈骗罪，是仅评价其侵犯财产权法益的部分，因而完全符合诈骗罪的构成要件，以诈骗罪论处并不违反罪刑法定原则。" ②

持法条竞合说的学者则认为：贪污罪在犯罪对象上与职务侵占罪的对象存在部分交叉关系，行为特点也有部分交叉，在这个交叉部分形成了贪污罪与职务侵占罪之间的特殊与一般的关系，带有法条竞合的特点。而盗窃罪、诈骗罪与国家工作人员、受国有单位委托管理经营国有财产的人员利用职务上的便利实施的窃取、骗取行为在犯罪主体上和行为方式上，是一般与特殊的关系，而在犯罪对象上存在部分交叉或者重合关系。③

我们认为贪污罪与职务侵占罪、盗窃罪、诈骗罪既不是法条竞合，也不

---

① 董邦俊：《贪污罪新论》，中国方正出版社 2004 年版，第 339 页。

② 陈洪兵：《刑法分则中"本法另有规定的依照规定"的另一种理解》，载《法学论坛》2010 年第 5 期。

③ 唐世月：《贪污罪研究》，人民法院出版社 2002 年版，第 276 页。

是想象竞合，而是各自为独立的犯罪。虽然它们在犯罪构成上有一定的相似性，但还是有很大不同的。第一，侵犯的主要客体不同，职务侵占罪侵犯的主要客体是公司、企业或者其他单位的财产所有权；盗窃罪与诈骗罪侵犯的主要客体是各种财产所有权。而贪污罪侵犯的主要客体是国家公职人员的职务廉洁性；第二，犯罪对象不同，职务侵占罪的犯罪对象是公司、企业或者其他单位的各种单位财物；盗窃罪与诈骗罪侵犯的对象为各种公、私财物。而贪污罪的犯罪对象则是公共财物；第三，犯罪主体的范围不同，职务侵占罪的主体从理论上是不具备国家工作人员身份的人；盗窃罪和诈骗罪的主体为普通身份的人。而贪污罪的犯罪主体则是国家工作人员。

（二）贪污过程中又触犯其他罪名的处理

实践中，实施贪污行为往往可能会同时触犯其他罪名，如为了贪污而涂改、销毁会计账簿，贪污公款后为了销赃而伪造国家机关印章，这些情形在一般情况下按照牵连犯从一重罪处断。贪污罪的牵连犯主要形式有：一是目的行为与方法行为的牵连，二是原因行为与结果行为的牵连。①

除了牵连犯以外，还需注意几个特殊情况。一是行为人多次实施非法占有公共财物的行为，在这个过程中，由于行为人主体身份、主观故意内容等方面的变化，就会出现一罪与数罪的情形。根据 2010 年 11 月 26 日最高人民法院、最高人民检察院《关于办理国家出资企业中职务犯罪案件具体应用法律若干问题的意见》第 5 条第 1 款的规定，国家工作人员在国家出资企业改制前利用职务上的便利实施犯罪，在其不再具有国家工作人员身份后又实施同种行为，依法构成不同犯罪的，应当分别定罪，实行数罪并罚。二是行为人通过伪造国家机关公文、证件担任国家工作人员职务并利用职务上的便利侵占本单位财物、收受贿赂、挪用本单位资金等行为时，根据 2004 年最高人民法院研究室《关于对行为人通过伪造国家机关公文、证件担任国家工作人员职务并利用职务上的便利侵占本单位财物、收受贿赂、挪用本单位资金等行为如何适用法律问题的答复》，构成犯罪的，应当分别以伪造国家机关公文、

---

① 参见李少平、朱孝清、李伟主编：《公检法办案标准与适用》（第 4 卷），人民法院出版社 2014 年版，第 2897 页。

证件罪和相应的贪污罪、受贿罪、挪用公款罪等追究刑事责任，实行数罪并罚。

第二节 挪用公款罪的犯罪构成

一、挪用公款罪的概念

挪用公款罪，是指国家工作人员利用职务上的便利，挪用公款归个人使用，进行非法活动的，或者挪用公款数额较大、进行营利活动的，或者挪用公款数额较大、超过3个月未还的行为。

二、挪用公款罪的客体

本罪的客体是复杂客体，即侵犯了国家工作人员的职务廉洁性和公共财产的占有、使用和收益权。现行刑法将本罪归入贪污贿赂罪这一章中，说明它是一种侵犯公共财物的职务犯罪，挪用公款的国家工作人员必然违背廉洁奉公的职务宗旨，因此，挪用公款罪侵犯的客体首先是国家工作人员职务行为的廉洁性。另外，财产的所有权包括占有权、使用权、收益权和处分权。挪用公款罪的“挪用”只是改变公款的用途，并不是将公款据为己有或者为他人所有，侵犯的不是所有权的全部权能，只是其中的部分权能即占有权、使用权和收益权，财产所有人并没有完全丧失对公款的所有权，因此，挪用公款罪的客体还包括公共财产的占有权、使用权、收益权。本罪的对象是公共财产中的公款。

三、挪用公款罪的客观方面

（一）如何理解“利用职务上的便利”

在挪用公款罪中，“利用职务上的便利”和贪污罪中的相关表述具备大体相同的含义。理论上对贪污罪中的利用职务之便的理解一直争论不休，相关司法解释对其也几经变迁。从1985年“两高”《关于当前办理经济犯罪案件具体应用法律的若干问题的解答（试行）》到1991年“两高”《关于执行〈关于惩治贪污贿赂罪的补充规定〉若干问题的解答》，都分别对贪污罪中的利用职务之便进行了解释，由于1997年《刑法》将贪污罪主体限定为“国家工作人员”，而国家工作人员又是以从事公务为特征，因此原有的关于贪污罪利用职务上的便利的界定不便继续适用。为了满足司法实践的需求，1999 年最高人民检察院颁布的《人民检察院直接受理立案侦查案件立案标准的规定（试行）》中将贪污罪中利用职务上的便利界定为“利用职务上主管、管理、经手公共财物的权力及方便条件”。将利用工作上的便利熟悉作案环境，凭借主体身份便于接近目标物等方便条件的情形排除在利用职务之便之外。

需要注意的是，挪用公款罪中的“利用职务便利”，不限于利用本人职务上主管、经手、管理本单位某项公共事务的职权。利用职务上的便利，通过有隶属的下级单位国家工作人员的职权挪用公款的，也构成挪用公款罪。[①] 最高人民法院 2003 年印发的《全国法院审理经济犯罪案件工作座谈会纪要》中就明确规定：国有单位领导利用职务上的便利指令具有法人资格的下级单位将公款供个人使用的，属于挪用公款行为，构成犯罪的，应以挪用公款罪定罪处罚。例如，万某为某国有公司的总经理，为炒期货，万某向其分管的国有公司下属的疗养院的院长李某提出借公款 5 万元。李某让单位财务人员从该院下属的某贸易公司开出 5 万元转账支票，交给万某。万某将此 5 万元及自筹的 15 万元用于炒期货，后获利 7 万元。8 个多月之后，万某归还了上述 5 万元公款。[②] 万某利用职务上的便利借用下属单位公款进行营利活动，已经构成挪用公款罪。

（二）“归个人使用”的认定

1. 对“归个人使用”的几个有权解释述评

何为挪用公款“归个人使用”，尤其是其中“个人”是否包含私营企业、公司，不仅理论上认识不一致，而且有关法律解释也存在矛盾和冲突，这必然导致司法实践的严重混乱。1997 年《刑法》颁行后，对此有三个相关解释，其中包括两个司法解释和一个立法解释。

（1）1998 年最高人民法院《关于审理挪用公款案件具体应用法律若干问题的解释》第 1 条规定：挪用公款“归个人使用”，包括挪用者本人使用或者

---

① 熊选国主编：《挪用公款罪和挪用资金罪犯罪判解》，人民法院出版社 2006 年版，第 10 页。

② 参见最高人民法院指导案例第 217 号万国英受贿、挪用公款案，载《刑事审判参考》总第 29 期。

给他人使用。挪用公款给私有公司、私有企业使用的，属于挪用公款归个人使用。这一解释实际上是以“个人使用（而非单位使用）”作为认定挪用公款“归个人使用”的标准。

（2）2001 年最高人民法院《关于如何认定挪用公款归个人使用有关问题的解释》规定：其一，国家工作人员利用职务上的便利，以个人名义将公款借给其他自然人或者不具有法人资格的私营独资企业、私营合伙企业等使用的，属于挪用公款归个人使用；其二，国家工作人员利用职务上的便利，为谋取个人利益，以个人名义将公款借给其他单位使用的，属于挪用公款归个人使用。

（3）2002 年全国人大常委会《关于〈中华人民共和国刑法〉第三百八十四条第一款的解释》规定，所谓挪用公款“归个人使用”是指：其一，将公款供本人、亲友或者其他自然人使用的；其二，以个人名义将公款供其他单位使用的；其三，个人决定以单位名义将公款供其他单位使用，谋取个人利益的。

1998 年司法解释，将挪用公款给私有公司、企业使用的，视为挪用公款“归个人使用”，这在理论界引起了强烈反响。有学者认为挪用公款给私有公司、企业使用的，不能以所有制形式作为判断的标准，而应当以私有企业的组织形式来鉴别。而且它和 2001 年的解释相关部分冲突，所以相关部分不再具有效力。

2001 年司法解释，以“个人使用挪出后的公款”和“为个人利益以个人名义非法支配公款”双重标准来认定挪用公款“归个人使用”。它以是否具备法人资格对私营企业进行了区分，认为具备法人资格的私营企业不是个人，而不具备法人资格的私营企业可以视为个人。这种认定单位与个人的标准，相对来说限制了“个人”的范畴。但有学者认为，这看似以企业的组织形式来否定其单位的资格，但并未对其他性质的企业进行此种考量，仍然难免有以所有制性质的有色眼镜来打量私营企业的嫌疑。而认为“为谋取个人利益，以个人名义将公款挪给其他单位使用的”，无论单位的性质和组织形式，都一律认定为挪用公款“归个人使用”，这与 1998 年最高人民法院的司法解释相比，其范围有了明显扩大。本书认为，对“个人名义”的强调并将之与“为谋取个人利益”一并作为认定挪用公款犯罪的要素，既不具有可操作性，也为国家工作人员假借单位名义挪用公款给其他单位使用谋取个人利益的行为创造了空间，难以应付司法实践的需要。

因为与全国人大常委会《关于〈中华人民共和国刑法〉第三百八十四条第一款的解释》相冲突，在最高人民法院2013年发布的《关于废止1997年7月1日至2011年12月31日期间发布的部分司法解释和司法解释性质文件（第十批）的决定》中已将2001年司法解释废止。对比来看，立法解释第2条、第3条的内容远比司法解释第2条的内容丰富，界限更为明确，也就是说，只要行为人以个人名义挪用单位公款给其他单位使用，无论是否谋取个人利益，都属于挪用公款的行为，这扩大了司法解释规定的必须以谋取个人利益为前提的要求。此外，它规定，即便以单位名义挪用公款，但谋取个人利益，也应当作为挪用公款的行为。

本书认为，立法解释不仅符合实践需要，也合乎立法精神。为了说明这个问题，有必要对立法解释存在的一些误解加以说明。

有的学者认为，立法解释不再区分单位是否具备法人资格，将公款挪出后的使用人进一步扩大到任何性质的单位，无论其是否具备法人资格，只要以个人名义实施或者谋取个人利益，符合其他条件的，都可以认定为挪用公款罪。因而，以个人名义将公款挪用给其他单位使用的，是个人非法支配公款；个人决定以单位名义将公款供其他单位使用谋取个人利益的，是个人假借单位名义，仍然属于个人非法支配单位公款。这一解释实际上是以“个人非法支配公款（而非单位支配公款）”作为挪用公款“归个人使用”的标准。这说明挪用公款“归个人使用”的认定标准已经从形式走向实质。基于此，挪用公款给他人（包括挪用人本人）使用的，如果使用人是个人，当然是挪用公款“归个人使用”；而为个人目的擅自将单位公款借贷给其他单位使用，侵害了国家工作人员职务行为的廉洁性和公款所有权，在符合其他条件的情况下，同样可以认定为挪用公款罪。但是，论者认为，立足于公款使用人的角度将挪用公款给其他单位使用的行为解释为“归个人使用”，超出了“个人”的逻辑范围，违背了罪刑法定原则。①

本书认为，上述论者关于认定“归个人使用”的标准已经从形式改为实质是有道理的，但是最后的结论并非妥当。争议的核心在于，上述解释第2条、

① 参见周宜俊：《“归个人使用”及其具体用途在挪用公款罪中的定位》，载《中国刑事法杂志》2003年第2期。

第3条所规定的情形，从本质上究竟是否属于“归个人使用”。在司法实践中，挪用公款的方法多种多样，有的和刑法的规定明显相符，有的则属于变相挪用，但其实质还是挪用。行为人如果没有谋取个人私利的动机，一般是不会挪用公款归他人使用的。而是以个人名义挪用公款归其他单位使用，表明行为人具有为自己获取某种不法利益的目的，如侵占回扣、利用公款做某种交易等。在这个意义上，行为人的挪用行为首先是属于“归个人使用”。所以，立法解释没有违背刑法的规定范围，而是揭示了其中的应有之义。最高人民法院2003年印发的《全国法院审理经济犯罪案件工作座谈会纪要》也进一步指出，司法实践中，对于将公款供其他单位使用的，认定是否属于“以个人名义”，不能只看形式，要从实质上把握。对于行为人逃避财务监管，或者与使用人约定以个人名义进行，或者借款、还款都以个人名义进行，将公款给其他单位使用的，应认定为“以个人名义”。“个人决定”既包括行为人在职权范围内决定，也包括超越职权范围决定。“谋取个人利益”，既包括行为人与使用人事先约定谋取个人利益实际尚未获取的情况，也包括虽未事先约定但实际已获取了个人利益的情况，其中的“个人利益”，既包括不正当利益，也包括正当利益；既包括财产性利益，也包括非财产性利益，但这种非财产性利益应当是具体的实际利益，如升学、就业等。

2.“归个人使用”在刑法中的地位

“归个人使用”在刑法中的地位，包括两个方面的问题：一是“归个人使用”是否是挪用公款的构成要件；二是刑法中应否规定“归个人使用”。

（1）“归个人使用”是否是挪用公款的构成要件

对此，本书持肯定的观点，即“归个人使用”是刑法明文规定的挪用公款罪的客观要件之一。有学者认为，被挪用公款的去向或者用途不同，仅仅反映了行为人的动机不同，而动机如何，并不能影响挪用公款罪的成立；实践中有的行为人挪用公款供企事业单位、机关、团体使用，对这种行为一概不处罚，不利于惩治犯罪。因而主张挪用公款后是否归个人使用，不应影响挪用公款罪的构成。本书认为，这种理解不符合挪用公款罪的立法原意。挪用公款是归个人使用还是归单位使用，其社会危害程度是极不相同的。刑法要惩治具有严重社会危害程度的犯罪行为，并非一般的违法或违纪行为，一般的挪用公款归单位使用的行为，是违反财经纪律的行为，不包含在挪用公款罪法条的保护范围之内，但是公款私用的社会危害程度很大，不仅造成了国有资产流失，而且社会影响极为恶劣，有必要施以刑罚处罚。

（2）刑法中应否规定“归个人使用”

这个问题属于应然性话题，它是围绕挪用公款归单位使用是否应构成挪用公款罪展开的。对此，有两种完全不同的见解：

甲（否定）说，认为《刑法》第384条规定的“挪用公款归个人使用”，包括挪用者本人使用或者给他人使用，不包括挪用公款给单位使用的情况。因为挪用公款为个人使用是挪用公款罪客观方面的重要特征，将挪用公款给单位使用也规定为犯罪，于法无据，有悖罪刑法定原则。在刑法理论上，挪用公款不仅侵犯了国家财经管理制度，而且侵害了公共财产的使用权。挪用公款给其他单位使用，虽然侵犯了国家财经管理制度，作为公款的使用和收益权并没有受到侵犯，其使用和收益的权利仍由国有或者集体所有的单位行使，公款的性质没有改变，因此，没有侵犯公款的使用权，对这种行为只能作为违反国家财经管理制度处理，不能构成挪用公款罪。而且从司法实践来看，虽然过去司法解释曾作过规定，但由于将公款挪用给其他单位使用的情况比较复杂，什么是“为私利”和“以个人名义”缺乏具体的认定标准，容易混淆罪与非罪的界限。因此，刑法没有将挪用公款给单位使用的行为规定为犯罪。①

乙（肯定）说，认为挪用公款给单位使用的，也应该作为挪用公款罪处理。其理由是：第一，认为凡是把公款挪用给国有、集体单位使用的，都是公款公用，这不完全符合挪用公款罪的本质特征。行为人为私利将国有公款挪用给集体单位使用的，或将集体单位所有公款挪用给国有单位使用的，都侵犯了国有或者集体所有公款的占有、使用、收益权。第二，本罪的客体是国家、集体的公共财产所有权以及国家工作人员职务行为的廉洁性，挪用公款的时间越长，挪用的数额越大，对公共财产所有权造成的损害就越大，社会危害性就越大。至于挪用公款给谁使用，对国家或集体的公款所有权造成的侵害并无实质性的差异。既然刑法规定挪用公款归个人使用的行为构成犯罪，那么，挪用公款给单位使用，也应当以犯罪论处。第三，实践中有的行为人规避法律，钻法律的空子，挪用公款供企业事业单位、机关、团体使用。对这

① 参见王作富：《挪用公款罪司法认定若干问题研究》，载《政法论坛》2001年第4期。

种行为一概不处罚，会导致刑法的规定难以成为遏制挪用公款犯罪活动的有力武器。而且进一步指出，挪用公款归个人使用与归单位使用，尽管都对公款使用权构成一定的侵犯，但公款私用的社会危害性程度显然大于挪用公款归单位使用的社会危害性，挪用给单位使用型的犯罪构成应增加特殊的构成要件。①

本书认为，既然刑法明文规定，挪用公款罪之构成，是以挪用公款给个人使用为要件，自然不能包括给予个人相对应的企业、事业单位、机关、团体等单位使用。所谓"挪用公款归个人使用"，是指为私利非法支配公款的使用权。首先，所谓"为私利"，就是从行为人的个人利益出发，决定挪用公款的数额、期限、用途及公款的最终使用者。如果为单位的利益而挪用公款，无论挪用者是以个人名义，还是以单位名义，都不构成本罪。因为，不为私利，就没有侵犯本罪的主要客体——国家工作人员职务行为的廉洁性。其次，所谓"使用"，是指行为人对公款的支配行为。行为人挪用公款后，公款的占有、使用、收益的权能就受其非法支配，由其决定公款的最终使用者和用途，并从中获取利益，这实际上已经是"归个人使用"了。其实，"两高"早在1989年《关于执行〈惩治贪污贿赂罪的补充规定〉若干问题的解答》中就已规定："为私利以个人名义将挪用的公款给企业事业单位、机关、团体使用的，应视为挪用公款归个人使用。"本书认为，这一解释较好地阐述了《惩治贪污贿赂罪的补充规定》关于挪用公款罪归个人使用的本质特征。另外，"挪用公款后，为私利将公款给企事业单位、机关团体使用"这一行为本身就是"归个人使用"，而不应该视为"归单位使用"。因此，将公款供本人、亲友或其他自然人使用的，构成挪用公款罪。同时，以个人名义挪用公款供其他单位或者个人决定以单位名义将公款供其他单位使用，谋取个人利益的，也应以挪用公款罪论处。在此意义上，认为有必要将挪用公款归其他单位使用的加以处罚的观点，实际上没有现实意义。

（三）挪用公款的用途问题

1. 如何理解"非法活动"

因挪用公款"进行非法活动"构成挪用公款罪，既没有挪用数额的限制，

① 赵志华：《挪用公款罪若干问题研究》，载《江西公安专科学校学报》2003年第2期。

也没有挪用时间的限制，这使得“非法活动”成了理解此类挪用公款罪的关键。关于非法活动的含义及方式，有关解释并没有明确规定。理论上对于非法活动存在两种理解：甲说，认为非法活动包括一切违反国家法律、法令和政策的活动；乙说，认为非法活动应限定在刑事违法活动的范围内。

挪用公款“进行非法活动”构成犯罪之所以不受挪用数额和时间的限制，是因为挪用公款进行非法活动这一行为本身就具有严重的社会危害性。如果非法活动本身危害性很小，挪用数额不大，挪用时间不长，根据《刑法》第13条的“但书”规定，可以不认为构成犯罪。因此，把非法活动理解为一切违反法律、法规和政策的活动，会扩大挪用公款罪的打击面，并不妥当。据此，第一种观点失之过宽。但是，第二种观点又失之过窄，因为许多违法行为虽然不包含在刑罚范围中，但是它们的社会危害性较大，如果不加处罚，不符合实践要求。而且需要注意的是，刑法规定没有将非法活动限定为犯罪活动，根据罪刑法定原则所强调的明确性要求，犯罪行为之外的非法行为也应包含在“非法活动”之中。

本书认为，非法活动应当是受到法律禁止的活动，而不是受法律限制的活动，比如没有卫生经营许可证从事食品生产的行为，食品生产本身不为法律所禁止，但是无卫生经营许可从事食品生产的行为，属于违反食品卫生法的非法活动。挪用公款进行这类活动的，不属于“非法活动”。只有类似赌博、走私、卖淫嫖娼这类为法律所禁止的行为，才属于本罪中的非法活动。但是实践中，对挪用公款进行非法活动的，以5000元至1万元为量刑起点。

2. 如何理解“营利活动”

挪用公款归个人使用，数额较大，进行营利活动，构成挪用公款罪。在此虽有数额限制，但没有期限限制。司法实践中认定此种情况的关键是如何理解“营利活动”。有关解释对营利活动作了列举性说明，但没有予以具体解释，如“挪用公款存入银行、用于集资、购买股票、国债等，属于挪用公款进行营利活动”。实践中对此则有两种理解：一是认为营利活动是指挪用公款用于生产经营以谋取利润，从而使该公款进入流通领域，危害经济管理秩序的活动。二是认为营利活动泛指一切谋取利润的活动。

本书认为，第一种观点不够全面。按照这种观点，如果行为人挪用巨额公款给他人做申办公司注册资金使用，几天后归还，其行为就不能构成犯罪，这显然会放纵犯罪；第二种观点过于宽泛，也不尽合理。根据《刑法》第 384 条“挪用公款归个人使用，进行非法活动的，或者挪用公款数额较大、进行营利活动的，或者挪用公款数额较大、超过三个月未还的，是挪用公款罪”，可见这里的“营利活动”是指在法律许可的范围内从事的经营谋利活动，而不包括非法的营利活动。

在实践中，挪用公款进行营利活动大体包括下列情况：（1）挪用公款为个人进行营利活动做准备，如用作私有公司、企业的资信证明以取得工商登记等；（2）为了获取利息、股息，挪用公款存入银行、用于集资、购买股票、国债等，《最高人民法院关于审理挪用公款案件具体应用法律若干问题的解释》第 2 条第 2 款规定应当依法追缴，但不计入挪用公款的数额；（3）国家工作人员将所承包、租赁的企业或者其他经济组织的资金挪用于承包、租赁项目以外的其他营利活动。完成了承包、租赁合同的，可不以挪用公款罪追究刑事责任；（4）挪用公款用于归还个人（包括本人、他人以及私有公司、私有企业）贷款或者私人借款的，且个人贷款或者私人借款是用于营利活动的；（5）挪用公款给他人使用，不知道使用人用公款进行营利活动或者用于非法活动，数额较大、超过三个月未还的，也构成挪用公款罪。在明知其他使用人将被挪用的公款用于营利活动或者非法活动的时候，应当认定为挪用公款进行营利活动或者非法活动。

对挪用公款进行营利活动的，以挪用公款一万元至三万元为数额较大的起点，对营利活动所获取的利益、收益等违法所得，应予以追缴，但不计入挪用公款的数额。

3.“超过 3 个月未还”如何理解

《刑法》第 384 条规定，构成挪用公款罪的第三种情况是挪用公款归个人使用，数额较大，超过三个月未还的。此种情况下的犯罪构成，既有数额限制，又有挪用期限限制，因此，如何理解“超过三个月未还”，称为认定挪用公款罪的关键问题之一。理论上对“超过三个月未还”有两种不同的理解：甲说，认为“超过三个月未还的”是指挪用公款时间超过三个月，且案发时未归还的。“超过三个月”与“未还的”是并列的限制条件。如果挪用时间超过三个月，但案发前已归还的，即不构成本罪。乙说，认为挪用公款“超过三个月未还的”是指挪用公款之后，逾期三个月未归还，即挪用公款之后，在三个月期限内已归还的，不构成犯罪；超过三个月未归还的，构成挪用公款罪，至于挪用人还与不还，自愿还是被迫还，不是罪与非罪的法定界限。

本书认为，如果按第一种意见把“超过三个月未还的”理解为挪用公款时间超过三个月，并且在案发时未主动归还的，会在司法实践中导致定罪的不公平现象，比如甲挪用公款数额较大，超过三个月不久就案发，甲未来得及归还本息。而乙挪用同样数额较大的公款归个人使用，而挪用时间比甲长，但乙发案较晚，在发案前全部归还了本息，这样甲的行为就构成挪用公款罪，而乙则不构成挪用公款罪，这显然是不公正的。相对而言，乙说较为可取，且和最高人民法院的解释相一致。现行刑法根据实践中出现的挪用公款现象，将挪用公款罪概括为三个类型。从立法原意上看，“超过三个月未还的”应当是指挪用公款三个月后仍未归还。“超过三个月”是“未还”的定语。只要挪用公款的时间超过三个月，不论案发前是否归还，均应构成犯罪。如果将“未还”理解为案发前未还，则犯罪分子越狡猾，作案手段越隐蔽，就越可能逃避制裁，而且，挪用公款犯罪侵犯的是公款的使用权和收益权，在客观方面挪用时间的长短只是影响其社会危害性大小的一个重要因素，与案发前是否归还没有直接联系，后者只是量刑时应考虑的因素。《最高人民法院关于审理挪用公款案件具体应用法律若干问题的解释》规定：对挪用正在生息或者需要支付的公款归个人使用，数额较大，超过 3 个月但在案发前全部归还本金的，可以从轻或免除处罚。给国家、集体造成的利息损失应予以追缴。根据此解释，只要挪用公款归个人使用，数额较大，超过 3 个月的，就已构成挪用公款罪，至于在案发前全部归还本金的，只是一个可以从轻处罚或免除处罚的量刑情节。

（四）公款的理解与范围

1. 公款的一般含义

挪用公款罪的犯罪对象主要是公款。关于公款的范围，有的学者认为公款是公用货币的代名词，即只包括现金、银行存单等，不能包括国库券、债券等有价证券。本书认为，有价证券可以分为两类：一是可以兑换现金的有价证券，如股票、债券、国库券等；二是可以换取物品的有价证券。对于后者，是特定物品的一种特殊载体和凭证，确实不应属于挪用公款罪的对象范畴；而对于前者，则应当认定为公款。因为它们可以兑换为现金，可以实现货币的职能，挪用国库券、债券、股票等有价证券的行为与挪用现金没有本质上的区别，如果把它们排除于公款之外，既有悖于立法原意，也不利于打击犯罪。需要指出的是，这里的公款除了包括国有的货币资金以外，还应当包括由国家管理、使用、运输、汇兑、储存过程中的私人所有的货币资金。根据《刑法》第 272 条第 2 款的规定，被委派到非国有单位从事公务的国家工作人员，利用职务上的便利挪用本单位的资金归个人使用或者借贷给他人的，同样以挪用公款罪论处，至于行为人所挪用的单位资金的性质，刑法并未附加任何限制。一般观点认为，本罪侵犯的财产，主要是公共财产中货币或者有价证券的那部分。根据《刑法》第 384 第 2 款的规定，挪用用于救灾、抢险、防汛、优抚、扶贫、移民、救济款物归个人使用的，从重处罚。依照该规定，挪用特定财物，也属于挪用公款罪的犯罪对象。①

2. 挪用非特定公物是否构成挪用公款罪

一般而言，非特定公物不是本罪的犯罪对象。值得说明的是，1989 年 11 月 6 日最高人民法院、最高人民检察院在《关于执行〈关于惩治贪污罪贿赂罪的补充规定〉若干问题的解答》中规定："挪用公物归个人使用，一般应由主管部门按政纪处理，情节严重，需要追究刑事责任的，可以折价按挪用公款罪处罚。"司法解释的意图，显然是要以此弥补法律之不足。但该做法未必妥当，因为：其一，公物虽是用公款购买，但是，公款一旦转换成公物，二者的性质和作用就发生了变化。比如，公款用于生产、经营活动，可以增值，而许多公物却都是处在逐渐消耗和折旧过程之中。其二，由上述特点所决定，挪用公物与挪用公款在数额相同的条件下，其实际危害程度是不完全相同的，把公物折价与挪用同等数额的公款相提并论，难以实现罪责刑相适应原则的要求。其三，对法律规定作不利于被告人的扩大解释，应当严格控制。②将法律规定的公款扩大解释为可以包括任何公物，有损现代刑法的人权保障机能。所以，1997 年《刑法》修订以后，1998 年 4 月 6 日最高人民法院《关于审理挪用公款案件具体应用法律若干问题的解释》第 3 条明确

---

① 参见高铭暄、马克昌主编：《刑法学》，北京大学出版社、高等教育出版社 2000 年版，第 632 页。

② 参见王作富：《挪用公款罪司法认定若干问题研究》，载《政法论坛》2001 年第 4 期。

规定，对挪用救灾、抢险、防汛、优抚、扶贫、移民、救济物品归个人使用的，可以按挪用公款罪处罚。2000 年 3 月 6 日最高人民检察院《关于国家工作人员挪用非特定公物能否定罪的请示的批复》中则进一步指出，“刑法第 384 条规定的挪用公款罪中未包括挪用非特定公物归个人使用的行为，对该行为不以挪用公款罪论处。如构成其他犯罪的，依照法律的相关规定定罪处罚。”这说明，除了特定公物之外，其他非货币和有价证券形式的财物，一般不是挪用公款罪的犯罪对象。但根据 1997 年 10 月 13 日发布的最高人民检察院《关于挪用国库券如何定性问题的批复》，国家工作人员利用职务上的便利，挪用公有或本单位的国库券的行为以挪用公款论。根据 2003 年发布的《全国法院审理经济犯罪案件工作座谈会纪要》，挪用金融凭证、有价证券用于质押，使公款处于风险之中，与挪用公款为他人提供担保没有实质的区别，符合刑法关于挪用公款罪规定的，以挪用公款罪定罪处罚。挪用公款数额以实际或者可能承担的风险数额认定。可见部分有价证券在特定情况下也可以成为挪用公款罪的犯罪对象。

四、挪用公款罪的犯罪主体

挪用公款罪是特殊主体，即只能由国家工作人员构成。至于受国家机关、国有公司、企业、事业单位、人民团体委托管理、经营国有财产的人员可否构成本罪主体，理论上有争议。本书认为，根据最高人民法院《关于对受委托管理、经营国有财产人员挪用国有资金行为如何定罪问题的批复》规定的精神，对于受国家机关、国有公司、企业、事业单位、人民团体委托，管理、经营国有财产的非国家工作人员，利用职务上的便利，挪用国有资金归个人使用构成犯罪的，应当依照挪用资金罪定罪处罚。这说明，只有受国家机关、国有公司、企业、事业单位、人民团体委托，管理、经营国有财产的国家工作人员，利用职务上的便利，挪用国有资金归个人使用的，才可能构成挪用公款罪；如果被委托管理、经营国有资产的人不是国家工作人员，挪用国有资金的，只能构成挪用资金罪。但是，根据前述关于《刑法》第 93 条的立法解释的规定，村民委员会等基层组织的工作人员在协助人民政府从事公务时，利用职务便利挪用公款，构成挪用公款罪。

五、挪用公款罪的主观方面

本罪在主观方面是直接故意，即行为人明知是公款而挪用，但不具有非法占有的目的，而是以后准备归还。过失或间接故意不构成本罪。

值得注意的是，挪用公款罪作为一个罪名，最早规定在 1988 年 1 月 21 日全国人大常委会《关于惩治贪污罪贿赂罪的补充规定》(以下简称《补充规定》现已失效）中，其第 3 条第 1 款规定："挪用公款数额较大不退还的，以贪污论处。"而《刑法典》第 384 条则规定："挪用公款数额巨大不退还的，处十年以上有期徒刑或者无期徒刑。"对此两种截然不同的立法规定，刑法理论界和司法实践中的理解和做法不一，概括起来，主要是两个问题：一是如何理解"不退还"及其范围；二是是否存在挪用公款向贪污犯罪的转化。

（一）关于挪用公款后"不退还"及其范围

1989 年最高人民法院、最高人民检察院曾在《关于执行〈关于惩治贪污罪贿赂罪的补充规定〉若干问题的解答》(以下简称《两高解答》，现已失效）中对"不退还"作了如下解释："不退还，既包括主观上不想还的，也包括客观上不能还的。"而最高人民法院 1998 年 4 月 29 日发布的《关于审理挪用公款案件具体应用法律若干问题的解释》(以下简称《解释》) 第 5 条则规定："'挪用公款数额巨大不退还的'，是指挪用公款数额巨大，因客观原因在一审宣判前不能退还的。"显然,《解释》采取了比《两高解答》更为严格、谨慎的态度，把"主观上不想还"排除在"不退还"范围之外，而仅仅把"客观原因"作为"不退还"的唯一情形。理解《解释》的规定，还应注意两个问题：一是不退还的时间限定在一审宣判前，这不仅符合刑法理论，而且有利于最大限度地为国家、集体挽回损失。《两高解答》曾规定挪用公款不还以贪污论处的时间是以侦查终结前不退还为标准，主要考虑起诉罪名与审判罪名的一致问题。修订后的刑法将不退还作为挪用公款罪的加重处罚情节，退不退还公款，并不影响定罪。二是数额巨大不退还的是指在一审宣判前尚有数额巨大的公款不能退还的情况，这里必须注意，本条规定的是挪用公款数额巨大不退还的情形，即挪用公款归个人使用,"数额较大，进行营利活动的"情况，尚有 15 万元至 20 万元不能退还；

挪用公款归个人使用，进行营利活动的，尚有 5 万元至 10 万元不能退还。如果挪用公款数额巨大不退还的，仍应定挪用公款罪，视为情节严重，予以适当的从重处罚。

在认定“不退还”范围问题上，学术界也存在不同看法：有学者认为，既然《解释》已有明确规定，“不退还”仅指主观上想还而客观上无能力还这样一种情况。但行为人主观上的“想还”，不能仅片面地理解为行为人的归还态度或意向，而应建立在一定客观行为基础之上，即主观上有归还的诚意，客观上有实际的归还行为，如查明行为人在挪用时确实准备归还，挪用后也对归还公款作了一些必要的工作，最终不能归还是由于行为人意志以外的原因所致，而这一意外原因是行为人事先难以预料并经查证属实的。

有的学者则认为，挪用公款后因主观原因不退还的应包括以下几种情况：其一，挪用公款后有能力退还而拒不退还的；其二，挪用公款后，行为人抱着侥幸心理，能不还则不还，非还不可时再退还；其三，挪用公款后携款潜逃的。在前一种情况下，行为人在开始擅自挪用公款时的主观目的是取得公款的使用权，而后发展为侵吞、非法占有公款的主观故意，实际是向贪污的方向转化；在后一种情况下，行为人主观上的确想归还公款，事实上也作了归还的努力，结果还是无能力退还。

本书认为，以上观点都有一定的道理，但还不够全面。第二种见解将行为人挪用公款后，抱着侥幸心理，能不还则不还，非还不可时再退还的情况认定为贪污罪也存在着不合理之处。贪污罪的主观方面应为直接故意，并且具有坚定的将公款非法占为已有的目的。而上述情况最多属于间接故意，它与挪用公款后有能力退还而拒不退还的有着本质的区别。而且《解释》将挪用公款数额巨大不退还的时间明确限定在“一审宣判前”，因而行为人在案发后被立案审查、提起公诉至一审宣判前的一段时间内，在面临着是被定为挪用公款罪还是贪污罪的情况下，很难说还抱有“侥幸心理”。根据法律、司法解释的有关规定，结合司法实际，本书以为，挪用公款“不退还”有下列几种情况：第一，挪用公款后有能力退还而拒不退还的；第二，挪用公款后，行为人抱着侥幸心理，能不还则不还，非还不可时再退还；第三，挪用公款后，行为人本想归还公款，但因使用不当致使公款不能退还的；第四，挪用公款后，行为人肆意挥霍或者进行毫无把握的高风险投资，最终导致所挪用公款严重损失的；第五，挪用公款后携款潜逃的。其中，只有第二、三、四种属于《解释》所言“因客观原因不能退还”的情况。

（二）关于挪用公款后不退还行为性质的认定

《补充规定》曾明文规定“挪用公款数额较大不退还的，以贪污论处”,《两高解答》也作了相应的解释，而新刑法则并未采纳这一规定。这种立法状况使得“挪用公款能否（或应否）转化为贪污”成为法学界和司法界普遍关注的热点问题之一。有学者认为这实际是一种犯罪转化，是由行为人挪用公款的意图向贪污意图转化的结果。如果不加区分地将挪用公款不退还均以挪用公款罪定性论处，势必给一些犯罪分子造成可乘之机，造成打击不力，即“肯定说”。①也有学者认为，新刑法典实际上已取消了挪用公款罪转化为贪污罪的情况，今后凡查实属于挪用的公款，即使拒不退还也只能以挪用公款罪定罪处刑即“否定说”。②其后，最高人民法院在《解释》第6条明确解释：“携带挪用的公款潜逃的，依照刑法第三百八十二条、第三百八十三条的规定定罪处罚。”这表明挪用公款行为转化为贪污罪是客观存在的。

本书认为，虽然刑法典没有对上述情形进行规定，并不表明实践中无此现象。《解释》的规定，也并不表明挪用公款向贪污的转化只有一种情况。而认为所谓从此不再有转化犯罪的认识，更是错误的。行为人在挪用公款后，携带挪用的公款潜逃的，当然是一种典型的由挪用公款罪向贪污罪的转化。一般来讲，思想和行为是密切联系的，思想要通过行为来表达，行为是反映思想的客观依据。同样，犯罪故意只有通过客观行为才能反映出来，行为是主观见之于客观的产物，根据犯罪行为可以判断犯罪分子的主观故意是实施哪种犯罪。挪用公款后，挪用人由于种种原因改变了原来的想法而不归还，此时，行为人犯罪故意发生了变化，其非法占有公款的目的在主、客观上相

① 魏刚：《对挪用公款不退还的理解》，载《人民检察》1999年第5期。

② 吴平：《挪用公款不退还行为的定性之我见》，载《浙江师范大学学报（哲学社会科学版）》1998年第3期。

统一起来，毫无疑问属贪污性质。在实践中还存在其他一些情况足以证明行为人犯罪意图的转化。例如，行为人挪用公款后，向境外转移存款和赃款的；在司法机关追缴时，转移、隐匿财产的以及采取其他方式拒不退还的，等等。这些情况也都表明行为人具有非法占有的目的，符合贪污罪的特征，应以贪污论罪，故《解释》对“因主观原因不退还的”仅限于“携款潜逃”，不适应同犯罪做斗争的需要。2003年发布的《全国法院审理经济犯罪案件工作座谈会纪要》对此问题进行了进一步规定，只有在下述情况下，挪用公款行为才可以转化为贪污罪：其一，根据《解释》第6条的规定行为人“携带挪用的公款潜逃的”；其二，行为人挪用公款后采取虚假发票平账、销毁有关账目等手段，使所挪用的公款已难以在单位财务账目上反映出来，且没有归还行为的；其三，行为人截取单位收入不入账，非法占有，使所占有的公款难以在单位财务账目上反映出来，且没有归还行为的；其四，有证据证明行为人有能力归还所挪用的公款而拒不归还，并隐瞒挪用的公款去向的。

六、挪用公款罪的修正构成

（一）挪用公款罪的未完成形态

挪用公款罪是否存在未遂问题，特别是对于挪而未用的，是定犯罪既遂还是定犯罪未遂，因涉及不同的量刑幅度，实践中分歧意见较大。一种观点认为，挪用是一个不可分割的行为整体，缺一不可，如果行为人只是“挪”公款而没有使用该公款，则不能产生本罪的危害结果，应以未遂认定。“挪”的意思是移动，“用”是指使用。由此可见，只有既挪又用公款的行为，才能叫作挪用公款，只挪未用的，不构成本罪。也有人认为，既然“归个人使用”是本罪的构成要件之一，只有既挪又用才构成本罪的既遂。

另一种观点认为，“挪”是“用”的前提和基础，“用”是行为人“挪”的目的和追求；从行为的关系看，“挪”是主行为，“用”是从行为。“挪”是刑法对该罪打击的根本所在。之所以对挪用公款的行为定罪处罚，是因为挪用公款改变了公款的用途和控制权、使用权及收益权，违背了公职人员的廉洁性。公款自从被挪出起，其占有权、使用权、收益权已被侵害，危害结果已经出现。所以，行为人以个人使用为目的将公款挪出后，即使没有实际使用，也不影响挪用公款罪既遂的成立。

本书认为，单就“挪用”一词的含义而言，一般是指挪后使用。但是，在刑法中，认为挪而未用的一概不能构成犯罪，则值得研究。从犯罪客体的角度看，挪用公款罪侵犯的客体，是单位对公款的占有权、使用权，这是决定本罪社会危害性质的决定性因素。既然行为人已将公款转移到自己的控制之下，使单位失去了对该项公款的控制，单位的占有权、使用权已实实在在受到了侵犯，实际使用了没有，对于单位所受的损害来说，是没有任何影响的，只不过从社会利益角度看其危害程度大小不同而已。因此，为了有效地保护单位的财产权利不受侵犯，遏制挪用公款现象的发生，不能说挪而未用的一概不能定罪处罚。即使本罪行为是挪用的“复式行为”结构，也只能说这是本罪的完成形态。《刑法》第22条规定，犯罪预备行为比照既遂定罪判刑。那么，因意志以外原因只挪公款而尚未使用，对其不加以处罚，毫无道理。《刑法》规定，对挪用公款罪的定罪判刑，以挪用公款的数额为主要标准。如果说只挪未用的就不构成犯罪，那么，假定行为人为了营利活动挪用了50万元，刚使用了10万元就案发了。那么，对其只能按挪用10万元定罪判刑，这合理吗？当然，主张对挪而未用的一律不构成犯罪的学者可能会提出：刑法对挪用公款行为是按不同的用途分别加以规定的，只挪未用的按哪种情形处罚呢？

我们认为，在实践中通过侦查、审讯一般是不难查明其使用意图的。假定确实难以证实其意图，本着“疑罪从无”的精神，对其按照“挪用公款归个人使用，超过3个月未还的”规定处罚，也是完全适当的，并无违背法律之处。对因“归个人使用”是本罪的构成要件而认为只有既挪又用才构成本罪的既遂的观点，本书认为这种理解过于机械和狭隘。从本罪的罪状看，“挪用”中已经包含了“使用”的内容，之所以进一步规定“归个人使用”，目的在于将“归个人使用”与归国有公司、企事业单位、国家机关、团体使用相区别，从而界定了挪用公款罪与非罪的界限，它所解决的并非是否“实际使用”的问题，而是解决公款被谁使用的问题。因而对“归个人使用”应从广义上去理解，既包括客观上已实际使用，也包括正在准备使用或没有使用。同时，“归个人使用”也是行为人主观上的追求。因此，是否已经归个人实际使用公款并不影响挪用公款罪的成立。

（二）挪用公款罪的共同犯罪

1. 国家工作人员共同实施挪用公款行为

两个以上的国家工作人员共谋、共同挪用公款的，当然构成挪用公款罪的共犯。但是在司法实践中，一些国家工作人员在挪用公款的过程中，往往于事前或者事后，在领导班子内部与个别成员甚至全体成员进行“研究”，形成所谓的“集体决策”。对这种“集体”挪用行为，应当如何处理，理论界存在两种主张。一种主张认为，刑法中挪用公款罪没有规定单位犯罪，“集体”挪用不构成犯罪；另一种观点认为，对这种行为应当依据职务犯罪的特点和具体情况进行具体分析，符合共同犯罪条件的，以挪用公款罪论处，反之，则不成立挪用公款罪。

本书认为，根据我国刑法中的共同犯罪理论，不论是挪用人与使用人共谋，还是两个以上的挪用人共同挪用，只要他们在主观上有共同的挪用公款故意，客观上实施了共同的挪用公款行为，都成立挪用公款罪的共同犯罪，故“集体”挪用当然可以构成挪用公款罪的共犯。集体研究挪用公款可以构成共同犯罪，但并非所有的“集体”挪用都是共同犯罪，实践中很多所谓的“集体”挪用并不真正反映集体意志，只是被作为掩饰挪用的手段而已。例如，行为人利用职务便利，自己提议武断拍板，抢先形成所谓“集体决策”，集体研究走过场，或者利用职权已实行了挪用行为，又向“集体”成员“打招呼”，让其他成员面对成舟之木，无可奈何，形成所谓的“集体知晓”，以及向集体成员谎报情况、诱骗形成所谓的“一致意见”，然后实施操作等，这些情况，都是行为人利用职务之便以上压下、专横武断的结果，并不能体现“集体”意志，也不应以集体挪用对待，对于这种为了逃避法律的制裁，以集体为幌子，实则为个人挪用的情形，不能以挪用公款罪的共同犯罪处理，只能以挪用公款罪的单独犯罪追究行为人的刑事责任。

区别“经单位领导集体研究”共同挪用公款的行为与单位行为的关键条件，要看是否具备挪用公款罪的特征——即行为人主观上出于私利性，客观上实施了擅自支配公款的行为。如果单位少数领导甚至全体领导损公肥私，擅自将公款挪归个人使用的，则构成挪用公款罪的共犯。如果单位领导经集体研究讨论，为单位利益挪用公款给他人使用的，属于违反财经纪律的行为，给国家和人民利益造成重大损失的，可以滥用职权罪或玩忽职守罪论处，而不构成挪用公款罪。

此外，下级单位人员受上级单位的领导指使挪用公款，不一定都构成挪用公款罪的共犯。如果下级单位人员与上级单位领导共谋，给上级领导挪用公款出谋划策，帮助上级单位领导完成挪用公款的，下级单位人员已具有帮助上级单位领导挪用公款的主观故意和行为，应以挪用公款罪共犯论处。如果下级单位人员不知道上级单位领导划拨款项的真实意图，仅仅出于执行上级单位领导的指示而办理划拨手续的，下级单位人员不应承担刑事责任；如果上级单位领导将挪用公款的意图告诉下级单位人员，下级单位人员迫于上级单位领导的压力而挪用公款归上级领导使用的，一般也不宜以挪用公款罪论处，构成犯罪的，可依照《刑法》其他有关规定处理。①

2. 国家工作人员与非国家工作人员共同实施挪用公款的行为

根据我国刑法理论，不具备特定身份的人可以成为有身份者实施真正身份犯的教唆犯或帮助犯，在无身份者能够参与真正身份犯的部分实行行为的情况下，还可以与有身份者构成共同实行犯。最高人民法院1998年公布的《解释》第8条规定："挪用公款给他人使用，使用人与挪用人共谋，指使或者参与策划取得挪用款的，以挪用公款罪的共犯定罪处罚。"显然，该解释中的"使用人"既可以是国家工作人员，也可以是非国家工作人员。在挪用公款给非国家工作人员使用的情况下，解决使用人刑事责任，应当按照上述理论和司法解释办理。

当然使用人要成为挪用公款罪的共犯必须具备一定的条件，即只要使用人在主观上与挪用人具有挪用公款罪的共同故意，共同故意是在挪用公款前形成，即属于事先共谋的共同犯罪；客观上使用人实施了与挪用人共同商议、策划挪用公款或主动指使挪用人挪用公款时，才能对使用人以挪用公款罪的共犯定罪处罚。使用人如果对于资金来源于擅自挪用的事实缺乏认识，即使与挪用人对资金的借贷、用途有过商议，也不能以挪用公款罪的共犯论处。挪用人告知使用人资金是其擅自挪用出来的，只要使用人没有参与策划、在

① 参见最高人民法院刑事审判第一庭、第二庭编：《刑事审判参考》2002年第6辑（总第29辑），法律出版社2003年版，第57页。

挪用人未产生挪用公款决意时没有指使，对使用人同样不能以挪用公款罪的共犯论处。即在以下情况下，使用人不能成为挪用公款罪的共犯：其一，挪用人将公款私自挪出，以个人名义将公款借给使用人，使用人对该款的真实来源并不知情；其二，使用人向挪用人借贷时虽然知道或者应当知道挪用人出借的为公款，但其并未参与策划或指使挪用公款。

由于刑法针对挪用公款的不同用途规定了不同的数额和时间标准，因而挪用人和使用人对公款用途的具体认识也可能影响到对共犯的认定和处理。最高人民法院《解释》第 2 条第 3 项第 2 款指出："挪用公款给他人使用，不知道使用人用公款进行营利活动或者用于非法进行营利活动或者用于非法活动，数额较大、超过三个月未还的，构成挪用公款罪；明知使用人用于营利活动或者非法活动的，应当认定为挪用人挪用公款进行营利活动或者非法活动。"这个解释为司法实践解决上述问题提供了一个准则，但是没有涵盖现实中的全部问题。本书认为，当依据共同犯罪原理、立足于刑法主客观统一的立场，进一步分析，分如下情形分别处理：

第一，如果使用人在与挪用人共谋，指使挪用人挪用公款或者参与策划行为时，是为了将公款用于非法活动或营利活动，但使用人在取得公款后实际上将公款用于非法活动及营利活动以外的其他用途，应该根据客观行为表现，对使用人和挪用人均应按照公款的实际用途衡量是否构成犯罪及量刑。

第二，如果使用人在与挪用人共谋，指使挪用人挪用公款或者参与策划行为时，确实是为了将公款用于非法活动及营利活动以外的其他用途，只是在取得公款后主观目的及客观行为发生转变，将公款用于非法活动或营利活动的，处理结果同上。但是，如果挪用人事后知道这种情况而仍同意、放任，没有追回公款的意思表示，则对挪用人亦应认定为挪用公款进行营利活动或者非法活动。

第三，如果使用人在与挪用人共谋，指使挪用人挪用公款或者参与策划行为时，故意欺骗挪用人、隐瞒其用公款进行非法活动或营利活动的真实意图，以非法活动及营利活动以外的其他用途为名取得公款，在取得公款后却将之用于非法活动或营利活动的，对使用人应按照"挪用公款进行非法活动"或"进行营利活动"衡量是否构成犯罪及量刑；对挪用人则应按"挪用公款数额较大、超过三个月未还的"要件衡量是否构成犯罪及量刑。

3. 国家工作人员与公司、企业人员共同实施挪用单位资金的

在公司、企业或者其他单位中，存在着国家工作人员与非国家工作人员相勾结共同挪用本单位资金的情况。从犯罪人之间的分工看，这类犯罪有三种不同类型：(1) 国家工作人员组织、教唆或者帮助非国家工作人员，由后者利用职务上的便利，挪用本单位资金；(2) 非国家工作人员组织、教唆或者帮助国家工作人员，由后者利用职务上的便利，挪用本单位资金；(3) 国家工作人员与非国家工作人员相勾结，分别利用各自的职务便利，共同挪用本单位资金。这三种情形，都属于共同犯罪，这在理论上已不存在什么争议，也早已为我国司法实践所肯定。但是，应当如何确定其犯罪性质呢?

本书认为，该类案件有一定的复杂性，实践中应针对不同情况分别处理。

第一，前两种情形在性质上类似，都属于所谓“无身份者组织、教唆、帮助有身份者实施真正身份犯”的共同犯罪。对于无身份者组织、教唆、帮助有身份者实施真正身份犯的共同犯罪的定性，在理论上有不同的看法，主要有以下两种较有代表性的观点：一种观点认为，这类犯罪的性质应以主犯犯罪的基本特征为根据来认定。另一种观点认为，这类犯罪的性质应以有身份的实行犯犯罪的基本特征来认定。持这种观点的学者完全否认前一种观点，主要因为：首先，共同犯罪中的主犯，是就犯罪人在共同犯罪中的作用而言的，确认主犯的意义，主要在于量刑而不在于定罪。其次，如果以共同犯罪案件中主犯为二人以上，而且其中既有有身份者，又有无身份者，此时应定为何罪，就发生了困难。再次，如果国家工作人员与普通公民共同窃取前者经管的公共财物，前者系主犯，依前述观点把案件定为盗窃罪，既有悖于共同犯罪关于共同故意和共同犯罪行为的基本原理，也抹杀了特殊主体对定罪的应有作用。最后，按照前种观点，必将造成对同种案件定罪量刑不一致的混乱局面。而若按有身份的实行犯犯罪的基本特征对上述犯罪的性质做出认定，则上述缺陷皆可消除。这种观点目前较有影响力，得到大多数学者的支持。

本书赞同上述第二种观点。因为无身份者与有身份者共同犯罪时，其犯罪的实施，从客观方面看，利用了有身份者的身份和便利；从主观方面看，有利用有身份者身份和便利实施特定身份犯罪的故意，因此，其犯罪性质就发生了实质性变化，其犯罪行为就与有身份者的犯罪行为形成了一个密不可分的有机整体。因此，对公司、企业或者其他单位中国家工作人员组织、教唆

或者帮助该单位中的非国家工作人员，由后者利用职务上的便利，挪用本单位资金的，应当对所有共同犯罪人都定以挪用资金罪；对公司、企业或者其他单位中的非国家工作人员组织、教唆或者帮助该单位中的国家工作人员，由后者利用职务上的便利，挪用本单位资金，应当对所有共同犯罪人都定以挪用公款罪。

第二，对第三种情形的定性，2000年最高人民法院《关于审理贪污、职务侵占案件如何认定共同犯罪几个问题的解释》曾对类似这种情形的共同犯罪做出了规定。该解释第3条规定，“公司、企业或者其他单位中，不具有国家工作人员身份的人与国家工作人员勾结，分别利用各自的职务便利，共同将本单位财物非法占为已有的，按照主犯的犯罪性质定罪。”若按上述规定的精神，对上述情形，也应按照主犯的犯罪性质定罪，即若国家工作人员是主犯的，则全案以挪用公款罪论；若非国家工作人员是主犯的，则全案应定为挪用资金罪。

本书认为，上述解释不够全面。国家工作人员与公司、企业人员共谋，分别利用自己的职务之便，共同挪用单位资金的，又分为两种情况：如果双方共谋，但各自仅仅利用本人职务上的便利，而未利用对方的职务之便的，以分别定罪为宜，即国家工作人员定挪用公款罪，公司、企业人员定挪用资金罪；如果双方不仅利用自己职务上的便利，而且还利用他人职务上的便利予以协同的，则各行为人既构成由其主体身份决定的独立犯罪，又构成不同身份主体决定的犯罪的共犯。具体而言，国家工作人员在构成挪用公款罪的实行犯的同时，又构成公司、企业人员挪用资金罪的帮助犯；公司、企业人员也触犯了挪用资金罪和挪用公款罪两个罪名。这种情况是一行为触犯数个罪名，属想象竞合犯的范畴，对其应从一重罪处断。挪用公款罪与挪用资金罪相比，前者在法定刑的配置上明显重于后者，所以全案应以挪用公款罪的共犯定罪处罚。

七、挪用公款罪的罪数问题

（一）挪用公款过程中又触犯其他罪名的处理

对挪用公款过程中又触犯其他罪名的，可以根据案件的具体情况，分别做出处理：其一，挪用公款数额达到立案标准又构成其他犯罪的，一般应当根据牵连犯的处理原则，根据重罪论处，但是，根据上述解释，因挪用公款索取、收受贿赂的，应当分别构成挪用公款罪、受贿罪，要数罪并罚。其二，挪用公款数额未达法定数额标准但构成其他犯罪的，以构成之罪定罪处罚。其三，挪用公款数额达到立案标准，但挪用过程中又触犯其他罪名尚不构成其他犯罪的，则只按挪用公款一罪处罚。其四，挪用公款数额未达到法定标准，用公款进行的其他行为情节也较轻微，综合全案确实属于情节显著轻微危害不大的，根据《刑法》第 13 条的规定，不应以犯罪论处。

（二）挪用公款进行违法活动构成的一罪或数罪的问题

最高人民法院 1998 年 4 月 29 日发布的《解释》第 7 条第 2 款规定："挪用公款进行非法活动构成其他犯罪的，依照数罪并罚的规定处罚。"有许多学者认为，这一规定是不合理的。主要有下列原因：（1）挪用公款进行非法活动构成其他犯罪，依照数罪并罚的规定处罚的解释，实际上是把牵连犯当作独立的数罪处罚，因为按照立法的精神，"进行非法活动"本身是挪用公款罪的构成要件之一，而当这种非法活动又独立构成其他犯罪时，两罪之间具有牵连关系，如果按数罪并罚处理，等于将"非法活动"既作为挪用公款罪处罚，又作为独立犯罪处罚，这违背牵连犯处罚的一般原则。（2）按照立法精神，"进行非法活动"本身是挪用公款罪的客观构成要件之一。既然"进行非法活动"本身已经作为挪用公款罪的一个构成要件，被评价在挪用公款罪中，就不能单独再对其进行"定罪"评价。否则，就是重复评价。

本书以为，第一，挪用公款进行非法活动的，不必然构成牵连犯，不能从一重处断。所谓牵连关系，是以牵连意图为主观形式，以因果关系为客观内容所构成的数个相对独立的犯罪有机统一体，即牵连犯的目的行为，与成为其方法或结果的犯罪行为之间在客观上须有内在的必然联系，而主观上犯意的继续也是必不可少的。因此，那种认为凡是行为人现实所犯的二罪，只要形式上具有"手段或结果"的关系，都可以构成牵连犯的观点是错误的。对于那些形式上有手段和目的的关系，但是两行为之间实际上并无内在、必然联系的，不能构成牵连犯。为了进行非法活动而挪用公款的，这类案件的前行为和后行为从表面上看都是围绕着一个目的而进行的，但实际上它们之间并无内在的必然联系。也即，进行非法活动的资金并不一定要用挪用公款的方法来解决。所以，以挪用公款进行非法活动的，并不具有牵连犯特征。

第二，挪用公款进行非法活动构成其他犯罪的，依照数罪并罚的规定处罚，并不违反“同一行为禁止重复评价”的原则。挪用公款罪依据公款的不同用途分成三种情形，然后对各自成立犯罪做出数额和时间的不同规定，其本意在于通过犯罪构成要件的选择和组合，从总体上使行为的社会危害性达到应当以犯罪论处的程度。所以把挪用公款罪依据公款的不同用途分成三种情形，是为了界定挪用公款罪与非罪的界限。它所解决的并不是实际使用及如何使用的问题。也就是说，是否实际上用挪用的公款进行非法活动，并不影响挪用公款罪的成立。挪用公款罪的本质是：这种行为对国家、集体的公共财产所有权以及国家工作人员职务行为廉洁性的侵犯，挪用公款的数额越大、时间越长，对公共财产所有权造成的损害就越大，社会危害性就越大。也就是说，决定挪用公款行为社会危害性大小的根本因素是挪用的数额和时间。至于挪用公款以后，是否把挪用的公款用于非法活动，对国家或集体的公款所有权造成的侵害并无实质性的差异，只影响行为人的主观恶性程度。平时我们对“挪而未用”的行为也可以追究刑事责任的理由也基于此。所以，我们应该着眼于挪用行为对公款的非法控制本身。那么，通过非法占有并使用公款进行犯罪活动，就具有了刑法上独立评价的意义。因而对“进行非法活动”应从广义上去理解，既包括行为人实际实施了非法活动，也包括行为人主观上的追求。所以，如果行为人实际实施了非法活动，并且构成犯罪的，应当数罪并罚；如果只是有证据证明行为人主观上想将挪用的公款从事某种非法活动，而客观上尚没有实施，或者虽实施了非法活动，但尚未单独构成其他犯罪的，只构成挪用公款罪一罪。从上述分析可知，进行非法活动是独立于挪用公款罪的犯罪构成要件之外的行为，因此，不存在对同一行为进行重复评价的问题。

第三，挪用公款行为人将公款用于赌博、走私、非法经营等，则非法活动本身的社会危害性就严重，在很大程度上其社会危害性大于挪用公款行为的危害性，不可能被挪用公款罪吸收。只有对非法活动进行单独定罪量刑，才能做到罪刑相适应。例如，行为人把为单位讨回的 2 万元公款用于走私假币，假币面值为 70 万元。如果把走私活动作为挪用公款罪的客观构成要件，不进行单独的定罪与量刑，那么行为人的行为就构成挪用公款罪一罪，量刑最高只是5年有期徒刑。而如果把走私活动作为挪用公款罪的主观构成要件，则行为人的行为构成挪用公款罪和走私假币罪，可能判处无期徒刑，直至死刑。为了做到罪刑相适应，对赌博、走私、非法经营等犯罪活动进行单独评价，是有必要且合理的。

第四，挪用公款进行非法活动构成其他犯罪的，同时符合两个罪的犯罪构成，应当认定为实质上的数罪，实行并罚。我国刑法理论通说认为，区分一罪与数罪的标准是行为符合刑法规定的犯罪构成的个数（即“犯罪构成要件符合说”），也就是说，行为人基于一个故意或过失，实施一个行为，具备一种犯罪构成的，就是一罪；行为人基于两个以上的故意或者过失，实施两个以上的行为，具备两个以上犯罪构成的，就是数罪。比较挪用公款罪和行为人用挪用的公款所进行的非法活动所构成犯罪的构成要件：前罪的主体为国家工作人员，而后罪的主体则可能是国家工作人员，也可能不是国家工作人员；前罪的客观方面表现为利用职务上的便利，挪用公款归个人使用的行为，而后者的客观方面则表现为赌博、走私或者是非法经营等其他非法行为。因此，可以说挪用公款，又进行非法活动，如赌博、走私或者是非法经营等，同时符合两个罪的犯罪构成，应当认定为实质上的两罪，实行数罪并罚。

第三节　私分国有资产罪的犯罪构成

一、私分国有资产罪的概念

私分国有资产罪，是指国家机关、国有公司、企业、事业单位、人民团体，违反国家规定，以单位名义将国有资产集体私分给个人，数额较大的行为。

在1979年《刑法》中，并未规定私分国有资产罪。但是，在现实生活中，集体私分国有资产的行为很普遍，一些出于个人和小集体的利益，将国有资产私分，成为国有资产流失的重要原因之一。这种行为以单位的名义达到中饱私囊的目的，有严重的社会危害性。可是在过去，对私分国有资产的行为，司法实践中没有统一的做法，有的按违反财经纪律或财纪法规处理，少数的以贪污罪定罪量刑。为了保护国有资产不流失，惩治私分国有资产的行为，1997 年《刑法》第 396 条第 1 款增设了私分国有资产罪。

二、私分国有资产罪的客体

本罪侵犯的是复杂客体，包括国有资产所有权和国家工作人员的职务廉洁性。本罪的犯罪对象，是国有资产。但何为国有资产，人们的看法很多，有下列几种看法：（1）认为私分国有资产罪的犯罪对象，不同于贪污罪的犯罪对象，不包括集体财产，仅为国有资产。（2）认为国有资产不同于国有财产，国有资产的范围包括：国家专项拨款、补贴；国家给予国有公司企业的生产性贷款、生产性资金；国有公司、企业、国有机关、国有事业单位、人民团体中国家出资形成的固定资产；应当上交国家的税金；行政执法机关的罚没款、法院的罚金；没收的财物；以国家名义暂时扣押的、保管的非国有资产；国有资产的自然孳生物。（3）认为国有资产不包括小金库的财物。

本书认为，国有资产是国家作为出资者在公司、企业、事业单位、政府机关、人民团体中拥有的资本及其收益，①它在我国不包括土地资源、水资源等以不动产为形式的国有资产。根据这种理解，第一种观点把国有资产和国有财产混同，国有财产的范围应该大于国有资产的范围。根据国务院国有资产管理法规的规定，国有资产仅指国家依据法律取得和认定的，或者国家以各种方式对企业的投资和投资收益、国家向行政单位拨款等形成的资产。第二种观点把罚没财物等列为国有资产不妥。无疑，罚没物属于国有资产，但它属于特殊的国有资产，新《刑法》第 396 条第 2 款设定了“私分罚没财物罪”，因此，私分国有资产罪的犯罪对象中的国有资产应当不包括罚没财物。第三种看法过于武断，因为小金库的资金的来源、构成较为复杂，因而对于小金库的资金的性质不能一概而论，应作具体分析。②

此外，在实践中还有行政事业单位违反行政法规，滥用职权而乱收费、乱摊派、乱罚款的现象，对这部分所得的款项，能否认定为私分国有资产罪中的国有资产呢？答案是肯定的。例如县交通局稽查队代征的车船使用税、

---

① 参见李送森编著：《国有资产管理》，经济科学出版社 2003 年版，第 2 页。

② 参见张鸣胜：《集体私分国有资产罪浅论》，载《学海》1998 年第 5 期。

代办的个体工商管理费的返还款及停车费，虽然属于违法代收，但仍无法改变款项的公款性质，属于“国有资产”。[①]

三、私分国有资产罪的客观方面

私分国有资产罪，是以单位的名义，将国有资产集体进行私分。私分国有资产罪的客观方面就涉及如何理解“以单位的名义”“集体”以及分配不均的性质问题。

（一）“以单位名义”的含义

对此的分歧在于：一种观点认为，以单位名义是指经单位领导集体研究决定或单位全体成员共同决定后；由单位统一组织进行私分。另一种观点认为，私分行为体现的是集体和大多数人的意志，一般需要经过一定范围的集体研究决定，个别情况下法人代表不经研究决定也是公开的职务行为，所代表的也是集体的意志。

本书认为，单位作为一种组织，有其自己的运行方式，决策方式，可能全体成员协商后表决，再实施，也可能由集体负责人商议决定并实施，也可能由某个负责人做出决策后推行。所以，某些个人的决定，并推行的带有职务身份的，也应认定为以单位名义实施的行为。关于法定代表人做出的决定是否属于“以集体的名义”，要考虑：其一，看法定代表人做出的决定是否出于对单位整体利益的考虑。单位本身以法律拟制的人格，其行为一般由单位中具有代表地位的自然人决策，然后做出，且该法定代表人的行为必须含有为单位谋利益的实质要件；其二，看法定代表人做出的决定是否“以单位名义”做出，即在形式上要符合单位行为的形式要件；其三，如果是对单位不利的行为，则应以得到单位绝大多数人的认可为判断准则。所以，在集体私分国有资产中，只要“负责人决定”是以单位名义实施，并且得到绝大多数人的认可，便应认定体现了单位的整体意志。

① 参见张军主编、最高人民法院研究室编著：《司法研究与指导》2012 年第 2 辑，人民法院出版社 2012 年版，第 177 页。

（二）集体的含义

对此，首先要理解“集体”一词。“集体”概念是相对的。由于单位大小不一，人数多少有别，因而对私分中的“集体”的概念解释各异，理解有分歧。有的认为，“集体”应理解为涵盖多种情形，其中可以是单位领导决策而若干人的“集体”私分，也可以是管理层某个部门、业务部门范围的“集体”私分，还可以是单位全体工作人员或职工等量或不等量的“集体”私分行为。由于对“集体”的理解上出现了片面化和绝对化，客观上给这类犯罪制造了规避法律的空间。总之，关于“集体”的理解分歧，主要是单位内部或者下属部门内部的私分活动，是否属于集体私分的行为，如某大学某个学院私分国有资产的，能不能算集体私分?

有人认为：这类单位由于不具备法人资格，不能作为法人犯罪处理。但本书认为，这种观点不符合中国的现实情况，我们应走出所谓“单位”就是“法人”这样一个法律认识上的误区。单位犯罪并不等同于法人犯罪，在我国，并非所有的单位均具有法人资格，但这些单位实施私分国有资产的行为对社会的危害性是客观存在的，与经济独立核算单位的私分行为在本质上相同。因此，单位内部部门或者下设机构，不管有无经济独立核算权，只要实施了私分行为就应根据私分国有资产罪处理。

（三）分配不均的性质

在私分国有资产的犯罪中，资产分配一样是不均的，存在一部分人分到财产而一部分人没有分到财产；一部分人，主要是直接责任人分得多些，另外一部分人分得少些的现象。

关于前一种情形，如果这一部分人员仅仅是单位内部少数领导成员，尽管这几名成员之间是保持一种相对公开的状态，但单位的其他人员对他们的这些行为均不知情，则是这些人员利用职务便利、假公济私、侵占单位财物的行为，可构成贪污罪。如果分得国有资产的一部分人员既包括单位的少数领导成员，也包括一部分职工，而客观方面不具有贪污罪中的侵吞、窃取、骗取或其他非法手段，则属于私分国有资产的行为。对于后一种情形，也应该区别对待，即如果在私分国有资产时，有关人员假借集体的名义，自己乘机多分多占的，应当按照贪污罪论处。

四、私分国有资产罪的主体

一般认为，私分国有资产罪的主体为国有单位，但有观点认为，本罪主体是自然人而不是单位，其理由是，私分国有资产罪，虽然是经集体研究决定或负责人员决定实施的犯罪，具有单位犯罪的某些特点，但这种犯罪并不是为单位整体谋取非法利益，而是为本单位个人谋取非法利益。也就是说它是一种自然人以单位名义，为个人（不限于本人）非法占有国有资产而“实施的犯罪”。本书认为，将单位犯罪理解为寻求单位利益而不包括单位成员的个人利益的犯罪，显然是比较狭隘的，不利于处罚集体私分国有资产的行为。此外，虽然《刑法》第396条没有规定对单位判处罚金，但是根据我国《刑法》第31条对单位犯罪的处罚原则的规定，单位犯罪的，对单位判处罚金，并对其直接负责的主管人员和其他直接责任人员判处刑罚。本法分则和其他法律另有规定的，依照规定。这就表明对单位犯罪以双罚制为原则，但也有单罚制的情况。所以，本罪的犯罪主体是国有单位。

五、私分国有资产罪的主观方面

本罪在主观方面只能是直接故意，即明知是国有资产，而故意以单位名义集体私分。在实践中，认定“私分”的主观故意，要注意与“发放奖金、福利”的主观故意相区别。在违反规定超范围、超标准发放奖金、福利的情况下，不可一概认定为集体私分行为，以避免刑事打击面过大。下列情形一般可以认定为私分国有资产①：一是在单位没有经营效益甚至亏损的情况下，变卖分配国有财产等严重违背国有财产的经营管理职责，妨害国有公司、企业的正常生产、经营活动的；二是单位将无权自主支配、分配的钱款通过巧立名目、违规做账等手段从财务账上支出，或者将应依法上缴财务入账的正常

① 参见最高人民法院刑事审判第一庭、第二庭编：《刑事审判参考》2004年第2辑，法律出版社2004年版，第73—77页。

或者非正常收入予以截留，变造各种栏目进行私分发放等，严重破坏国家财政收支政策的贯彻落实的。

六、私分国有资产罪的修正构成

（一）未完成形态

私分国有资产犯罪属于结果犯，即当私分国有资产的行为完成，且国有资产遭受损失的结果出现时，犯罪既遂。但对于犯罪结果，究竟是单指国有资产遭受损失的结果，还是同时要求单位全体或部分成员非法取得了国有资产的结果？一般情况下，这两种结果是同时发生的。当单位全体或部分成员非法取得了国有资产时，“私分”行为完成，国有资产同时受到了损失。但在特殊情况下，二者也有可能会分离。例如，某国有企业正在进行改制，该企业将属于国有资产的部分财产进行藏匿，打算改制完毕后进行私分。但在改制完成后，尚未来得及分配这部分财产时被查获。这种情况到底应该属于私分国有资产罪的既遂还是未遂，司法实践中有几种不同的观点：一是认为私分国有资产罪是将国有资产集体私分给个人，如个人并未获取资产，则表明私分行为并未完成，应当认定为犯罪未遂；第二种观点认为，原国有单位出于私分国有资产的犯罪故意，在转制清算时实施隐匿国有资产的行为，致转制完成时国有资产受到损失，犯罪结果已经发生，应以犯罪既遂论处。①

我们认为第二种观点更具合理性。因为设置私分国有资产罪的目的在于保护国有资产的国有属性，当行为人将国有资产脱离了国家的控制时，犯罪就应当已经既遂。而事后这部分财产在单位内部进行的分配，类似于共同盗窃之后的分赃，而在“分赃”之前，实际上犯罪已经既遂。也正因如此，单位决定私分国有资产的行为，并不能看作私分国有资产的实行行为②。此时国有资产仍然在单位的控制下，性质并未发生改变。当私分决定下达至财务人

---

①　倪泽仁主编：《贪污贿赂犯罪案件重点难点疑点新释新解》，中国检察出版社 2013 年版，第 407 页。

②　参见廖新兰、罗倩、王登辉：《私分国有资产罪的主体及实行行为界定》，载《人民检察》2013 年第 8 期。

员时，可以视为着手。此外，对分批私分国有资产的，对于已经私分的部分可以认定为私分国有资产罪的既遂，但对于尚未私分的这一部分，可以作为未遂在量刑时予以酌情考虑。

（二）共同犯罪

根据单位犯罪理论，单位犯罪的自然人之间，不能构成共同犯罪，最高人民法院对此也曾做出明确的司法解释，最高人民法院2000年9月30日发布的《关于审理单位犯罪案件对其直接负责的主管人员和其他直接责任人员是否区分主犯、从犯问题的批复》中指出："在审理单位故意犯罪案件时，对其直接负责的主管人员和其他直接责任人员，可不区分主犯、从犯，按照其在单位犯罪中所起的作用判处刑罚。"

七、私分国有资产罪与其他犯罪的界限

（一）本罪与贪污罪的界限

私分国有资产罪与贪污罪有很多相似之处，特别是和共同的贪污犯罪在实践中很难区分。新《刑法》生效之前，有些私分国有资产的行为是作为共同贪污罪处理的。由于新《刑法》增设了私分国有资产罪的这一新罪名，在理论和实践中，就更有必要区分集体私分行为和共同贪污行为。两者的不同之处包括下列方面：（1）犯罪对象不同。本罪的犯罪对象限于国有资产；贪污罪的犯罪对象是公共财产，不仅包括国有财产，还包括其他公共财产；（2）犯罪主体不同。本罪是纯正单位犯罪，而后者为国家工作人员，它虽然有众多的成员参与犯罪，但并不一定都由本单位的人员组成，而且也不以单位名义实施贪污犯罪。（3）犯罪的主观故意不同。私分国有资产中，有时单位的成员虽然分到了钱款，但并未直接参加私分行为，有的根本就不清楚事情的真相；贪污共同犯罪的每一个成员均具有贪污的故意并参与了共同的贪污行为。（4）犯罪的动机有所差别。私分国有资产一般是为了解决职工福利问题等而为，而贪污只是为个人非法占有财物。（5）行为方式不同。私分国有资产一般是在本单位内公开或许多人得钱款时是公开的，而贪污一般采用侵吞、窃取、骗取和其他手段秘密进行。

（二）本罪与挪用公款罪的界限

挪用公款罪，是指国家工作人员利用职务上的便利，挪用公款归个人使用，进行非法活动，或者挪用公款数额较大、进行营利活动，或者挪用公款数额较大、超过3个月未还的行为。

两罪的区别：（1）犯罪对象不同，本罪的犯罪对象是国有资产，甚至主要是财物；挪用公款罪的犯罪对象是公款，一般不包括公物。（2）犯罪的客观方面不同，本罪表现为以集体名义，将国有资产私分的行为；挪用公款是将公款挪为自己或者他人使用。（3）犯罪主体不同，本罪是单位犯罪；挪用公款是国家工作人员。一般来说，后者往往是个别人或者单位少数人作案。（4）罪过不同，本罪是将国有资产分为私人所有，所以侵占的是国有资产的所有权；挪用公款罪侵犯的是财经纪律。

（三）本罪与徇私舞弊低价折股、出售国有资产罪的区别

徇私舞弊低价折股、出售国有资产罪，是指国有公司、企业或者上级主管部门直接负责的主管人员，徇私舞弊，将国有资产低价折股或者低价出售，致使国家利益遭受重大损失的行为。本罪和徇私舞弊低价折股、出售国有资产罪的区别是：（1）犯罪客观方面不同，本罪表现为以集体名义，将国有资产私分的行为；徇私舞弊低价折股、出售国有资产罪是国有公司、企业或者上级主管部门直接负责的主管人员徇私舞弊，将国有资产低价折股或者低价出售，致使国家利益遭受重大损失的行为。（2）犯罪主体不同，本罪是单位犯罪，而徇私舞弊低价折股、出售国有资产罪的主体是国有公司、企业或者上级主管人员。（3）主观方面不同，本罪是在单位内部，具有“谋公”的色彩，而徇私舞弊低价折股、出售国有资产罪是为了私利、私情。

第四节　私分罚没财物罪的犯罪构成

一、私分罚没财物罪的概念

私分罚没财物罪，是指司法机关、行政执法机关违反国家规定，将应当

上缴国家的罚没财物以单位名义私分给个人，数额较大的行为。

在 1979 年《刑法》中，本没有关于私分罚没财物罪的规定，出现类似情形，一般是以贪污罪追究有关人员的责任。1996 年通过的《行政处罚法》第 58 条规定，“行政机关将罚款、没收的违法所得或者财物截留、私分或者变相私分的，由财政部门或者有关部门予以追缴，对直接负责的主管人员和其他直接责任人员依法给予行政处分；情节严重构成犯罪的，依法追究刑事责任”。这是修订刑法规定私分罚没财物罪的雏形。《行政处罚法》适用之后，我国在这方面积累了一些经验，所以在修订后的现行《刑法》第 396 条第 2 款增设了私分罚没财物罪。

二、私分罚没财物罪的客体

关于本罪所侵犯的客体，学者们无一差别地认为是复杂客体，但在界定复杂客体时在认识上仍存在一定的差别，主要有三种观点：

1. 认为私分罚没财物罪的犯罪客体是复杂客体。因为司法机关、行政执法机关作为从事国家社会管理活动的社会主体，依法具有经手、管理罚没财物的职责；其违背职责将应当上缴国家的罚没财物予以截留并进行私分的行为，不仅是对其公职行为廉洁性的严重侵犯，同时，也必然侵犯了国家对罚没财物的所有权。

2. 认为本罪侵犯的客体，主要是国有资产所有权，同时也破坏了国有公司、企业事业单位、机关、团体的正常活动。

3. 认为本罪侵犯的客体是对罚没财物的管理权和国家司法机关、行政执行机关的廉洁性。

本书同意第三种观点。因为，罚没财物必须上缴国库，严格实行收支两条线，是我国长期实行的一项财经政策，任何单位不得截留、私分罚没财物，这一方面是为了保证国家对罚没财物有最终的管理权和支配权；另一方面也是为了树立司法机关、行政执法机关的公正、廉洁形象，防止其为了多分罚没财物而滥用司法权和行政执法权，影响国家机关的声誉。而私分罚没财物罪正是对国家财经管理制度和国家机关廉洁性的破坏。

本罪的犯罪对象是罚没财物。罚没财物包括行政处罚中的罚没和司法中的罚没财物。根据《行政处罚法》第 8 条的规定，行政处罚的种类包括罚款、没收违法所得、没收非法财物。该法第53条也规定:"除依法应当予以销毁的物品外,依法没收的非法财物必须按国家规定公开拍卖或者按照国家有关规定处理。罚款、没收违法所得或者没收非法财物拍卖的款项、必须全部上缴国库,任何行政机关或者个人不得以任何形式截留、私分或者变相私分;财政部门不得以任何形式向作出行政处罚决定的行政机关返还罚款、没收的违法所得或者返还没收非法财物的拍卖款项。"另外根据现行《刑法》第64条的规定:"犯罪分子违法所得的一切财物,应当予以追缴或者责令退赔;对被害人的合法财产,应当及时返还;违禁品和供犯罪所用的本人财物,应当予以没收。没收的财物和罚金,一律上缴国库,不得挪用和自行处理。"

三、私分罚没财物罪的客观方面

(一)私分的认定

从客观上区分罪与非罪。根据立法规定,构成私分罚没财物罪,在客观上不仅是将应当上缴国家的罚没财物予以截留,而且必须以单位的名义私分给个人。如果只有截留,没有私分,如将截留的罚没款存入银行私分利息,将没收的计算机配备给职工上班使用,将罚没的汽车留在本单位自用等,均不能以私分罚没财物罪论处。此外,私分的数额也是区别罪与非罪的界限。

(二)应当上缴的罚没物

1. 司法及行政机关有权罚没并应当上缴国家罚没财物的范围及法律规定

罚没财物包括罚金、罚款、违法所得和非法财物的拍卖款项,用于犯罪的财物及犯罪所得的财物,等等。归纳起来主要有以下几类:

第一类是经人民法院判决没收的用于犯罪的财物及犯罪所得的财物和罚金。

第二类是司法机关或行政执法机关依照法律、法规或规章规定,按法定程序出具处罚决定书或财政统一制发的罚没单据,没收的违法所得或非法财物,对违法的公民、法人或其他组织的罚款,这些财物必须按编号上缴国库,无疑也是"罚没财物"的一种。

第三类是司法机关、行政执法机关依照法律、法规或规章规定,在没有制作处罚决定书，出具的收据也不是法定部门制发的罚款单据的情况下，没收的违法所得和非法财物。对违法者所处的罚款，这种财物可否认定为罚没财物呢？我们不妨从两方面来分析：一方面，按照《行政处罚法》第3条第2款的规定："没有法定依据或者不遵守法定程序的，行政处罚无效。"而上述情形下没收的"财物"或"罚款"程序不合法，属于"无效处罚"，行政相对人可通过行政诉讼请求撤销。另一方面，这样没收的"财物"或"罚款"有收缴的法律依据，为合法单位收缴的，也是国家应该收缴的，执法机关之所以没按法定程序收缴，其目的就是截留后私分。因此，这类财物和罚款应认定为刑法意义上的"罚没财物"。

2. 司法及行政机关违法罚没的收入而私分的如何处理

司法机关、行政执法机关以单位名义，巧立名目乱罚款、乱没收得来的"罚没财物"，是否属于本罪的"罚没财物"呢？有人认为，这样的"没收的财物"或"罚款"既无处罚的法定依据，又没有遵守法定程序，根本就是国家不应该收的，不能视为"罚没财物"。[①]

本书不同意这种看法。尽管乱罚款、乱没收是违法的行为，但是对于其所得来的财物，在法律意义上还是应该置于国家财政对于罚没财物的管理和控制范围之内。在日后的法律纠纷中，国家应该将这些财物退还当事人，如果有关物品不在，国家必须赔偿。如果有关单位对这些财物私分，无疑就破坏了国家的财政纪律。即便该财物的合法所有人是公民或者其他单位，但是根据刑法的规定，由国家机关保管的个人财物也属于公物，因此，在被没收期间的他人合法财物，应该作为公共财物。罚没财物也应该具有这种属性。因此，司法或者行政机关违法私分罚没财物的，可以构成犯罪。

（三）单位整体意志的理解及体现形式

私分罚没财物罪，是司法机关、行政执法机关违反国家规定，将有关罚没财物以单位名义集体私分给个人。以"单位名义"和"集体私分"是相互联系的，以"单位名义"不能仅仅看是否没有以某些单位领导的个别意志；或者只能是由单位领导集体做出决定；或者必须由单位全体或者大部分人同意。

① 参见邱玉梅：《论私分罚没财物罪》，载《中国青年政治学院学报》2001年第2期。

在本书看来，以单位名义，首先必须是为了单位多数人或者全部人的“利益”，而不是为了个人的利益要求。在这个意义上，集体私分是判断“以单位名义”的实在的客观标准，所以，单位领导人个别决定也可以是集体私分罚没财物的前提，则该个别决定也属于“以单位名义”。相反，如果单位打着“单位名义”的幌子，进行明显不平等的分配，少部分领导多占、多分的，根据贪污罪处理。

四、私分罚没财物罪的主体

本罪的主体是特殊主体，即只能是由司法机关和行政执法机关构成。司法机关从广义上说一般是指侦查机关、国家安全机关、检察机关、审判机关和监狱；行政执法机关则包括海关、税务、工商行政管理、卫生检疫、商检、环保等享有行政处罚权的国家各级行政机关。这是否意味着非国家行政机关不能构成本罪的主体呢？有人认为，该罪属于特殊单位犯罪，自然人以及除上述以外的国有公司、企业、事业单位、团体不能成为本罪主体。其理由是现行《刑法》第30条规定：“公司、企业、事业单位、机关、团体实施的危害社会的行为，法律规定为单位犯罪的，应当负刑事责任。”因此将该罪的主体涵包为“国有公司、企业、事业单位、机关、团体”；[①] 有人则认为，这样的界定有违《刑法》第396条第2款明确规定的主体内容。国有公司、企业、事业单位、团体既不是司法机关，也不是国家行政执法机关，因此，不能成为该罪的主体范围。[②]

本书认为，上述两种观点都值得商榷。如果将单位根据刑法总则的规定进行理解，肯定和分则的具体规定不符合。但是根据分则条文形式上排除非行政机关，和我国行政处罚法的规定不一致。《行政处罚法》第17条规定：“法律、法规授权的具有管理公共事务职能的组织可以在法定授权范围内实施行政处罚。”第18条规定，“行政机关依照法律、法规或者规章的规定，可以在其法定权限内委托符合本法第十九条规定条件的组织实施行政处罚。行政机关不得委托其他组织或者个人实施行政处罚。委托行政机关对受委托的组织实施行政处罚的行为应当负责监督，并对该行为的后果承担法律责任”。即

---

① 胡驰：《适用新刑法定罪量刑手册》，中国民主法制出版社1998年版，第1049—1050页。

② 参见邱玉梅：《论私分罚没财物罪》，载《中国青年政治学院学报》2001年第2期。

有权利作出行政处罚决定的机关不仅仅包括行政机关，还包括法律法规授权机关以及受委托的组织。前者如卫生防疫部门，后者如某些单位的内部保卫组织。对于这些单位是否具有本罪的主体属性，应当具体分析。在本书看来，法律授权机关进行罚款或者没收活动，和行政机关的执法活动没有本质区别，它们也应当属于行政执法机关，这也许正是法律没有简单规定行政机关所考虑的。这些机关将罚没财物集体私分的，可以构成本罪。但是对受委托组织私分罚没财物，在实践上是很难构成本罪的，而且从理论上看，这些组织并不具备事实上的决定权，一般应该将罚款、没收财物移交委托机关。这些机关如果将有关财物私分，应该根据贪污罪对有关责任人员加以处罚。

五、私分罚没财物罪的主观方面

本罪在主观方面属故意犯罪，即国家司法机关、行政执法机关明知是应当上缴国家的罚没财物，而违反规定加以私分，单位的这种直接故意是通过其构成要素的单位成员集体表现出来的，是单位对私分罚没财物罪承担刑事责任的主观基础。如果单位缺乏这种组织体的整体意志，就不能由单位承担刑事责任。

六、私分罚没财物罪的修正构成

私分罚没财物罪的修正构成可参见私分国有资产罪的修正构成。

七、私分罚没财物罪与以集体之名行贪污之实的贪污罪的区别

私分罚没财物罪与贪污罪的区别关键，是以集体名义行贪污之实的认定。本书认为，私分罚没财物罪是单位进行的贪污行为，但是考虑到基本的贪污罪不是单位犯罪，而且私分罚没财物客观上是难以避免的，所以予以单独的立法和规定。该罪反映了“罚不责众”的心态。在这个意义上，区别私分罚没财物罪和以集体之名行贪污之实，关键是集体名义是实质上的还是形式上的，如果仅仅在形式上以集体的名义私分，但是有关决定者乘机进行明显不平等的、有利于自己的分配，那么，客观上能反映行为人主观上具有掩饰自己非法占有公共财物的目的的动机，对此，不应当作私分罚没财物罪处理，而应当将有关人员按照贪污罪的共同犯罪处罚。

第三章　交易型职务犯罪

交易型职务犯罪主要包括贿赂犯罪、非法经营同类营业罪、为亲友非法牟利罪、徇私舞弊低价折股、出售国有资产罪。

第一节　贿赂罪的犯罪构成

贿赂犯罪包括受贿罪、行贿罪、介绍贿赂罪三种罪名。其中受贿罪属于职务犯罪，而行贿罪与介绍贿赂罪在大多数情况下并不是职务犯罪。但因为这三种罪名联系十分密切，刑法也将它们规定在一起，故本书对行贿罪、介绍贿赂罪的犯罪构成一并予以论述。

一、受贿罪的犯罪构成

（一）受贿罪的概念

受贿罪，是指国家工作人员利用职务上的便利，索取他人财物的，或者非法收受他人财物，为他人谋取利益的行为。

（二）受贿罪的客体与对象

受贿罪的客体是国家工作人员的廉洁性。

受贿罪的对象经历了从财物到财产性利益的扩张。1979 年《刑法》直接把贿赂作为这一类型犯罪的行为客体，并未写明贿赂是指什么，1982 年全国人大常委会制定的《关于惩治严重破坏经济犯罪的决定》中把贿赂比照贪污罪进行处罚，由此推定了这一时期的贿赂仍仅指财物。以及后来 1988 年的《补充规定》和现行 1997 年《刑法》都明确了贿赂即为财物，法条条文的表述为："国家工作人员利用职务上的便利，索取他人财物的，或者非法收受他人财物，为他人谋取利益的，是受贿罪。"为此，在理论界很长一段时间内存在着对"财物"理解的分歧。财物说认为受贿罪中的财物，仅限于金钱和物品。[①]除了法条明确规定为"财物"的理由之外，在我国有史记载以来，贿赂便仅指财物。贿者，财也；赂者，遗也。在古代法律中也有把受贿称为"受赇"，《汉书·刑法志》载："吏坐受赇枉法"，《说文解字》解释："赇，以财物枉法相谢也。""赇"即指贿赂，也即以财物相酬谢。在唐律上，受贿属于计赃犯罪的范围，"赃"都是以财物的数量来计算的，把贿赂数额或经济价值作为定罪量刑的绝对依据。

而财物与财产性利益说，也有称为物质性利益说或有形利益说，则认为，财物除了包括金钱、物品之外，还包括可以转移占有的财产性利益，非财产性利益不应视为财物。[②]其理由是：第一，从犯罪形式和特点来看，贿赂已经从收受金钱、物品扩大到收取财产性的利益，而财产性利益与财物有着不可分割的关系，这种交易的实际仍是财物，且现实的危害性与以财物为内容的贿赂没有本质区别。第二，现行刑法以财物数额进行定罪量刑，而财产性利益可以用金钱、货币来加以折算，因此并不超出法条规定的"财物"范围。第三，财产性利益实际上是无形财物，财物则包括有形物与无形物，那么财产性利益理当属于财物。反之，如果仅将金钱与物品视为贿赂，而将财产性利益排斥在贿赂物之外，则明显不符合实际要求。第四，根据民法理论，受贿人收受他人财物，既可以理解为财物的积极增加，也可以理解为财物的消极利益减少，如债务的免除等，本来应当由受贿人支付，但实际由行贿人代为支付。第五，某些接受财产性利益的行为，从表面上看没有转移占有，如设定债权、免除债务等，实际上这只是对方支付财物的方式不同，因为收受人无条件地获得了收取金钱的权利，或者没有支出本应支出的金钱，事实上都是财物所有权的转移，都是以权换利的表现形式。[③]第六，许多国家的刑法规定贿赂的范围不只限于财物，还包括其他非法利益。这一学说得到了司法

---

① 高铭暄主编：《中国刑法学》，中国人民大学出版社 1989 年版，第 604 页。

② 张明楷：《论受贿罪的客观要件》，载《中国法学》1995 年第 1 期。

③ 肖扬主编：《贿赂犯罪研究》，法律出版社 1994 年版，第 178 页。

实务界的认可，最高人民法院、最高人民检察院 2016 年 4 月 18 日发布的《关于办理贪污贿赂刑事案件适用法律若干问题的解释》中采纳了财产性利益说，在第 12 条中明确规定：贿赂犯罪中的“财物”，包括货币、物品和财产性利益。财产性利益包括可以折算为货币的物质利益如房屋装修、债务免除等，以及需要支付货币的其他利益如会员服务、旅游等。后者的犯罪数额，以实际支付或者应当支付的数额计算。

但学界对于贿赂犯罪的对象的争议并未息止，因为在外国刑法或者国际法中，一般不将贿赂的内容限定为“财物”，如美国规定的贿赂的内容是任何有价值的事项。在《联合国反腐败公约》中是“不正当好处”，法国刑法规定的是“好处”，瑞士刑法规定的是“利益”，德国刑法规定的是“好处”和“利益”，加拿大刑法规定的是“金钱，有价报酬，职务，处所或委聘”，而韩国和日本刑法则直接使用“贿赂”字样。有学者指出：“我国刑法仍将贿赂的标的物限于财产性利益，对照《联合国反腐败公约》中的‘不正当好处’，显然后者并不限于财产性利益，而是包括请托人为受托人亲属安排工作、晋升职位、提供家政服务乃至性服务等非财产性利益。”[①] 为此，我国《刑法》规定的贿赂犯罪中的“财物”是否应当进一步扩展至非财产性利益，是值得深入探讨和研究的问题。其中，“性贿赂问题”的争论最为激烈，学界对此也早已开始研究。

所谓“性贿赂”，是指提供性服务，使国家工作人员利用职务上的便利，为请托人谋取利益。性贿赂能否纳入受贿罪的范围，存在争议：

甲（否定）说，认为性贿赂不构成贿赂的内容，理由是：[②] 第一，将性贿赂作为贿赂的内容，会加重对非法性交易行为的惩罚力度，这将违背刑法的谦抑性原则，破坏刑罚的均衡性。第二，性贿赂取证困难，难以量刑。从现行刑法的规定看，贿赂行为的罪与非罪，贿赂罪的量刑轻重，都是以贿赂财物数量大小来定的。但性贿赂无法量化，因此，追究性贿赂的刑事责任，具

---

① 刘仁文：《立体刑法学：回顾与展望》，载《北京工业大学学报（社会科学版）》2017 年第 5 期。

② 参见谢杰：《商业贿赂犯罪与信义义务》，载北大法律信息网；黄涛：《“性贿赂罪”之探讨——从刑法的谦抑性论其不足》，载《人民检察》2001 年第 7 期；邢光英：《性贿赂不应犯罪化》，载《检察风云》2005 年第 3 期；冯象：《性贿赂为什么不算贿赂》，载《读书》2001 年第 11 期；吴文平、陈毕君、刘旭：《性贿赂与性受贿腐败犯罪行为刑事立法问题评析》，载《河南公安高等专科学校学报》2005 年第 1 期。

有证据收集、数量衡量等方面无法把握的原因，其结果可能会增加司法成本、降低司法效率。第三，性行为属于道德范畴，道德和法律两者是并行的意识形态。法律不是万能的，不能用法律来规范道德层面的事情，性是属于个人隐私权的事情，如果刑法过分介入，则有侵犯人权的嫌疑。第四，现行刑法可以对性贿赂予以适当规范。性贿赂可分为两类：一类是性贿赂本人为自己达到自身目的的，与国家工作人员进行权色交易；另一类是性行贿者为达到某种目的，收买、雇用、介绍出卖色相者或者引诱、强迫他人出卖色相去引诱国家工作人员。虽然对前者难以追究刑事责任，但对后者则可以按照组织、强迫、引诱、容留、介绍卖淫罪的相关规定进行处罚。

乙（肯定）说，认为应将性贿赂纳入贿赂内容中来，理由是：[①]第一，性贿赂的社会危害极大，如果将性贿赂排除在贿赂犯罪之外，将不利于打击这种日益猖獗的行为，而且对以钱财贿赂可定罪处罚，但对非财物贿赂者则任其逍遥法外，这有失刑法公正的原则。第二，性贿赂行为在本质特征和目的上都符合贿赂犯罪的构成要件，将其规定为犯罪，符合刑事立法本意。第三，我国在对性贿赂的定罪上，有历史传统和现实依据。我国自古以来就有惩治性贿赂的记载。对性贿赂入刑将体现我国一贯从严治吏的法律传统。第四，将性贿赂纳入贿赂中也有范例可循，如美国、日本、意大利、波兰及我国香港、台湾地区在司法实践中都有对性贿赂作为贿赂犯罪加以惩罚的判例。

本书认为，将性贿赂等非财产性利益一律纳入贿赂的范围中来，在当前还有很大难度，至少对于提供性服务者本身就是利益寻求者而言尚有很大难度。但是，并非所有的性贿赂都无法按照贿赂来理解。对此问题，还需要进一步加以研究。

（三）犯罪客观方面

根据现行《刑法》的规定，受贿罪的客观方面有几种不同的表现形式，一是利用职务上的便利，索取他人财物；二是利用职务上的便利，非法收受他

① 《给“性贿赂”治罪是否歧视妇女》，http：//www.sina.com.cn/htm.2001.3.26；谢林刚：《性贿赂犯罪研析》，载《广西政法管理干部学院学报》2003年第4期；包菊兰、郑丽：《谈性贿赂立法》，载《河南高等专科学校学报》2004年第1期；周勇、徐彬：《性贿赂的探讨》，载《河北法学》2001年第5期。

人财物，为他人谋取利益；三是利用本人职权或者地位形成的便利条件，通过其他国家工作人员职务上的行为，为请托人谋取不正当利益，索取请托人财物或者收受请托人的财物；四是在经济往来中，违反国家规定，收受各种名义的回扣、手续费，归个人所有。具体来说，下列受贿罪客观方面的问题是值得深入探究的：

1.“利用职务上的便利”的理解

（1）相关司法解释的规定

“利用职务上的便利”是受贿罪的构成要素之一，这是立法及司法解释已经明确下来的。如何理解“利用职务上的便利”这一要素呢？最高人民检察院1999年发布的《人民检察院直接受理立案侦查案件立案标准的规定（试行）》（以下简称《规定》）对受贿罪中的“利用职务便利”进行了解释：“利用职务上的便利”，是指利用本人职务范围内的权力，即自己职务上主管、负责或者承办某项公共事务的职权及其所形成的便利条件。最高人民法院2003年印发的《全国法院审理经济犯罪案件工作座谈会纪要》（以下简称《纪要》）也对受贿罪中的“利用职务便利”予以了明确，即《刑法》第385条第1款规定的“利用职务上的便利”，既包括利用本人职务上主管、负责、承办某项公共事务的职权，也包括利用职务上有隶属、制约关系的其他国家工作人员的职权。担任单位领导职务的国家工作人员通过不属自己主管的下级部门的国家工作人员的职务为他人谋取利益的，应当认定为“利用职务上的便利”为他人谋取利益。

由此可见，最高人民法院的《纪要》对受贿罪的“利用职务便利”规定的范围比最高人民检察院的《规定》要宽，即利用职务便利不仅只是利用本人的职务便利，还包括利用在职务上具有隶属、制约关系的其他国家工作人员的职务便利。而担任单位领导职务的国家工作人员，并不局限于本人职务的分工，即使是利用不属于自己主管的下级部门的其他国家人员的职权，也可以作为职务上的便利予以认定。《纪要》中这一解释来自司法实践中国家工作人员的职务范围并不仅限于“法定职务”，在法律、法规和规章规定的权力范围之外，还存在着惯例上担任的职务或者本来职务派生出来的职务的情况。

原江西省副省长胡长清受贿案即可为例。在一审判决认定胡长清利用职务便利，先后87次收受、索取他人财物折合人民币共计544.25万元，其中

1次索取他人人民币2万元，并先后38次为他人谋取利益，其行为已构成受贿罪，数额特别巨大，并造成国家财产的重大损失，情节特别严重后，胡长清上诉提出原判认定他受贿544.25万元中，有人民币78.5万元、港币67万元、美元1.5万元以及价值人民币24.847万元的物品，不应认定为受贿。理由是他收受上述财物并替他人谋利，未利用其职务所分管工作的便利，包括为他人分配工作、为公司企业贷款及拆借资金打招呼、帮助企业登记注册等事项并非其职务范围。二审法院审理认为上诉人胡长清在担任江西省人民政府副省长职务期间，对全省各级政府的工作具有法定的领导职权，这种职权是统一而不可分割的。换言之，胡长清在其担任副省长职务期间，虽不直接分管交通、毕业生分配等工作，但他对这些本属于政府职能内的事项仍具有领导职权，在这些范围内为他人谋利，应属于利用了职务上的便利。事实上，胡长清在其不分管的部门为他人谋利时，均批示或要求部门或下级政府办理，而并非斡旋他们办理。胡长清就此收受他人财物的行为，应适用《刑法》第385条的规定定性；至于所谋之利是否正当，则不影响本罪的构成。[①]

（2）“利用职务上的便利”的性质辨析

在学界，对于受贿罪中“利用职务上的便利”的性质还有一定的争论，争议的焦点在于“利用职务上的便利”是否属于行为要件。对此有肯定说与否定说之分。持肯定说的学者认为“利用职务上的便利”是独立的行为，指的是利用本人职务范围内的权力所造成的便利条件，具体表现为：利用自己的职权执行或不执行自己的职务活动，为行贿人谋取利益。[②]还有学者指出，在收受型受贿中，“利用职务上的便利”与“非法收受他人财物”“为他人谋取利益”一起，是三个并列的行为要件。[③]持否定说的学者则认为，“利用职务上的便利”并不是一个独立的行为要件，而只是受贿案件中行为人自身客观存在的一种必要条件，是行为人用来实施相关行为的前提条件，而不是行为

---

① 参见江西省高级人民法院（2000）赣刑二终字第02号裁定书以及《最高人民检察院公报》2000年第4号（总第57号）。

② 雷鹰：《谈谈受贿罪》，载《法学研究》1987年第5期。转引自孙国祥：《贿赂犯罪的学说与案解》，法律出版社2012年版，第336页。

③ 参见李辰：《受贿犯罪研究》，中国政法大学出版社2011年版，第56页。

本身。[①] 换言之，利用职务上的便利收受贿赂，只是意味着国家工作人员所收受的财物与其职务行为具有关联性（财物是职务行为或者所许诺的职务行为的不正当报酬），而不意味着利用职务上的便利本身也是一个实行行为。[②]

我们认为，"利用职务上的便利"应当是实行行为，所谓的"'利用职务上的便利'既包括利用行为人的职务状态，也包括利用行为人的职务行为。许多情况下，行为人收受贿赂仅仅是利用自己的职务状态，没有甚至并不打算实施某种职务行为"[③] 的观点是需要进一步推敲的。

首先，"利用"一词表明的并不是一种状态，而是一种行为。如果"利用职务上的便利"仅仅表明的是"具有职务上便利"的一种状态，那该要件完全没有在法条中予以规定的必要。受贿罪的主体本身就是从事公务的国家工作人员，具有职务上的便利是其主体的特性之一，又何必再将"具有职务上的便利"重复予以规定呢。

其次，如果"利用职务上的便利"，可以等同于行为人仅仅具有"职务上的便利"的状态，没有甚至并不打算实施某种职务行为，将可能导致受贿罪与诈骗罪的界限模糊。正如上文所述，国家工作人员的职务范围并不仅仅是"法定职务"，还存在着"实际职权"，但后者的认定必须以其实施为前提，否则将难以区分行为人究竟是利用职务上的便利，还是诈骗行为。例如，王某某为某市政法委主任科员，2011 年 11 月、12 月，王某某利用职务便利，为他人谋取利益，非法收受财物共计人民币 80500 元。2009 年 6 月、7 月，王某某以能够为被害人明某办理某大学附属医院在编护士为由、骗取明某人民币 6 万元；2011 年 6 月，王某某以能够为李某某女儿办理转学到某市重点小学为由，骗取李某某人民币 2 万元。最终王某某被判处受贿罪与诈骗罪，数罪并罚。在该案中，王某某对受害人明某与李某某，究竟是受贿还是诈骗，认定的关键就在于王某某是否利用职务上的便利，由于其仅为政法委主任科员，为他人办理入编、入学等事项并非他的法定职务范围，但能否成为他的实际职权内容呢？只能在王某某实施"利用"职务便利的行为时，才能予以

① 孙国祥：《贿赂犯罪的学说与案解》，法律出版社 2012 年版，第 336 页。

② 张明楷：《单一行为与复数行为》，载《人民检察》2011 年第 1 期。

③ 孙国祥：《贿赂犯罪的学说与案解》，法律出版社 2012 年版，第 336 页。

确定。这也就说明，“利用职务上的便利”的状态是不明确的，区分诈骗与受贿罪的关键就在于“利用”职务便利这一行为是否实施。当行为人根本无法“利用”职务便利完成他人请求的事项时，涉嫌构成的是诈骗。而当行为人“利用了”职务上的便利，即使无法完成他人请求的事项，也应当构成受贿。

最后，如果说“利用职务上的便利收受贿赂，只是意味着国家工作人员所收受的财物与其职务行为具有关联性”，接下来的问题便是，这种“关联性”如何体现呢？职务与财物的关联性，必然表现在利用职务便利从事一定的行为，或者许诺从事这样的行为。许诺本身并非与利用职务便利毫不相干，许诺的内容实际就是“利用职务便利”为他人谋利，许诺行为的做出虽然并不需要职务上的便利，但“许诺”的法律意义则必须要与职务上的便利联系。否则，没有利用职务便利内容的许诺，实际上是一种虚构事实，应当属于诈骗行为。

2. 索取或非法收受他人财物的认定

（1）“索取他人财物”的认定

根据我国《刑法》第386条的规定，索贿的从重处罚。但对于究竟什么是“索贿”，理论界与实务界的认识尚未统一，主要是对索取他人财物中的“索取”，存在着理解上的分歧。甲（勒索）说认为，索贿是行为人利用职务上的便利，趁他人有困难或有所求，以故意拖延、刁难、要挟的方式主动向对方明确要或者暗要财物的行为。索贿具有明显的勒索性、胁迫性。[①] 主张“索取”中的“索”为勒索之意，一个重要的理由在于我国《刑法》第389条第3款规定：“因被勒索给予国家工作人员以财物，没有获得不正当利益的，不是行贿。”这里使用的是勒索一词，就意味着给付财物的人是被勒索的，索取者当然是“勒索”。

乙（索要）说认为，索取只有“向他人要财物”的意思，而勒索则是“以威胁手段向他人要财物”的意思。索取的外延大于勒索，勒索包容于索取之中，是索取的子概念。在勒索的情况下，对方交付财物是被迫的，而在索取时，对方交付财物不一定是被迫，有时候是心甘情愿甚至求之不得。[②]

---

① 陈国庆主编：《新型受贿犯罪的认定与处罚》，法律出版社2007年版，第157页。

② 潘强、邹志宏：《索贿犯罪新探》，载《人民检察》2003年第9期。

丙（区别）说认为，索取与勒索并不是同种概念，索取不包括勒索，索取中的“索”与勒索是应当相区别的。我国台湾地区的学者林山田指出：“如借势勒索，使人生畏惧而取财，则为恐吓取财而非本罪之要求贿赂。”[①] 根据此种观点，对采用勒索方式取财的，不构成受贿罪，而应当构成敲诈勒索罪。

我们认为乙（索要）说更为合理。理由是：其一，将索取他人财物的“索”限定为勒索，无疑会导致索贿的范围过于狭窄。在司法实践中，采取勒索方式向他人索取财物的情况实际并不多见，而非勒索式的以明示或暗示的方法索要财物的情形更为普遍。例如，李某是某县副县长，在任期间分管市政道路、县政务服务综合项目两项工程，郑某是这两项工程的建设公司负责人。李某到工地检查工程进展情况，临走时向郑某表示，工程拨款较慢的问题可以帮忙解决，但自己也有困难，家中准备建房子，需要 30 万元。两天后，郑某送给李某 30 万元。仅过了两天，郑某急需的工程进度款就如数到账。[②] 在此过程中，李某并非强制勒索郑某取财，郑某也自愿给予李某财物，并不存在勒索性，但具有明显的主动性，与被动接受他人财物在主观恶性以及社会危害性上显然是有所区别的。

其二，我国《刑法》第 389 条第 3 款规定的因被勒索给予国家工作人员以财物，没有获得不正当利益的，不是行贿，并不意味着必须要勒索取得财物，才能构成索贿。虽然受贿与行贿在一般意义上来说是一一对应的关系，但这种关系并不是绝对的。正如有学者指出的：将索取等同于勒索，无法解释《刑法》第 388 条规定中斡旋者为什么能够勒索请托人。因为，在斡旋受贿中，请托人的请托事项并不在行为人的职权范围内，因此受贿人根本就不具备利用自己职权勒索请托人的可能性。从这一点上看，立法者并没有将索取等同于勒索。[③] 类似的情况还存在于“谋取利益”的规定中，行贿罪中要求行为人谋取的是不正当利益，而受贿罪中受贿人为行贿人谋取的利益并不仅限于不正当利益。

---

① 参见陈兴良：《受贿罪研究》，载《刑事法判解》（第三卷），法律出版社 2001 年版，第 21 页。

② 参见《副县长索贿直截了当：家里建房子，能否准备 30 万？》，载《检察日报》2015 年 10 月 20 日。

③ 参见王俊平、李山河：《受贿罪研究》，人民法院出版社 2002 年，第 72 页。

其三，将勒索排除出索取的范围之外，不符合立法原意，也会造成法律适用上的罪刑不均衡问题。从法条来看，因被勒索给予国家工作人员以财物，没有获得不正当利益的，不是行贿。但如果获得了不正当利益，不能排除构成行贿罪，这就意味着利用职务便利，通过勒索获得他人财物并没有被排除出受贿罪的范围。此外，如果将勒索排除出索贿的范畴之外，将会导致主观恶性及社会危害性相对较小的国家工作人员“索要”他人财物，可能构成受贿罪，受贿罪的法定刑最高可判处死刑，而主观恶性及社会危害性较大的“勒索”他人财物，可能构成敲诈勒索罪，但敲诈勒索罪的最高法定刑仅为10年以上有期徒刑，这显然就出现了罪刑不均衡的状况，从一般人的法感情上来说也是难以接受的。

（2）非法收受他人财物的认定

非法收受他人财物是相对于主动索取他人财物而言的，非法收受他人财物表现为受贿人被动接受请托人的财物。在“非法收受他人财物”的认定上，要注意以下几个问题：

一是“收受”的认定，要注意其包括收取和接受两个层面的含义。行为人仅仅只是收取了请托人的财物，还不能认定为其收受他人财物，收受意味着行为人还需在主观上有接受财物的意思。在司法实践中，存在着行为人收受财物后退还或上交的情况。根据最高人民法院、最高人民检察院2007年7月8日印发的《关于办理受贿刑事案件适用法律若干问题的意见》第9条的规定，国家工作人员收受请托人财物后及时退还或者上交的，不是受贿。但如果国家工作人员受贿后，因自身或者与其受贿有关联的人、事被查处，为掩饰犯罪而退还或者上交的，不影响认定受贿罪。国家工作人员收受财物后及时退还或者上交，表明了行为人只是客观上收取了财物，但并没有接受财物。类似的情况还有：请托人赠送的普通礼品中夹带了贵重财物，国家工作人员在并不知情的情况下收取了礼品。如果国家工作人员已经构成了受贿犯罪，此种情况下的退还或者交公，只对量刑产生影响，而不影响受贿罪的认定。

二是国家工作人员非法收受他人财物与收取合理劳务费用的区分。一些具有专业技术、技能的国家工作人员，在为他人提供劳务时收取合理劳务费用并不是受贿行为。但也存在着一些假借“咨询费”“顾问费”“技术服务费”等名义进行的行贿、受贿的情况。此时，区分国家工作人员是非法收受他人财物还是收取合理劳动费用是判断行为人构成受贿罪与否的关键。总的来说，受贿与收取合理劳务报酬的区别可以从以下几个方面进行综合把握：其一是国家工作人员是利用职务便利为他人谋取利益收受财物还是利用个人技术为换取报酬；其二是是否确实提供了有关服务；其三是接受的财物是否与提供的服务等值。[①] 例如，方某是C市园林管理处副主任，分管绿化建设及绿化养护等工作，对绿化建设、养护等工程的方案、招投标、竣工验收等方面具有一定的决定权。某园林有限公司多次与C市园林管理处签订了绿化养护工程合同，为了方便工程竣工验收，以及在“养护工程邀请招标时予以考虑”，该园林公司经理施某与方某达成口头协议，约定方某利用休息日及业余时间为该公司承建的C市西大门景观绿地建设工程提供技术支持和进行质量监督管理，该公司付给方某12万元报酬。后来方某因受贿罪被提起公诉，方某辩称收受的12万元为劳务报酬。法院经过审理认为根据行贿人施某的供述，在C市西大门景观绿地建设工程中，其公司外聘一位资深的项目经理，月薪也不会超过1万元，且辩方提供的证据不能说明方某具体提供了哪方面的技术和管理服务，属于以劳务聘用为名，行贿赂之实。[②] 可见，在司法实践中行贿人与受贿人往往会采用合法的形式掩盖权钱交易的非法实质，需要特别予以注意。

三是非法收受他人财物金额的确定。一般情况下，受贿的数额是比较容易确定的。但当受贿的对象或方式较为特殊时，金额的计算就会有一定的难度。主要包括索取或者非法收受股票、收受干股、收受银行卡等特殊财物，以及以交易形式收受贿赂，以开办公司等合作投资名义收受贿赂，以委托请托人投资证券、期货或者其他委托理财的名义收受贿赂，以赌博形式收受贿赂以及收受财物后退还或者上交时受贿金额的计算问题。

根据最高人民法院2003年印发的《全国法院审理经济犯罪案件工作座谈会纪要》以及最高人民法院、最高人民检察院2007年印发的《关于办理受贿刑事案件适用法律若干问题的意见》，最高人民法院、最高人民检察院2008年印发的《关于办理商业贿赂刑事案件适用法律若干问题的意见》等司法解

---

① 参见刘德权主编：《最高人民法院司法观点集成 刑事卷》（第二版），人民法院出版社2014年版，第1546页。

② 参见最高人民法院指导案例第407号方俊受贿案，载《刑事审判参考》总第51期。

释，对上述特殊情形下受贿金额的计算都予以了明确规定，归纳、整理如下：

对于收受股票的规定。国家工作人员利用职务上的便利，索取或非法收受股票，没有支付股本金，为他人谋取利益，构成受贿罪的，其受贿数额按照收受股票时的实际价格计算。行为人支付股本金而购买较有可能升值的股票，由于不是无偿收受请托人财物，不以受贿罪论处。股票已上市且已升值，行为人仅支付股本金，其“购买”股票时的实际价格与股本金的差价部分应认定为受贿。

对于收受干股的规定。干股是指未出资而获得的股份。国家工作人员利用职务上的便利为请托人谋取利益，收受请托人提供的干股的，以受贿论处。进行了股权转让登记，或者相关证据证明股份发生了实际转让的，受贿数额按转让行为时的股份价值计算，所分红利按受贿孳息处理。股份未实际转让，以股份分红名义获取利益的，实际获利数额应当认定为受贿数额。

对于收受银行卡的规定。收受银行卡的，不论受贿人是否实际取出或者消费，卡内的存款数额一般应全额认定为受贿数额。使用银行卡透支的，如果由给予银行卡的一方承担还款责任，透支数额也应当认定为受贿数额。

以交易形式收受贿赂的规定。国家工作人员利用职务上的便利为请托人谋取利益，以下列交易形式收受请托人财物的，以受贿论处：以明显低于市场的价格向请托人购买房屋、汽车等物品的；以明显高于市场的价格向请托人出售房屋、汽车等物品的；以其他交易形式非法收受请托人财物的。受贿数额按照交易时当地市场价格与实际支付价格的差额计算。

以开办公司等合作投资名义收受贿赂的规定。国家工作人员利用职务上的便利为请托人谋取利益，由请托人出资，“合作”开办公司或者进行其他“合作”投资的，以受贿论处。受贿数额为请托人给国家工作人员的出资额。

以委托请托人投资证券、期货或者其他委托理财的名义收受贿赂的规定。国家工作人员利用职务上的便利为请托人谋取利益，以委托请托人投资证券、期货或者其他委托理财的名义，未实际出资而获取“收益”，或者虽然实际出资，但获取“收益”明显高于出资应得收益的，以受贿论处。受贿数额，前一情形，以“收益”额计算；后一情形，以“收益”额与出资应得收益额的差额计算。

关于以赌博形式收受贿赂的规定。国家工作人员利用职务上的便利为请托人谋取利益，通过赌博方式收受请托人财物的，构成受贿。实践中应注意区分贿赂与赌博活动、娱乐活动的界限。具体认定时，主要应当结合以下因素进行判断：赌博的背景、场合、时间、次数；赌资来源；其他赌博参与者有无事先通谋；输赢钱物的具体情况和金额大小。

收受财物后退还或者上交时受贿金额的认定。正如上文所述，国家工作人员收受请托人财物后及时退还或者上交的，不是受贿。但如果国家工作人员受贿后，因自身或者与其受贿有关联的人、事被查处，为掩饰犯罪而退还或者上交的，不影响认定受贿罪。这也就意味着，如果行为人已经构成受贿罪，其退还与上交的数额多少，并不影响其受贿数额的认定。例如，孔某原为县医院院长，在其犯受贿罪没有异议的前提下，因为其在离任之前将受贿财物中的 1 万元红包退回县医院的财务室，就这 1 万元能否作为受贿金额计算产生了争议。我们认为，根据现行刑法及相关司法解释，退回的这 1 万元仍然属于受贿金额，只是在量刑上应当予以考虑适度减轻刑罚。

3.“为他人谋取利益”的解读

（1）“为他人谋取利益”应否为受贿罪的构成要件

“为他人谋取利益”应否是受贿罪的构成要件，在理论上存在分歧：

甲（肯定）说，认为“为他人谋取利益”是受贿罪的构成要件，理由是：第一，从立法上分析，由于刑法保护的是职务行为的不可收买性，所以受贿罪的构成要件必须说明收受贿赂侵犯了这种法益。而收受贿赂是否侵犯了这种法益，关键在于国家工作人员收受贿赂，是否与其职务行为之间具有对价关系，即国家工作人员所收受的财物，是否是其具体职务行为的不正当报酬。因此，刑法条文在“非法收受他人财物”之后，添加了“为他人谋取利益”的要件，旨在说明国家工作人员收受的财物与其具体职务行为之间具有对价关系。[①] 第二，从犯罪构成理论上讲，利用职务之便为他人谋取利益与利用职务之便收受他人财物是有机整体，是权钱交易的条件，是侵犯受贿罪客体（国家工作人员的不可收买性）的必备要件。

乙（否定）说，认为应该把“为他人谋取利益”作为量刑情节，而不是受贿罪的构成要件。其理由主要是：第一，收受贿赂是贿赂罪的主行为，为他

① 张明楷：《论受贿罪中的“为他人谋取利益”》，载《政法论坛》2004 年第 5 期。

人谋取利益是受贿罪的从行为，主行为并不依赖从行为而存在。收受贿赂和为他人谋取利益两个行为不能等量齐观。① 第二，行为人是否为他人实际谋取了利益，并不影响权钱交易的性质，它都侵害了国家工作人员职务的廉洁性，取消谋利要件并不会就此影响受贿罪的本质特征。② 第三，行为人只要客观上利用了职务上的便利实施了索取或收受了他人财物的行为，就违背了廉政性要求，就应受到刑罚的惩治。因此，将"为他人谋取利益"作为收受型受贿罪的构成要件，会造成同一性质的犯罪在构成要件上的不同，有悖于犯罪构成理论。③ 第四，在司法实践中，把"为他人谋取利益"作为受贿罪的构成要件，会给受贿犯罪分子以可乘之机，极易放纵犯罪，不利于惩治贿赂犯罪。

本书认为，无论肯定说和否定说的结果如何，我们都必须看到，在国际法和法治完善国家的刑法中，并无该要件的规定，如《联合国反腐败公约》规定的贿赂犯罪是：公职人员为其本人或者其他人员或实体直接或间接索取或者收受不正当好处，以作为其在执行公务时作为或者不作为的条件。显然，只要行为人索取或者收受了不正当好处，且其行为与其职务相关，就可构成贿赂犯罪。瑞士刑法规定，只要有关人员为将来的"违背职责的职务行为"或"不违背职责的职务行为"索要、接受或让他人允诺礼物或不属于他人的利益的，就构成受贿的犯罪（包括接受礼物罪）。加拿大、德国、日本、韩国等国的刑法也均没有特别规定"为他人谋取利益"。基于反腐败的国际化发展，本书认为将"为他人谋取利益"作为受贿罪的构成要件是不合适的。

（2）"为他人谋取利益"的属性

基于刑法的规定，应当如何理解"为他人谋取利益"的属性，存在以下争议：

甲（旧客观要件）说，认为"为他人谋取利益"属于受贿罪的客观要件。这种观点指出，受贿罪的客观方面表现为行为人利用职务上的便利，索取他人财物或非法收受他人财物为他人谋利益的行为。所谓为他人谋取利益，是指受贿人为行贿人谋取某种非法利益或合法利益的行为，而不要求实际上使

① 马克昌等主编：《刑法学全书》，上海科学技术文献出版社 1993 年版，第 404 页。

② 宗剑峰：《中西文化与贪污贿赂犯罪学研究》，中国检察出版社 2003 年版，第 287 页。

③ 孟庆华：《贪污贿赂罪重点疑点难点问题判解研究》，人民法院出版社 2005 年版，第 244 页。

他人取得了利益。

乙（预备行为）说，认为“为他人谋取利益”虽然是收受型受贿罪客观方面的要件，即必须有为他人谋取利益的行为，但也并非只能理解为实施了为他人谋取利益的实行行为，相反，可以将“为他人谋取利益”的行为理解为包含准备为他人谋取利益的行为，即为他人谋取利益的预备行为。①

丙（新客观要件）说，认为“为他人谋取利益”应解释为许诺为他人谋取利益。许诺为他人谋取利益的方式可以是明示，也可以是暗示；可以是直接的，也可以是间接的；可以是真实的，也可能是虚假的。②

丁（主观要件）说，认为“为他人谋取利益”只是行贿人与受贿人之间达成的一种默契。就行贿人来说，是对受贿人的一种要求；就受贿人来说，是对行贿人的一种许诺或答应。因为，为他人谋取利益只是受贿人的一种心理态度，属于主观要件的范畴，而不像通行观点所说的那样是受贿罪的客观要件。③

本书认为，如果将“为他人谋取利益”作为受贿罪的要件，一方面限制了刑法的惩治力度，另一方面也不符合国际法反腐败的要求，因此，在当前的司法实务中，将其解释为客观要件或者将其作为预备行为，都不可取。而新客观要件说或者主观要件说之间并无实质性差异，它们在当前相对较为可取。最高人民法院、最高人民检察院 2016 年 4 月 18 日发布的《关于办理贪污贿赂刑事案件适用法律若干问题的解释》中规定：具有下列情形之一的，应当认定为“为他人谋取利益”，构成犯罪的，应当依照刑法关于受贿犯罪的规定定罪处罚：（1）实际或者承诺为他人谋取利益的；（2）明知他人有具体请托事项的；（3）履职时未被请托，但事后基于该履职事由收受他人财物的。国家工作人员索取、收受具有上下级关系的下属或者具有行政管理关系的被管理人员的财物价值3万元以上，可能影响职权行使的，视为承诺为他人谋取利益。

---

① 刘明祥：《也谈受贿罪中的“为他人谋取利益”》，载《华中科技大学学报（社会科学版）》2004 年第 1 期。

② 张明楷：《论受贿罪中的“为他人谋取利益”》，载《政法论坛》2004 年第 5 期。

③ 王作富、陈兴良：《受贿罪若干要件之研讨》，载杨敦先等主编：《廉政建设与刑法功能》，法律出版社 1991 年版。

可见司法实务界也逐渐采取了新客观要件说、主观要件说。

4. 在经济往来中，违反国家规定，收受回扣、手续费归个人所有的定位

我国《刑法》第 385 条第 2 款规定："国家工作人员在经济往来中，违反国家规定，收受各种名义的回扣、手续费，归个人所有的，以受贿论处。"该条款与第 1 款受贿罪的规定是何种关系？是法律拟制还是提示性条款呢？有观点认为：刑法与反不正当竞争法对经济贿赂罪均作了有别于一般贿赂的规定，它们各自有独立的构成要件，经济贿赂只要符合自身的法定要件，即发生于"经济往来中"，给予或收受回扣、手续费"违反国家规定"，收受回扣、手续费"归个人所有"，即已构成犯罪，而不必以一般贿赂罪的特征来要求。[①]这种观点实际上是将《刑法》第 385 条第 2 款视为拟制规定，或者说将"经济贿赂"视为一种独立的贿赂犯罪类型，与一般贿赂罪的特征没有直接联系。但这种观点是值得商榷的。

《刑法》第 385 条第 2 款来源于 1981 年 7 月 15 日国务院发布的《关于制止商品流通中不正之风的通知》（以下简称《通知》），当时正值商品经济开始发展的时期，经济活动中收取回扣、手续费等现象严重破坏了商品经济的健康发展，《通知》第 3 条规定：一切社会主义的企事业单位、经济单位之间的购销活动，一律禁止提取"回扣"。过去实际上存在的提取"回扣"的做法，要立即废除。1988 年 1 月 21 日全国人民代表大会常务委员会发布的《关于惩治贪污罪贿赂罪的补充规定》第 4 条第 3 款进一步明确："国家工作人员、集体经济组织工作人员或者其他从事公务的人员，在经济往来中，违反国家规定收受各种名义的回扣、手续费，归个人所有的，以受贿论处。"至之后颁布及数次修改刑法典时，该条条款被保留延续了下来。

值得注意的是，1985 年 7 月 18 日最高人民法院、最高人民检察院颁布的《关于当前办理经济犯罪案件中具体应用法律的若干问题的解答（试行）》（以下简称《解答》）中，对于国家工作人员在经济活动中，为他人谋取利益，以酬谢费、手续费、提成、回扣等各种名义收受财物的行为，是否构成受贿罪做出了明确规定，《解答》指出应当区分不同的情况做具体分析。首先就是要把利用职务上的便利与未利用职务上的便利分开来。利用职务上的便利，是

---

① 转引自朱孝清：《论贪污贿赂罪的几个问题》，载《人民检察》1998 年第 3 期。

构成受贿罪的不可缺少的要件。国家工作人员没有利用职务上的便利，而为他人推销产品、购买物资、联系业务，以“酬谢费”等名义索取、收受财物的，不应认定为受贿罪。对于其中违反党政机关工作人员严禁经商的规定，或违反有关工作制度和纪律的，由所在单位处理。有其他违法犯罪行为的，按其他法律规定处理。虽然该文件目前已经失效，但其反映了当时的司法机关对于该条款的理解和意见，对“经济贿赂”问题区分情况进行认定的思路在现在还是值得参考的。

我们认为，应当将《刑法》第385条第2款理解为注意规定，即符合“国家工作人员在经济往来中，违反国家规定，收受各种名义的回扣、手续费，归个人所有”的同时也要符合受贿罪的犯罪构成。实际上，一般情况下，符合《刑法》第385条第2款情形的，也符合《刑法》第385条第1款。例如，李某某是某县水库管理处主任，利用其审批结算建设工程设计款的职务便利，通过签订虚假劳务协议的方式，收受某水利电力勘测设计研究院回扣款。① 案例中李某某收受“回扣”，实际也就是非法收受他人的财物。真正的问题在于，如果国家工作人员在经济往来中，正常进行支付，或正常进行职务行为，并没有事先约定“回扣”“手续费”的情况下，在公务活动结束后，对方为了感谢国家工作人员，或为了以后长期获得竞争优势而支付的手续费及回扣，能否认定为受贿呢？这涉及事后受财能否认定为具有受贿故意的问题，对于该问题将在后进行详述。总体来说，认定符合“国家工作人员在经济往来中，违反国家规定，收受各种名义的回扣、手续费，归个人所有”的受贿犯罪成立，必须同时也符合受贿罪的犯罪构成，即国家工作人员也必须利用职务上的便利，具有受贿罪的故意，而其他属于违反财经纪律的情况不应当一概认定为犯罪。

5. 斡旋受贿的认定

我国《刑法》第388条规定：“国家工作人员利用本人职权或者地位形成的便利条件，通过其他国家工作人员职务上的行为，为请托人谋取不正当利

---

① 参见广西壮族自治区平南县人民法院（2017）桂0821刑初378号刑事判决，案例来源北大法宝网，http://www.pkulaw.cn/case/pfnl_a25051f3312b07f35c6252c9c8c5e853b92e5484a675f704bdfb.html，最后访问时间：2018年3月1日。

益，索取请托人财物或者收受请托人财物的，以受贿论处。”这种情形理论界将其称为“斡旋受贿”，是受贿罪的一种特殊类型。斡旋受贿与一般受贿最大的不同在于受贿人利用的是本人职权或者地位形成的便利条件，通过其他国家工作人员职务上的行为完成受贿，而不是自己直接利用职务便利进行受贿。成立斡旋受贿需要具备的条件是：其一，行为人利用了自己的职权或者职务上的地位形成的便利条件，如果没有利用职权或者职务上的地位，而是利用朋友关系或者亲戚关系，不能作为利用职权或者职务上的地位；其二，为请托人谋取不正当的利益。如果为请托人谋取的是正当利益，则不构成斡旋受贿；其三，请托人谋取的利益的实现需要通过其他国家工作人员；其四，行为人索取或者收受了请托人的财物。这些条件中，较难认定的是“利用职权或地位形成的便利条件”以及“为请托人谋取不正当的利益”，本书着重对这二者进行分析。

（1）“利用本人职权或地位形成的便利条件”的认定

根据最高人民法院2003年印发的《全国法院审理经济犯罪案件工作座谈会纪要》（以下简称《纪要》）的规定，《刑法》第388条规定的“利用本人职权或者地位形成的便利条件”，是指行为人与被其利用的国家工作人员之间在职务上虽然没有隶属、制约关系，但是行为人利用了本人职权或者地位产生的影响和一定的工作联系，如单位内不同部门的国家工作人员之间、上下级单位没有职务上的隶属、制约关系的国家工作人员之间、有工作联系的不同单位的国家工作人员之间等。对这一规定的理解可以从以下几个方面展开：

首先，“利用本人职权或地位形成的便利条件”，行为人与被其利用的国家工作人员之间在职务上没有隶属、制约关系。在《纪要》印发之前，曾有学者认为成立斡旋受贿，行为人与被其利用的国家工作人员在职务上应当具有制约关系，“这里即包括在一个单位内部的上级领导部门的领导人员，对其下属部门的有关国家工作人员的领导关系，也包括上级领导机关的国家工作人员，对在该机关领导下的各单位中的某些国家工作人员的领导关系”，还有“不具有领导关系的各单位之间，一方工作人员对另一方工作人员在职务上的制约关系”。[①] 这种观点实际上混淆了“利用本人职权或地位形成的便利条件”与“利用职务上的便利”，当行为人与被其利用的国家工作人员之间存在隶

① 肖扬主编：《贿赂犯罪研究》，法律出版社1994年版，第189页。

属和制约的关系时，行为人利用他人的行为，实际上就是在利用自己的职务便利。《纪要》对此也进行了明确，即“利用职务上的便利”，既包括利用本人职务上主管、负责、承办某项公共事务的职权，也包括利用职务上有隶属、制约关系的其他国家工作人员的职权。担任单位领导职务的国家工作人员通过不属自己主管的下级部门的国家工作人员的职务为他人谋取利益的，应当认定为“利用职务上的便利”为他人谋取利益。

其次，“利用本人职权或地位形成的便利条件”，实质上利用的是行为人基于职权或地位与被其利用的国家工作人员之间形成的特殊关系，包括影响关系与协作关系。被利用的国家工作人员没有收受请托人的财物，而其愿意为请托人谋取不正当利益是出于与行为人的特殊关系。这种特殊关系既包括行为人基于职权或地位而对被利用的国家工作人员具有的影响关系，也包括行为人与被利用的国家工作人员之间互相具有牵制、合作乃至利用的关系。前者如领导的司机或秘书利用其与领导接触的便利条件，为请托人说情，让领导为请托人谋取不正当利益的情形，又如下级利用熟悉、接触上级领导产生的影响力，等等。后者如某一法院的法官向同一法院内同级，但是不同审判庭的其他法官说情，让其为请托人获取不正当诉讼利益的情况，这二位法官如果互相之间具有利用对方的意思，那么就可能是一种互相合作的关系。《纪要》列举了“利用本人职权或地位形成的便利条件”的典型表现形式：一是单位内不同部门的国家工作人员之间形成的便利条件；二是上下级单位没有职务上隶属、制约关系的国家工作人员之间形成的便利条件；三是有工作联系的不同单位的国家工作人员之间形成的便利条件。这几种典型表现形式正是影响关系或协作关系的具体体现。

（2）“为请托人谋取不正当的利益”的理解

对于斡旋受贿罪中的“谋取不正当的利益”，在最高人民检察院 1999 年 9 月 16 日发布的《关于人民检察院直接受理立案侦查案件立案标准的规定（试行）》中有着明确规定：“本规定中有关贿赂罪案中的‘谋取不正当利益’，是指谋取违反法律、法规、国家政策和国务院各部门规章规定的利益，以及谋取违反法律、法规、国家政策和国务院各部门规章规定的帮助或者方便条件。”

然而，在最高人民法院、最高人民检察院 2008 年 11 月 20 日印发《关于办理商业贿赂刑事案件适用法律若干问题的意见》（以下简称《意见》）中，对行贿犯罪中的“谋取不正当利益”做出了更为细致的规定，即是指行贿人谋取违反法律、法规、规章或者政策规定的利益，或者要求对方违反法律、法规、规章、政策、行业规范的规定提供帮助或者方便条件。此外，值得注意的是，《意见》规定在招标投标、政府采购等商业活动中，违背公平原则，给予相关人员财物以谋取竞争优势的，属于“谋取不正当利益”，这就扩展了最高人民检察院1999年发布的上述规定中对“不正当利益”的界定范围。最高人民法院、最高人民检察院2012年12月26日发布的《关于办理行贿刑事案件具体应用法律若干问题的解释》关于行贿犯罪中“谋取不正当利益”的范围进行了更为规范化的界定：“行贿犯罪中的‘谋取不正当利益’，是指行贿人谋取的利益违反法律、法规、规章、政策规定，或者要求国家工作人员违反法律、法规、规章、政策、行业规范的规定，为自己提供帮助或者方便条件。违背公平、公正原则，在经济、组织人事管理等活动中，谋取竞争优势的，应当认定为‘谋取不正当利益’。”

由此可见，目前行贿罪中的“谋取不正当利益”的范围似乎比斡旋受贿罪中“谋取不正当利益”的范围要宽，我们认为这种现象只是司法解释并未及时进行配套更新的结果，行贿罪中的“谋取不正当利益”与斡旋受贿罪中的“谋取不正当利益”应当作同样的理解。这也就是说，斡旋受贿罪中的“谋取不正当利益”也包括三种情形：一是谋取的利益违反法律、法规、规章、政策规定，即利益本身是违法的，也被称为“实体违法的利益”；二是谋取违反法律、法规、规章、政策、行业规范的规定的帮助或者方便条件，即利益本身可能并不违法，但获得利益的程序违法，也被称为“程序违法的利益”；三是违背公平、公正原则，在经济、组织人事管理等活动中，谋取竞争优势。

（四）受贿罪的主体

本罪是特殊犯罪主体，即只能由国家工作人员构成。本罪的国家工作人员，一般是在职的国家工作人员，但根据2000年7月13日发布的最高人民法院《关于国家工作人员利用职务上的便利为他人谋取利益离退休后收受财物行为如何处理问题的批复》的规定，国家工作人员利用职务上的便利为请托人谋取利益，并与请托人事先约定，在其离退休后收受请托人财物，构成犯罪的，以受贿罪定罪处罚，说明离职的国家工作人员也可以构成受贿罪。

此外，还有几种特殊主体需要注意。

一是非法取得国家工作人员身份的人员。如果行为人并未“取得”国家工作人员的身份，而是谎称为国家工作人员收受贿赂，并不能构成受贿罪。问题是虽然行为人已经获得了国家工作人员的身份，但取得这种身份的过程并不合法，如通过欺骗有关组织的人事部门，伪造国家机关公文、证件担任国家工作人员职务，此时行为人利用非法取得的职务上的便利，索取他人财物，或者非法收受他人财物，为他人谋取利益时，能否构成受贿罪呢？对此，学界存在着否定说与肯定说。持否定说的学者认为：“非法”的国家工作人员的职务虽然经过正式任命，但是由于其手段的非法导致了其职务的非法，其利用职务行为所为的活动仅是其欺骗活动的继续，而不是公务活动。如果认定其可以成为贪污罪的主体，则无异于承认其骗取的国家工作人员的身份是合法的。因此，“非法”的国家工作人员不能成为受贿罪的主体。[①] 持肯定说的学者认为：对于国家工作人员的认定，既然已经摆脱那种纯身份论的观点，判断的侧重点应在于是否实际从事公务。如果一个人实际从事公务，尽管其身份来源不具合法性，但确实是在代表国家履行公共职务，就符合《刑法》第 93 条规定的国家工作人员的范围。[②] 我们认同肯定说，最高人民法院研究室 2004 年 3 月 30 日发布的《关于对行为人通过伪造国家机关公文、证件担任国家工作人员职务并利用职务上的便利侵占本单位财物、收受贿赂、挪用本单位资金等行为如何适用法律问题的答复》（以下简称《答复》）采用的即为肯定说，《答复》中明确表示：行为人通过伪造国家机关公文、证件担任国家工作人员职务以后，又利用职务上的便利实施侵占本单位财物、收受贿赂、挪用本单位资金等行为，构成犯罪的，应当分别以伪造国家机关公文、证件罪和相应的贪污罪、受贿罪、挪用公款罪等追究刑事责任，实行数罪并罚。

二是国有金融机构工作人员。根据我国《刑法》第 184 条第 1 款的规定：银行或者其他金融机构的工作人员在金融业务活动中索取他人财物或者非法收受他人财物，为他人谋取利益的，或者违反国家规定，收受各种名义的回扣、手续费，归个人所有的，依照本法第 163 条的规定定罪处罚。第 2 款规定：国

---

① 参见王作富主编：《刑法分则实务研究》（第 3 版）（下），中国方正出版社 2007 年版，第 1813 页。

② 孙国祥：《贿赂犯罪的学说与案解》，法律出版社 2012 年版，第 302 页。

有金融机构工作人员和国有金融机构委派到非国有金融机构从事公务的人员有前款行为的，依照本法第385条、第386条的规定定罪处罚。对比《刑法》第93条对国家工作人员范围的规定，国有公司中从事公务的人员以国家工作人员论，而国有金融机构工作人员所从事“金融业务活动”的未必都是公务，“显然，如果按照传统的‘公务’和‘劳务’区分标准，‘金融业务’无法一概而论地认定为‘公务活动’，而只要具有‘国有金融机构工作人员’的身份，就一律作国家工作人员认定”。[①] 据此，有学者认为“国有金融机构工作人员”的含义比“国家工作人员”的含义广，是受贿罪的一种特殊主体。但实务界一般认为《刑法》第184条第2款属于注意规定，“当金融机构工作人员的行为符合刑法第一百六十三条规定的非国家工作人员受贿罪构成要件时，以非国家工作人员受贿罪论处；当金融机构工作人员的行为符合刑法第三百八十五条规定的受贿罪构成要件时，以受贿罪论处。因此，刑法第一百八十四条系注意规定，不存在对于金融机构工作人员收受贿赂的行为有特别认定的规定”。[②] 我们认为，将《刑法》第184条第2款理解为注意规定而非法律拟制更为合理，如果将其视为法律拟制，可能会造成刑法适用的不平等等问题。

（五）犯罪主观方面

受贿罪的主观方面是直接故意，即行为人明知利用职务上的便利索取他人财物或者非法收受他人财物并为他人谋取利益的行为会损害国家工作人员职务上的廉洁性，仍然接受的行为。一般情况下，认定行为人是否存在受贿的故意并不困难，但在事前没有约定的事后受财情况下，即行为人是正常的履行职务，为他人谋取利益，但事前行为人与他人并没有约定会因行为人的公务行为支付对价财物，在行为人履职完毕后，他人给予行为人财物，行为人予以接受的情况下，能否认定为行为人有受贿的故意呢？对此存在着肯定说与否定说的争论。

肯定说认为：受贿罪的本质在于职务行为的不可收买性，既包含职务行为

---

① 孙国祥：《论刑法中的国家工作人员》，载《人民检察》2013年第11期。

② 沈言：《国家出资银行分支机构中国家工作人员的认定》，载《人民司法（案例）》2016年第26期。

与财物的不可交换性（职务行为的无不正当报酬性），也包含公民对职务行为不可收买性的信赖。后者当然包括过去的、现在的以及将来的职务行为的信赖。如果国家工作人员就已经实施的职务行为获得不正当报酬，那么，国民不仅怀疑该职务行为的公正性，而且怀疑该国家工作人员现在实施的以及将来实施的职务行为的公正性。[①] 持肯定说的学者还认为："受贿故意并不一定产生于为他人谋取利益之时。即使行为人在为他人谋取利益之时没有收受贿赂的故意，但行为人收受财物之时意识到该财物是利用职务上的便利为他人谋取利益的对价，说明行为人已经将职务行为作为收受财物的筹码，本来应无偿的职务行为已转为有偿，职务行为与该财物形成的对价使财物不再是所谓的赠送，而具有有偿性特征。"[②]

否定说认为："在事先没有约定的情况下，国家工作人员履行职务时并没有为他人谋取利益以作为对方交付财物的对价的意思，他人是因为国家工作人员正常履行职务行为而获得实际利益，为表示感谢而交付财物。在这种情况下，国家工作人员在客观上具有利用职务上的便利收受他人财物的行为，主观上具有明知该财物是其职务行为的对价而收受的主观故意，但却没有为他人谋取利益并以之作为收受他人财物的对价的意图。"该学者同时认为，"为他人谋取利益虽然是主观要素，但并不是主观责任要素，而是主观违法要素，应当在受贿罪的构成要件中进行讨论。为他人谋取利益具有限缩受贿罪构成要件的功能。将那些虽然收受他人财物但不具备为他人谋取利益要素的情形排除在受贿罪的构成要件之外"。[③] 这就意味着事先没有约定的事后受财，因为行为人没有"为他人谋取利益"的主观要素，就不符合受贿罪的构成要件。还有学者从贿赂犯罪的保护法益角度出发，主张："贿赂犯罪的保护法益不是职务行为的廉洁性，也不是职务行为的不可收买性，而是职务行为的公正性。因此，只有危及职务行为公正性的行为才有可能构成受贿罪。事后受财行为，在事先没有约定的场合，因为不可能危及职务行为的公正性，原则上不构成

---

① 张明楷：《论受贿罪中的"为他人谋取利益"》，载《政法论坛》2004 年第 5 期。

② 孙国祥：《贿赂犯罪的学说与案解》，法律出版社 2012 年版，第 404 页。

③ 陈兴良：《为他人谋取利益的性质与认定——以两高贪污贿赂司法解释为中心》，载《法学评论》2016 年第 4 期。

受贿罪；但是，在有证据证明行为人履行职务行为时具有事后受财的心理期待或者心理联想的场合，因为这种期待或者心理联想会对行为人的履职行为产生影响，因此，构成受贿罪。”①

我们认为，虽然否定说的观点从保障人权的理论角度来看，具有充分的合理性。但从司法实践的角度出发，肯定说更符合司法实践的可操作性。在我国特定的社会熟人文化背景下，国家工作人员与请托人之间未必会采取明确约定方式，确定事后会给付财物。当事人之间往往处于一种默契、心照不宣的状态，在这种情况下，如果要求国家工作人员与请托人必须事先明确约定事后给付财物，才能认定受贿犯罪成立的话，就会出现只要国家工作人员与请托人一口咬定事前没有约定，则无法对这种形式的受贿犯罪予以打击的困境，因为行为人的心理状态实际上是很难用客观证据予以证明的。也因此，最高人民法院、最高人民检察院 2016 年 4 月 18 日发布的《关于办理贪污贿赂刑事案件适用法律若干问题的解释》第 13 条中规定，履职时未被请托，但事后基于该履职事由收受他人财物的，应当认定为“为他人谋取利益”，构成犯罪的，应当依照刑法关于受贿犯罪的规定定罪处罚。这实际上也将 2003 年最高人民法院《全国法院审理经济犯罪案件工作座谈会纪要》以及 2007 年最高人民法院、最高人民检察院《关于办理受贿刑事案件适用法律若干问题的意见》中规定的“国家工作人员利用职务上的便利为请托人谋取利益，并与请托人事先约定，在其离职后收受请托人财物，构成犯罪的，以受贿罪定罪处罚”进行了修正。这就表明司法实践最终采用了肯定说，只要是基于国家工作人员的某项履职事由而收受他人财物的，即可认定为“为他人谋取利益”，而不要求行为人之间事先有约定。

（六）受贿罪的未完成形态

受贿罪的未完成形态主要涉及受贿罪的犯罪未遂问题。

有观点认为数额基本犯不存在犯罪未遂的形态，因为“以一定之犯罪数额作为犯罪成立要件的典型数额犯，应当是犯罪既遂的一种形式。由于典型数额犯以数额大小作为罪与非罪的区分标准，犯罪数额达到法定要求，便构

① 黎宏：《贿赂犯罪的保护法益与事后受财行为的定性》，载《中国法学》2017 年第 4 期。

成犯罪且为既遂，达不到法定要求，则不构成犯罪。而犯罪预备、犯罪中止、犯罪未遂是以构成犯罪为前提条件的，因而典型数额犯不存在犯罪未完成形态”。[①]这种观点在实务界有一定的影响，不少司法办案人员也认为受贿罪不存在未遂，受贿数额没有达到起刑点就不构成受贿罪，应当交由党纪、政纪处分。这实际上违背了我国刑法中主客观相统一的原则。虽然客观收受的贿赂金额并未达到起刑点，但受贿人与请托人之间约定的受贿金额，即对受贿金额的主观认识也同样会影响到罪与非罪以及犯罪形态的最终确定。这也就意味着受贿罪有犯罪未遂的形态。

受贿罪既遂与未遂的区分标准，理论上主要有以下几种学说：（1）承诺说。认为只要受贿人做出利用其职务便利为他人谋取利益而收受他人贿赂的承诺，即构成受贿既遂；在索取贿赂的形式下，以是否完成索贿行为作为区分受贿罪既遂与未遂的标准，完成索贿行为即为既遂；（2）谋取利益说。认为只要受贿人为他人谋取了私利，无论其是否已经得到贿赂，均应视为构成受贿罪的既遂；（3）实际受贿说。认为只要受贿人收受了行贿人的财物，就是既遂。（4）收受贿赂与谋取利益说，即结合说。[②]当前理论界及实务界一致认可及实践的是实际受贿说，即以受贿人收受了行为人的财物作为既遂的标准，而因为行为人意志以外的因素，并未成功收受财物时，构成受贿罪的未遂。例如，国家工作人员权某、张某与非国家工作人员朱某合伙成立公司，公司注册资本为 200 万元，权某、张某仅出资 3 万元，但分配得公司股份的 20%，并由张某的叔父登记为该公司的股东，持有 40 万元的股权凭证。后权某利用职务便利为朱某谋取不正当利益，但朱某同时偷偷将公司注册资本中的 185 万元抽逃，案发时公司实际资本仅为 15 万元。此时，因为张某、权某意志以外的原因致使权某、张某未能实质控制 40 万元股权中的其中 37 万元，该 37 万元成立受贿未遂。[③]

---

① 转引自于志刚:《关于未遂犯数额问题的反思》，载《刑法论丛》2010 年第 1 卷。

② 转引自朱兴祥:《约定收受贿赂中的既遂与未遂如何认定》，载《人民检察》2011 年第 5 期。

③ 参见湖南省益阳市中级人民法院（2015）益法刑二初字第 1 号刑事判决。案例来源北大法宝网，http://www.pkulaw.cn/case/pfnl_a25051f3312b07f3203890e46b134cfe2d82df3581c9bcc2bdfb.html. 最后访问时间：2018 年 3 月 1 日。

此时成为问题的是，如何判断行为人收受了受贿人的财物呢？对于一般财物而言，判断并不难，但对于不动产、汽车等需要进行权属登记的财物，如何区分既遂、未遂容易引起争议。虽然最高人民法院、最高人民检察院《关于办理受贿刑事案件适用法律若干问题的意见》第8条规定，“国家工作人员利用职务上的便利为请托人谋取利益，收受请托人房屋、汽车等物品，未变更权属登记或者借用他人名义办理权属变更登记的，不影响受贿的认定”。但成立受贿罪，与受贿罪是既遂还是未遂是不同的两个问题，对此司法解释并未予以明确。有学者认为：“收受房屋、汽车等物品而未办理权属变更登记的，应当认定为受贿罪的未遂而不是既遂。因为物权法的登记制度决定，房屋、汽车等物品的权属是否登记在收受者的名下，对其权利行使是会有较大影响的，在性质上不同于权属已经登记在收受者名下的情形，因而在将这种收受财物的行为认定为受贿性质，同时对此以未遂论处，这是符合法理的。”①

我们认为，这样的理解是值得商榷的。不动产及汽车是否办理权属变更登记，影响的权利行使主要是指处分权以及抵押、质押权的行使。但未办理权属变更登记，并不影响占有、使用、收益不动产及汽车的权利行使。如果请托人永久将房屋或汽车任由某国家工作人员使用，但仅因为未办理权属登记而不能将其认定为受贿罪的既遂，难免造成姑息罪犯的后果，不利于打击受贿犯罪的严重态势。此外，司法实践中还存在着不能办理权属变更登记手续的不动产，如我国房地产市场上大量存在的小产权房，等等。对于收受小产权房的国家工作人员，因为房屋所有人不可能将房屋再转让给第三人，该国家工作人员的占用、使用、收益房屋的权利不会受到任何影响和风险，如果此时也仍将其认定为受贿罪的未遂，显然是不合理的。

正如前文所述，受贿的对象不仅仅是财物，还包括了财产性利益，而房屋与汽车的使用权也应当被视为一种财产性的利益。例如，将请托人给予的房屋或汽车租给他人使用并收受租金，至少就租金部分可以构成受贿的既遂，但如果租给他人使用构成受贿罪的既遂，而自己使用则只能构成受贿罪的未遂，显然并不合理。如果受贿人从未使用请托人给予的房屋或汽车，仅仅是保管着权属凭证及钥匙等，就不应当认定为既遂，而应当认定为未遂。对于

① 陈兴良:《受贿罪的未遂与既遂之区分》，载《中国审判》2010年第48期。

收受未办理权属变更登记的不动产及房屋，应当区分好其与借用之间的关系，具体应当主要结合以下因素进行判断：有无借用的合理事由；是否实际借用；借用时间的长短；有无归还的条件；有无归还的意思表示和行为。

此外，还需注意收受财物后退还或者上交的问题。最高人民法院、最高人民检察院2007年7月8日印发的《关于办理受贿刑事案件适用法律若干问题的意见》规定："国家工作人员收受请托人财物后及时退还或者上交的，不是受贿。国家工作人员受贿后，因自身或者与其受贿有关联的人、事被查处，为掩饰犯罪而退还或者上交的，不影响认定受贿罪。"该意见中所指的收受请托人财物主要有三种比较典型的情形：一是国家工作人员明知是请托人行贿而仍然当场接受财物，不予明确拒绝。二是并无受贿故意但被动地当场收受了请托人的财物。三是国家工作人员当时并未发现自己收受了他人财物，但在事后发现或知道请托人向自己贿送了财物，自己在无意中已经占有了请托人的财物。[①] 对于后两种情形，因为不具备受贿的故意，本身就不构成受贿罪。值得探讨的是第一种情形，国家工作人员的拒绝受贿的意图并不明确，在接受财物的当场或许因为受到了财物的诱惑，或许因为害怕得罪请托人，没有明确予以拒绝，但事后后悔。从理论上来说，其行为已经符合了受贿罪的全部构成要件，但司法解释将这种行为非罪化，体现了宽严相济的刑事政策精神，同时也是鼓励出现这种情况的国家工作人员及时纠正错误。但对于"及时退还或者上交"中的"及时"应当如何认定，不能做僵硬的理解，必须结合国家工作人员收受财物的具体情形、收受财物后有无退还的意思表示、退还的具体行动、未能及时退还或上交的真实原因等方面综合考虑。

（七）受贿罪的罪数问题

受贿往往是基于为他人谋取利益而完成的，因此，在司法实务中行为人受贿且为他人谋取利益的过程中，很可能又触犯其他犯罪，其中最为典型的是渎职犯罪。例如，2007年11月至2008年4月，被告人冯宏亮在担任瑞安市强制隔离戒毒所医生期间，利用其对戒毒人员就诊治疗、开具药方、健康检查等职务便利，通过违规提供药物加速心跳以及调换体检血样等方式，使

---

① 李建明：《收受他人财物后退还或上交对受贿罪构成的影响》，载《人民检察》2007年第16期。

戒毒人员健康体检不合格，以帮助因吸毒被劳动教养人员翁者平、郑林杰、余建平、伍丹、林孝文逃避执行劳动教养或强制治疗。余建平、翁者平、郑林杰、伍丹等人被劳动教养所或温州市戒毒康复中心拒收，而逃避了被执行劳动教养或强制治疗，造成恶劣社会影响。其间，上述五名劳动教养人员或其亲友为请冯宏亮帮忙，送给被告人冯宏亮共计人民币 18.2 万元，被告人均予以收受。法庭审理认为：被告人冯宏亮系在受国家机关委托代表国家机关行使职权的强制隔离戒毒所中从事公务的人员，利用职务便利，非法收受他人财物，为他人谋取不正当利益，其行为已触犯刑律，构成受贿罪；被告人冯宏亮又违法使用药物，使吸毒被劳动教养人员逃避劳动教养或强制治疗，致使国家和人民利益遭受重大损失，其行为又触犯刑律，构成滥用职权罪。①

受贿人在构成受贿罪的同时又构成渎职犯罪等其他犯罪，罪数问题如何处理呢？根据2016年4月18日最高人民法院、最高人民检察院联合发布的《关于办理贪污贿赂刑事案件适用法律若干问题的解释》第 17 条的规定，国家工作人员利用职务上的便利，收受他人财物，为他人谋取利益，同时构成受贿罪和刑法分则第三章第三节、第九章规定的渎职犯罪的，除刑法另有规定外，以受贿罪和渎职犯罪数罪并罚。上述案例中的被告人最终也以受贿罪与滥用职权罪数罪并罚。

虽然司法解释已经对行为人同时构成受贿罪与妨害对公司、企业的管理秩序罪；受贿罪与渎职犯罪时，实行数罪并罚的规则进行了明确，但这一规定在理论中不是没有争议的。在这一规定出台之前，学界对于受贿案件中，行为人索取或者收受他人财物，并且滥用职权为他人谋取利益的行为又构成其他罪名时，是否构成数罪进行过激烈的争论。刑法理论上主要有法条竞合、想象竞合、牵连犯、实质数罪论等观点。② 其中又以想象竞合、牵连犯、实质数罪的观点最为有力。

想象竞合说认为："因为收受他人财物和为他人谋取利益是受贿罪客观方

---

① 参见《最高人民检察院公报》2012 年第 2 号（总第 127 号），来源于北大法宝网：http://www.pkulaw.cn/case/pfnl_a25051f3312b07f30c2595e7f805b6519ff6b006f2f6afdabdfb.html. 最后访问时间：2018 年 3 月 1 日。

② 王玉珏：《受贿罪司法认定的轨迹与趋势》，载《法学》2013 年第 10 期。

面的两个组成要件，虽然在认定受贿罪中，仅要求有为他人谋取利益的承诺，而并不要求行为人实际为他人谋取了利益，但这并不是将他人谋取利益的条件排除在受贿罪的构成要件之外。因此，作为一个犯罪中的两个组成部分，分别触犯了两个罪名，无论如何也不可能形成事实上的数个犯罪的犯罪构成，最多也不过是一个犯罪触犯数个罪名的问题。”①还有学者认为：“受贿罪是交易型犯罪，为他人谋利行为作为交易的筹码和受财行为共同结合成为一个受贿行为，而如果为他人谋利行为触犯了渎职罪名的情况下，则该谋利行为既是受贿罪成立的一个条件，又是渎职罪的客观行为，即该谋利行为事实上在不同的犯罪中都扮演着不可或缺的角色。触犯了数个罪名，发生了数罪名的竞合，符合想象竞合犯的特征。”②

牵连犯说认为：因为受贿罪和渎职罪所侵犯的犯罪客体不同，属于两种不同性质的行为，且行为人实施这两个行为的目的指向都是为了索取或收受财物。在行为人为了索取或收受贿赂而实施渎职行为时，受贿行为属于目的行为，渎职行为属于手段行为；在行为人先实施渎职行为，后索取或收受他人给予的贿赂时，受贿行为属于结果行为，渎职行为属于原因行为。因此，无论行为人先受贿，还是先渎职，只要二者之间存在因果联系，而非毫无关系，这两个行为就具有牵连关系。③

实质数罪说认为：“受贿罪侵犯的法益是职务的不可收买性，而‘为他人谋取利益’的最低要求是只要许诺为他人谋取利益即可，而且包含一定的虚假许诺。所以，客观上为他人谋取利益的犯罪行为，是超出受贿罪构成要件之外的行为。只有对其并罚，才能实现罪刑相适应。”④还有学者指出：“作为受贿罪这一罪名所能承载的只是一般的谋利行为，如果谋利行为已经超出本罪所能涵盖的范围时，就不能再把其以受贿罪一罪来论处，否则就会违反刑法中的完全评价原则。”⑤

---

① 刘宪权主编：《刑法学》（第二版），上海人民出版社2008年版，第858页。

② 孙国祥：《贿赂犯罪的学说与案解》，法律出版社2012年版，第263页。

③ 苏敏华：《论渎职罪与受贿罪的关系认定及其处断原则》，载《政治与法律》2010年第2期。

④ 张明楷：《刑法学》（第四版），法律出版社2011年版，第1078页。

⑤ 于志刚：《受贿后滥用职权的罪数》，载《国家检察官学院学报》2009年第5期。

我们认为实质数罪说更具有合理性。想象竞合说将渎职行为与收受贿赂的行为视为一个行为，但实际上为他人谋取利益的渎职行为并不是受贿罪必须符合的构成要件，尤其是在索贿的情况下，仅有行为人索取贿赂，即可构成受贿罪。受贿罪主要评价的还是行为人侵犯了职务的不可收买性的行为，也就是收取财物的行为。对于行为人构成受贿罪的同时又触犯其他罪名的，也应当按照这一思路处理。目前的司法解释大多数秉承的是这一思路，如最高人民法院、最高人民检察院 2015 年 12 月 14 日发布的《关于办理危害生产安全刑事案件适用法律若干问题的解释》第 14 条中规定：同时构成贪污、受贿犯罪和危害生产安全犯罪的，依照数罪并罚的规定处罚。最高人民法院、最高人民检察院、海关总署 2002 年 7 月 8 日联合印发《关于办理走私刑事案件适用法律若干问题的意见》第 16 条第 2 款规定："海关工作人员收受贿赂又放纵走私的，应以受贿罪和放纵走私罪数罪并罚。"例外的规定为《刑法》第 399 条对徇私枉法罪的规定："司法工作人员收受贿赂，有前三款行为的，同时又构成本法第 385 条规定之罪的，依照处罚较重的规定定罪处罚。"即司法工作人员同时构成受贿罪与徇私枉法罪或民事、行政枉法裁判罪，或执行判决、裁定失职罪时，从一重罪处罚，而不是数罪并罚。为何对司法工作人员采取例外的态度，目前并未有合理的解释，采取数罪并罚更有利于维护刑法适用规则的一致性。

需要注意的是，虽然最高人民法院、最高人民检察院 2016 年 4 月 18 日公布的《关于办理贪污贿赂刑事案件适用法律若干问题的解释》第 17 条明确规定了国家工作人员利用职务上的便利，收受他人财物，为他人谋取利益，同时构成受贿罪和刑法分则第三章第三节、第九章规定的渎职犯罪的，除刑法另有规定外，以受贿罪和渎职犯罪数罪并罚。但在理解这一条款时还需注意不应对行为人的行为进行重复评价。在刑法修正案（九）确定了数额加情节的受贿罪定罪模式以后，根据《关于办理贪污贿赂刑事案件适用法律若干问题的解释》的规定，受贿数额虽未达到该档法定刑的要求，但只要行为人同时为他人谋取不正当利益，致使公共财产、国家和人民利益遭受损失，则可以适用该档法定刑。例如，行为人受贿数额为 2 万元，未到达受贿罪的基本起刑点数额，但是因为行为人为他人谋取不正当利益，致使公共财产、国家和人民利益遭受损失，则行为人同样构成受贿罪，此时并不以受贿罪与滥用职权罪数罪并罚。数罪并罚的前提是“同时构成”，而构成滥用职权罪，必须是致使公共财产、国家和人民利益遭受重大损失。为此，有学者提出，因为该解释对受贿罪中为他人谋取不正当利益，致使公共财产、国家和人民利益遭受损失并没有结果要求，而滥用职权罪等渎职犯罪对危害结果基本上都有要求，如果可以从造成的危害结果中分割出两个部分，一个部分用于滥用职权罪等渎职犯罪的犯罪构成，一个部分用于受贿罪的犯罪构成，才能够进行数罪并罚。例如，行为人受贿 2 万元后造成损失的数额为 80 万元的，可以认为，其中的 30 万元为滥用职权罪的后果，从而对其以渎职犯罪论处；超过滥用职权罪定罪起点数额的剩余部分（50 万元）应认定为受贿人“为他人谋取不正当利益，致使公共财产、国家和人民利益遭受损失”。①

这种思路在造成的损失为财产损失时能够较好地贯彻，但根据最高人民法院、最高人民检察院 2012 年 12 月 7 日发布的《关于办理渎职刑事案件适用法律若干问题的解释（一）》，致使公共财产、国家和人民利益遭受重大损失，不仅包括经济损失，还包括人员伤亡、造成恶劣社会影响等。在后种损失的形式下，是否可以进行分割，如何分割，还需要更深入的探索。

二、单位受贿罪的犯罪构成

（一）单位受贿罪的概念

单位受贿罪是指国家机关、国有公司、企业、事业单位、人民团体，索取、非法收受他人财物，为他人谋取利益，情节严重的行为。前述单位，在经济往来中，在账外暗中收受各种名义的回扣、手续费的，以受贿论。

（二）单位受贿罪的客体

单位受贿罪的客体为国有单位公务活动的廉洁性。

（三）单位受贿罪的客观方面

单位受贿罪的客观方面为索取、非法收受他人财物，为他人谋取利益，

---

① 参见周光权：《论受贿罪的情节》，载《政治与法律》2016 年第 8 期。

相关内容在上述受贿罪的相应部分已经予以论述，在此不再赘述。值得注意的是，单位受贿罪的客观方面较之受贿罪的客观方面要严格一些。受贿罪中，索贿的情形下并不要求为他人谋取利益的要件，而在单位受贿罪中，索取他人财物时，也必须同时具备“为他人谋取利益”的要件。

此外，单位受贿的情节必须达到一定程度，才能构成单位受贿罪，即单位受贿情节严重的，才属于单位受贿犯罪。如何界定“情节严重”呢？根据最高人民检察院1999年9月16日发布的《关于人民检察院直接受理立案侦查案件立案标准的规定（试行）》规定，单位受贿涉嫌下列情形之一的，应予立案：1. 单位受贿数额在10万元以上的；2. 单位受贿数额不满10万元，但具有下列情形之一的：（1）故意刁难、要挟有关单位、个人，造成恶劣影响的；（2）强行索取财物的；（3）致使国家或者社会利益遭受重大损失的。

（四）单位受贿罪的主体

单位受贿罪的主体为国家机关、国有公司、企业、事业单位、人民团体。

对于国家机关是否应当成为单位受贿罪的主体，有学者指出“机关”不宜规定为单位犯罪的主体。理由是：“西方学者论述的法人的本质，都是就公司、企业而言的，所以西方国家刑法规定法人犯罪，仅限于公司、企业犯罪，而不包括国家机关。我国规定国家机关为单位犯罪的主体，既无西方国家的理论可以借鉴，事前在学理上也未很好地进行研究，因而可以说我国刑法的这一规定缺乏理论根据。”[①] 并且在实际中也没有执行过国家机关作为单位犯罪主体的规定，事实上也没有执行的必要性。但也有学者认为将国家机关规定为单位犯罪的主体“有利于表明国家维护法律权威与尊严的鲜明立场和坚定信念”。[②] 可见这一问题在理论上还是值得继续深入探讨的。

我国刑法将单位受贿罪的主体限定为国家机关、国有公司、企业、事业单位、人民团体，这些单位的内部职能部门、下属部门或者分支机构能否成为单位受贿罪的主体？例如，某市人民医院骨科以该医院的名义在从医疗公

---

① 马克昌：《“机关”不宜规定为单位犯罪的主体》，载《人民检察》2007年第21期。

② 王作富：《刑法中的单位研究》，载赵秉志主编：《刑法评论》（第2卷），法律出版社2003年版，第15页。

司进购医疗器械时，科室主任与医疗公司的业务人员约定好回扣比例，并由其经手业务单位医疗器械贿赂共计人民币近200万元。所收回扣用于该科室医疗事故的日常支出及福利发放。①

根据最高人民法院2001年1月21日发布的《全国法院审理金融犯罪案件工作座谈会纪要》的规定，单位的分支机构或者内设机构、部门实施犯罪行为的处理。以单位的分支机构或者内设机构、部门的名义实施犯罪，违法所得亦归分支机构或者内设机构、部门所有的，应认定为单位犯罪。不能因为单位的分支机构或者内设机构、部门没有可供执行罚金的财产，就不将其认定为单位犯罪，而按照个人犯罪处理。最高人民检察院研究室于2006年9月12日发布的《关于国有单位的内设机构能否构成单位受贿罪主体问题的答复》中指出国有单位的内设机构利用其行使职权的便利，索取、非法收受他人财物并归该内设机构所有或者支配，为他人谋取利益，情节严重的，依照《刑法》第387条的规定以单位受贿罪追究刑事责任。上述内设机构在经济往来中，在账外暗中收受各种名义的回扣、手续费的，以受贿论。

由此可见，单位的内设机构也可以成为受贿罪的主体。上述案例中的骨科科室虽然只是医院的内设机构，但是其收受的财物全部为该科室所有与支配，符合了单位受贿的特征。

（五）单位受贿罪的主观方面

单位受贿罪的主观方面是直接故意，单位明知利用职权便利索取他人财物、非法收受他人财物并为他人谋取利益的行为会损害国家工作人员职务上的廉洁性，仍然予以实施。与受贿罪不同，单位受贿罪的主观方面是单位整体的故意，而不是个人的故意，体现的是单位整体的罪过，犯罪意志具有整体性。

判断受贿行为是基于单位整体意志，还是单位内部人员的个人意志，不仅是认定单位受贿罪的关键，也是区分单位受贿罪与单位内部成员共同受贿犯罪的关键。总的来说，可以从两个方面认定受贿行为是否基于单位整体意志。

---

① 参见国家法官学院、中国人民大学法学院编:《中国审判案例要览》(2006年刑事审判案例卷)，人民法院出版社、中国人民大学出版社2007年版，第403—404页。

一是收受贿赂决定的决策主体及程序。单位内部的决策机构有两种基本的形式，一种是个人，如厂长、经理；另一种是集体，如董事会。不论是哪个机构，以何种形式进行决策，只要是其权限内的事务，符合决策的形式要求，都是以单位意志出现在社会上的。[1]换句话说，是否为单位意志，关键在于其能否代表单位，是否追求单位的整体利益。

二是犯罪利益的归属。由单位的决策机构或有关负责人员做出的决定，并不一定就是单位的整体意志，最高人民法院1999年6月25日发布的《关于审理单位犯罪案件具体应用法律有关问题的解释》就明确规定：盗用单位名义实施犯罪，违法所得由实施犯罪的个人私分的，依照刑法有关自然人犯罪的规定定罪处罚。在司法实践中，存在着事先经单位集体研究决定的，但是在受贿后财物由个人占有了的情况，此时应当以个人的受贿罪定罪处罚，而不能认定为单位受贿罪。为此，可以根据犯罪利益作为辅助的判断标准。

例如，2006年1月至2009年1月，被告人倪某先后担任某造船有限公司品质保证部检测技术室副主任、退休返聘专家，被告人顾某先后担任该室探伤员、副主任，被告人刘某、钱某担任该室的探伤员。四名被告人在对本单位新建某船无损检测工作进行监督管理过程中，利用职务之便，共同收受承接本单位无损检测业务的G公司总经理以及S船舶检测公司焊接室主任陈某按业务量的比例给予的回扣费，部分钱款归入被告人个人账户，部分用于共同炒股。案发时，上述共同炒股的钱款尚未予以私分。 一审宣判后，四被告人分别提出上诉，其辩护人均认为被告人的行为应定性为单位受贿罪，而非个人共同受贿。法院经审理认为，四名上诉人利用职务上的便利，共同收受其他单位回扣费，因其行为既没有体现单位意志，所受钱款又未归单位所有，不构成单位受贿罪，而应认定为个人共同受贿。

（六）单位受贿罪的共同犯罪问题

单位作为一类犯罪主体可以独立与自然人或者其他单位构成共同犯罪，问题在于单位与该单位工作人员共同受贿时，该如何处理。在司法实践中，存在着单位与该单位工作人员共同索取、非法收受他人财物，为他人谋取利

---

① 张明楷等：《刑法新问题探索》，清华大学出版社2003年版，第23页。

益的现象。例如，应某事业机构的要求，被告单位某市机关事业单位社会保险局，将该事业机构的统筹调控征集计划比例由9%下调到5%，使该单位每年少缴统筹基金70万元，事后多次出具白条收据向该事业机构收取赞助费共35万元，这些钱款主要用于支付单位职工的福利发放。被告人成某（被告单位社会保险局局长）不仅参与研究决定本单位的受贿，而且本人也从中收受某事业机构的财物3万余元。该案中，被告单位某市机关事业单位社会保险局与被告人成某事实上实施了共同的犯罪行为，被告人成某除具有单位犯罪的直接责任人员性质外，个人也具有受贿的行为。①

对于这种情况，有学者认为虽然在事实意义上属于共同犯罪，但由于刑法对于单位与自然人的相同行为，分别作了专门罪名的规定，因而在规范意义上无法成立共同犯罪。合理的立场是对单位和其工作人员分别认定犯罪。②但这种理由实际上否认了单位与非单位内部人员之间构成共同犯罪的可能性。正如有学者指出的："罪名的不同并不能割裂单位和个人之间的有机联系，单位和个人基于共同的犯罪目的和犯意联络，相互作用共同加功于共同犯罪行为，犯罪行为的整体性客观上是不能否认的。"③

我们认为，上述案例中所指的情况不能认定为共同犯罪，不仅是在规范意义上不能成立共同犯罪，在事实层面上也不属于共同犯罪。理由是，构成单位受贿，必须体现了单位受贿的整体意志，由单位主要负责人或者决策管理层做出决定，同时还必须是以单位的名义，为了单位的利益实施的受贿行为。在案例中，如果被告人成某收受某事业机构的财物3万余元，并不是以单位的名义为单位的利益而实施的，而是私下自行接受，或独占，此时的受贿行为是成某的个人受贿行为，而不再是单位受贿行为。如果这3万余元是从单位接受的贿赂中分得的一部分，那么成某个人的受贿行为并不能成立，而是单位受贿行为的延续。换句话说，不能将成某的行为在单位受贿中评价过后，又对其进行个人受贿的评价。而单位与单位外部的自然人应当是可以成立共同犯罪的，虽然这可能会导致自然人构成"单位受贿罪"，或者单位构

① 参见肖中华:《论单位受贿罪与单位行贿罪的认定》，载《法治研究》2013年第5期。

② 参见肖中华:《论单位受贿罪与单位行贿罪的认定》，载《法治研究》2013年第5期。

③ 于志刚:《共同犯罪视野中单位因素的介入及其思考》，载《北京联合大学学报》2008年第6期。

成只有自然人才能构成的“受贿罪”的情况，但这应当通过修正司法罪名的模式予以解决，而不是一概分开定罪，无视犯罪人之间互相加功与作用。

三、利用影响力受贿罪的犯罪构成

（一）利用影响力受贿罪的概念

利用影响力受贿罪是指国家工作人员的近亲属或者其他与该国家工作人员关系密切的人，通过该国家工作人员职务上的行为，或者利用该国家工作人员职权或者地位形成的便利条件，通过其他国家工作人员职务上的行为，为请托人谋取不正当利益，索取请托人财物或者收受请托人财物的行为，以及离职的国家工作人员或者其近亲属以及其他与其关系密切的人，利用该离职的国家工作人员原职权或者地位形成的便利条件为请托人谋取不正当利益，索取请托人财物或者收受请托人财物的行为。

（二）利用影响力受贿罪的客体

利用影响力受贿罪的客体为国家工作人员职务行为的廉洁性。

（三）利用影响力受贿罪的客观方面

利用影响力受贿罪的客观方面表现为行为人利用影响力，通过国家工作人员职务上的行为，或者利用该国家工作人员职权或者地位形成的便利条件，通过其他国家工作人员职务上的行为，为请托人谋取不正当利益，索取请托人财物或者收受请托人财物，或者离职的国家工作人员或者其近亲属以及其他与其关系密切的人，利用该离职的国家工作人员原职权或者地位形成的便利条件为请托人谋取不正当利益，索取请托人财物或者收受请托人财物。其中需要重点分析的是“利用影响力”与“利用便利条件”。

1.“利用影响力”的行为方式

根据《刑法》的规定，“利用影响力”主要有四种方式：一是行为人利用与国家工作人员的近亲属或者其他密切关系，通过该国家工作人员职务上的行为，由该国家工作人员为请托人谋取不正当利益，自己索取请托人财物或者收受请托人财物。二是行为人利用国家工作人员职权或者地位形成的便利条件，通过其他国家工作人员职务上的行为，由其他国家工作人员为请托人谋取不正当利益，自己索取请托人财物或者收受请托人财物。三是离职的国家工作人员利用自己的原职权或者地位形成的便利条件，通过其他国家工作人员的职务行为为请托人谋取不正当利益，同时自己索取请托人财物或者收受请托人财物。四是离职的国家工作人员的近亲属以及其他与其关系密切的人，利用该离职的国家工作人员原职权或者地位形成的便利条件为请托人谋取不正当利益，索取请托人财物或者收受请托人财物。

正如对“关系密切人”的界定不必要过于严格一样，对于“影响力”的界定也没有进行事前严格限定的必要。有学者指出对影响对象的影响力应当是直接的，即“行为人影响的对象是直接和特定的，即国家工作人员和离职的国家工作人员”。[①]我们认为这种观点是值得商榷的。如果要求影响力必须是直接的，就意味着如果行为人通过间接影响或连环影响的方式使国家工作人员为请托人谋取不正当利益，如果一开始行为人就没有影响国家工作人员的故意，自然不构成犯罪。但如果行为人唆使中间人利用影响力影响国家工作人员，只有在与中间人构成共同犯罪的情况下，才能追究行为人的刑事责任，如果只是行为人自己收受了他人财物，但并没有给予中间人财物，中间人及相关国家工作人员没有收受贿赂，不构成受贿罪，则行为人的唆使行为也不构成犯罪，这就有轻纵犯罪之嫌。我们认为，利用影响力受贿罪并不限于直接影响，只要行为人有影响国家工作人员的故意，无论通过多少中间环节，都应当认定其具有影响力。

2.“利用便利条件”的认定

“利用便利条件”是利用影响力的另一种形式，即行为人利用的不是自己的影响力，而是利用了与其具有近亲属或其他密切关系的国家工作人员的影响力，通过这种影响力再去影响其他国家工作人员，通过其他国家工作人员的职务行为为请托人谋取不正当利益。例如，甲是某局的局长，乙为甲的妻子，丙让乙为其谋求不正当利益，并给予财物，乙在甲不知情的情况下，利用甲的局长地位，要求其他国家工作人员丁为丙谋取不正当利益。

“利用该国家工作人员职权或地位形成的便利条件”，实际上包括利用“职

---

① 孙国祥：《贿赂犯罪的学说与案解》，法律出版社 2012 年版，第 614 页。

权形成的便利条件”与利用“地位形成的便利条件”，二者的核心意义都在于能够对其他国家工作人员的职务行为产生影响。但需要注意不能将这种影响力无限放大，这种影响力还是基于国家工作人员的职权与地位而形成的。有的学者认为“由于掌握职权而对下属、同事、师生、朋友等提供过帮助而形成的影响；由于掌握职权或处于优势地位所把握的权力资源、人脉关系而对现职国家工作人员产生抽象影响；由于掌握职权所形成的利害关系对现职国家工作人员产生影响，如共同的违法犯罪、掌握有对方的犯罪证据等；由于共同的利益关系对现职国家工作人员产生的影响，如合作投资、借贷关系等”都属于“职权或地位形成的便利条件”①，这扩大了“职权或地位”的范围，如投资关系、借贷关系、共同违法犯罪关系等，并不是国家工作人员职权或地位形成的便利条件，其与国家工作人员的身份无关，和一般的朋友关系并无二异。行为人如果借这些关系要求其他国家工作人员为请托人谋取不正当利益，行为人有可能作为“密切关系人”构成利用影响力受贿罪，也有可能就是受贿罪的共犯。

（四）利用影响力受贿罪的主体

利用影响力受贿罪的主体包括国家工作人员的近亲属或者其他与该国家工作人员关系密切的人；离职的国家工作人员或者其近亲属以及其他与其关系密切的人，具体包括五类：一是国家工作人员的近亲属；二是与国家工作人员关系密切的人；三是离职的国家工作人员；四是离职的国家工作人员的近亲属；五是与离职的国家工作人员关系密切的人。其中第一类与第四类的主体范围认定标准是一致的，第二类与第五类的主体范围认定标准是一致的，在此仅就“近亲属”的范围、“关系密切的人”的范围以及“离职国家工作人员”的范围进行分析。

1.“近亲属”的范围认定

司法实践中就利用影响力受贿罪近亲属的范围众说纷纭。有人认为利用影响力受贿罪中近亲属的范围应是“配偶、父母、子女、兄弟姐妹、祖父母、外祖父母、孙子女、外孙子女”，即最高人民法院《关于执行〈中华人民共和

---

① 转引自黄海龙：《利用影响力受贿罪的客观要件》，载《人民检察》2014年第21期。

国民法通则〉若干问题的意见（试行）》第12条中规定的近亲属的范围；也有人认为，该罪中的近亲属应是最高人民法院《关于适用〈中华人民共和国行政诉讼法〉的解释》第14条规定的近亲属的范围，即："行政诉讼法第二十五条第二款规定的'近亲属'，包括配偶、父母、子女、兄弟姐妹、祖父母、外祖父母、孙子女、外孙子女和其他具有扶养、赡养关系的亲属"。还有人认为该罪主体中的"近亲属"就是我国《刑事诉讼法》第108条第6项规定的近亲属范围，包括"夫、妻、父、母、子、女、同胞兄弟姊妹"[①]

我们认为，对于"近亲属"的范围认定可以采取较为限缩的方法，即将认定标准与刑事诉讼法规定的近亲属范围实现一致，即包括"夫、妻、父、母、子、女、同胞兄弟姊妹"。虽然利用影响力受贿罪中的"近亲属"属于刑事实体法的内容，而刑事诉讼法规定的"近亲属"属于刑事程序法的内容，但因为利用影响力受贿罪的主体在"近亲属"之后紧接着还有"关系密切人"的规定，并没有在"近亲属"的范围上做太多纠缠的必要。而刑事诉讼法与刑法都属于刑事法的范畴，在刑事法的范畴内保持概念的一致性，更有利于刑事案件办理的严密对接。

2."关系密切人"的认定

"关系密切人"是一个十分模糊的概念，究竟何为"关系密切人"，有学者认为："据立法精神，关系密切人应当包括以下三大类：（1）在血缘、亲缘上有密切关系的人，如近亲属、情人；（2）在业务、事务上有密切关系的人，如客户、投资人、债权债务人、合伙人等；（3）在经历、社交上有密切关系的人，如同乡、朋友、同学、上下级等。"[②]但这种事前划定出范围的思路难免会有所遗漏，例如，A与B是中学同学，B的丈夫C是国家机关工作人员，A与C从未谋面，A只是知道C为国家机关工作人员，并知道其职务工作的内容。后A因亲属的请托，在收下亲属20万元后，找到B帮忙，在B的安排下与C见面，强求C为其亲属办事，C按照A的要求办理了请托事宜。在这种情况下，A与C仅一面之缘，不属于上述密切关系人的任何一种，但如果认定A不构

---

① 参见钟文华：《司法实践中如何把握利用影响力受贿罪的主体》，载《中国刑事法杂志》2012年第6期。

② 李怀胜：《非国家工作人员受贿犯罪的刑事政策之省思》，载《中国刑事法杂志》2013年第1期。

成犯罪，显然有放纵罪犯之嫌。

为此，有学者提出“密切关系人”的认定应当进行事后判断，也就是说，只要行为人事实上能够影响国家工作人员，让其通过其职务上的行为，为请托人谋取不正当利益，则可以认定行为人和该国家工作人员关系密切。[①]这种思路应当是合理的，即符合利用影响力受贿罪的立法意图，也有利于建立起客观上的标准，而不纠结于纷繁复杂的“关系”的认定，同时也可以避免国家公权力机关对公民私人关系的过多调查和介入。

需要注意的是，在实践中还存在着“人找人”“人托人”式的利用间接影响力受贿的情况。例如，上述案例中，A 并没有与 C 见面，而是由 B 代为向 C 请托，C 最后办理请托事宜，但 A 利用的并不是对 C 的影响力，而是利用了对 B 的影响力，间接影响 C。在这种情况下，假如 B 并没有收取 A 的财物，则 B 与 C 不构成受贿犯罪，而 A 如果不被认定为“密切关系人”，A 也无罪。如此一来，对于遏制社会中利用间接影响力受贿的行为十分不利。我们认为，这种利用间接影响力的情形也应当划入利用影响力受贿的犯罪圈中来，间接关系密切人也应当可以划入“密切关系人”，成为利用影响力受贿罪的主体。

3.“离职国家工作人员”的认定

理论上认定“离职国家工作人员”的思路主要有两种，一种是身份论，一种是公务论。前者主张离职的国家工作人员是指不再具有国家工作人员身份的人员。“离职的国家工作人员是指曾经是国家工作人员，但由于法定原因目前已离开了国家工作人员岗位，不再具有国家工作人员身份的人。具体包括：一是退休或者离休的国家工作人员，二是辞职或者被辞退的国家工作人员，三是被予以开除处分的国家工作人员。”[②]后者主张离职的国家工作人员，是指离开国家工作人员岗位，不再从事公务的人员。“《刑法修正案（七）》所指离职的国家工作人员应当是指因离休、退休、辞职、辞退或其他原因离开国家机关、国有公司、企业、事业单位、人民团体，不再从事公务的人员。”[③]

一般情况下，不再具有国家工作人员身份与不再从事公务是同步的，仅

① 赵巴奥、冯兆惠：《认定“关系密切人”的方法论反思》，载《河南社会科学》2014 年第 7 期。

② 韩耀元、王文利：《如何理解利用影响力受贿罪》，载《中国监察》2009 年第 23 期。

③ 杨书文：《试论影响力交易罪》，载《人民检察》2009 年第 9 期。

在少数情况下行为人不具备国家工作人员身份但仍然从事公务，或者已经不再从事公务但仍具备国家工作人员身份。在这些特殊情况下，应当根据“从事公务”是认定国家工作人员身份的核心特征这一原则进行处理，即当行为人不具备国家工作人员身份但仍然从事公务时，有受贿行为，应当直接以受贿罪定罪处罚。而行为人已经不再从事公务但仍具备国家工作人员身份，如临退休的国家工作人员出于保留福利、待遇等目的尚未办理退休手续，仍然具备国家工作人员的身份，但实际上已经离开公职，不从事公务，原职位也已经由他人代替的情况下，其已经无法再“利用职务上的便利”，而只能利用“原职权或者地位形成的便利条件”，当其实施受贿行为时，可以利用影响力受贿罪进行定罪处罚。

（五）利用影响力受贿罪的主观方面

利用影响力受贿罪的主观方面是直接故意。

行为是否需要对请托人谋取的利益是非法利益有准确认识，在实践中存在争议，一种意见认为，行为人明知为请托人谋取的是不正当利益，也即谋取的是违反法律、法规、规章或者政策规定的利益，或者要求被请托人提供违反法律、法规、规章、政策、行业规范规定的帮助或者方便条件。[①]另一种意见认为，为请托人谋取不正当利益的行为，是由国家工作人员实施的行为，而不是由关系人自己实施的行为。有的关系人甚至不了解与其关系密切的国家工作人员的职权范围或职务行为的运作方式。因此，国家工作人员职务行为的性质以及对利用这种行为所谋取的利益的性质的认识，不应当成为该罪的构成要件，不能要求关系人对其具有十分明确的认识。关系人即使不清楚甚至不知道请托人所谋取的是不正当利益，只要他通过与其关系密切的国家工作人员为其谋取了不正当利益，并且收受了请托人的财物，就应当构成关系人受贿罪。[②]

我们认为第一种意见更为合理。请托人谋求的利益是否为非法利益，并不要求行为人对利益的内容有明确的认识，但是对其性质至少有基本的概括性判断。如果行为人确实不知道也不可能知道（如在请托人隐瞒了重要信息

---

① 姚爱华、杨书文:《试论影响力交易罪》，载《人民司法》2009年第9期。

② 张智辉:《论〈刑法修正案（七）〉第13条的法律适用》，载《法学杂志》2009年第7期。

的情况下）请托人谋取的是非法利益，此时认定行为人有直接故意违背了责任原则。但是，需要注意的是，行为人是否知晓请托人谋求的利益为非法利益，应当借助一些客观事实进行判断。一般情况下，在请托人给予大额财物时，可以推定行为人知晓请托人谋求的利益为非法利益。

（六）利用影响力受贿罪的认定

认定利用影响力受贿罪要注意区分其与相近罪名的区别。

1. 利用影响力受贿罪与受贿罪的区别

在犯罪主体上，受贿罪的主体是国家工作人员，利用影响力受贿罪的主体主要是非国家工作人员。

在行为方式上，利用影响力受贿罪与受贿罪有根本性的不同，利用影响力受贿罪中行为人是通过其他国家工作人员的职务行为为请托人谋取不正当利益，而受贿罪中行为人是自己利用职务上的便利为请托人谋取不正当利益。

利用影响力受贿罪与受贿罪的区分在一般情况下是较为容易的，成为问题的是利用影响力受贿罪与受贿罪共同犯罪的区分。最高人民法院、最高人民检察院 2007 年 7 月 8 日发布的《关于办理受贿刑事案件适用法律若干问题的意见》中规定：特定关系人与国家工作人员通谋，共同实施前款行为的，对特定关系人以受贿罪的共犯论处。特定关系人以外的其他人与国家工作人员通谋，由国家工作人员利用职务上的便利为请托人谋取利益，收受请托人财物后双方共同占有的，以受贿罪的共犯论处。判断行为人究竟是受贿罪的共犯还是独立构成利用影响力受贿罪，关键在于判断行为人与国家工作人员是否有共同的受贿故意，如果行为人并未告知国家工作人员收受财物的情况，则该国家工作人员不构成受贿罪，行为人构成利用影响力受贿罪。如果国家工作人员对受财事实知情，则可以认定为具有共同的受贿故意，构成受贿罪的共同犯罪。

2. 利用影响力受贿罪与斡旋受贿罪的区别

利用影响力受贿罪与斡旋受贿罪在行为方式上十分相似，都是通过其他国家工作人员的职务行为为请托人谋取不正当利益。二者的区分关键在于行为人对其他国家工作人员的影响力不同。

在斡旋受贿的情况下，犯罪主体是国家工作人员，其对其他国家工作人员的影响力来自自己的职权、地位，也有学者将其称之为“权力性影响力”，即“公职人员因一定的职务关系行使职权而对其他公职人员、公共机关具有的影响力”。[①] 而在利用影响力受贿罪的情况下，行为人要么利用的是自己与国家工作人员的近亲属或其他密切关系，要么利用的是基于自己与国家工作人员的近亲属或其他密切关系而产生的对其他国家工作人员的影响力。当行为人的影响力具有双重属性时，行为人既是国家工作人员的近亲属或其他密切关系人，同时自己也是国家工作人员时，就需要判断究竟是哪一种影响力在起作用。如果两种影响力互相渗透无法区分时，应当首先评价“权力性影响力”，即认定为斡旋受贿罪。

四、行贿罪的犯罪构成

（一）行贿罪的概念

行贿罪是指为谋取不正当利益，给予国家工作人员以财物的行为。在经济往来中，违反国家规定，给予国家工作人员以财物，数额较大的，或者违反国家规定，给予国家工作人员以各种名义的回扣、手续费的，以行贿论处。

因被勒索给予国家工作人员以财物，没有获得不正当利益的，不是行贿。

（二）行贿罪的客体

行贿罪的客体为国家工作人员职务行为的不可收买性。

（三）行贿罪的客观方面

行贿罪的客观方面表现为给予国家工作人员财物的行为。具体包括两种形式：一是行为人主动给予国家工作人员财物，希望国家工作人员为其谋求不正当利益。二是行为人被勒索给予国家工作人员财物，并获得了不正当利益。

有学者认为，还应当从这两种形式中将“被动给予财物”的情形分离出来，即“国家工作人员主动提出权钱交易的要求（索贿），行贿人在没有受到勒索的情况下同意‘给予’国家工作人员财物”。[②] 我们认为，没有此种区分的必要。当国家工作人员主动提出贿赂，但行为人欣然应允，并积极给予财物的

---

① 李翔：《论影响力受贿犯罪的司法认定》，载《刑法论丛》2009年第4卷，第335页。

② 参见孙国祥：《贿赂犯罪的学说与案解》，法律出版社2012年版，第636页。

情况下，也是一种主动给予财物，而不能认为是被动给予财物。行为人或许早就已经存有行贿的故意，只是不知如何实施，在国家工作人员以明示或暗示的方式要求行为人给予财物时，行为人无论如何不能说是被动的。此外，“被动”一词表现出行为人给予财物时内心并不情愿的意味，而在上述情形中，行为人并没有“不情愿”，在国家工作人员主动提出权钱交易的要求时，行为人也有可能是在积极主动地进行行贿。当行为人的心理反应是“被动”的时，就已经涉及被勒索给予财物的问题。正如有学者指出的：对于“被勒索给予”，“基本观点是一致的，即不是出于自愿，而是被迫而为，在行为人的心理反应上是‘被动’的。”①

行贿罪客观方面表现形式中的第一种形式，一般不存在认定问题。难以认定的往往是第二种形式，即被勒索给予国家工作人员财物，并获得了不正当利益。该种形式的行贿罪是从行贿罪的排除性规定逆向推理得出的，即根据《刑法》第389条第3款的规定：“因被勒索给予国家工作人员以财物，没有获得不正当利益的，不是行贿。”如何理解这一条款呢？“被勒索给予国家工作人员财物”，表明行为人内心并不情愿给予财物，但并不是指行为人完全没有选择的自由和余地，如果行为人完全是被迫，已经达到了强制的程度，此时给予财物，行为人根本没有行贿的故意，本来就不构成行贿罪。换句话说，行为人担心国家工作人员会对其利益造成损害和不利，但行为人尚且还有选择的余地。“获得不正当利益”，意味着行为人内心虽不情愿给予国家工作人员财物，但还是给予了财物，并获得了不正当利益，此时给予财物与利用国家工作人员的职权获得利益之间仍有对价性。从理论上来说，即使没有获得不正当利益，此种“被勒索”的行贿也应当构成行贿，但由于此时行为人的社会危害性及人身危险性较低，在行为人没有获得不正当利益的情况下，刑法予以了出罪处理。

需要注意的是，在被勒索行贿的情况下，行为人受到威胁的利益应当是不正当利益，而不是正当利益。如果行为人基于正当利益受到威胁而实施行贿，不需要《刑法》第389条第3款来予以出罪，因为即使行为人为了获取正当利益而积极行贿，在当前刑法规定下也不构成行贿犯罪。为此，只有当行为人受到威胁的利益是不正当利益时，才是《刑法》第389条第3款所指

① 楼伯坤：《行贿罪立法中的排除性规定》，载《国家检察官学院学报》2010年第4期。

的“被勒索”的情形。

（四）行贿罪的主体

行贿罪的主体为一般达到刑事责任年龄，具备刑事责任能力的自然人主体。

需要注意的是，单位不能成为行贿罪的主体，但《刑法》第393条另行规定了单位行贿罪，即单位为谋取不正当利益而行贿，或者违反国家规定，给予国家工作人员以回扣、手续费，情节严重的行为。

（五）行贿罪的主观方面

行贿罪的主观方面是故意。值得研究的是对行贿罪中“为谋取不正当利益”的主观构成要件的理解。

根据最高人民法院、最高人民检察院2012年12月26日发布的《关于办理行贿刑事案件具体应用法律若干问题的解释》，行贿犯罪中的“谋取不正当利益”，是指行贿人谋取的利益违反法律、法规、规章、政策规定，或者要求国家工作人员违反法律、法规、规章、政策、行业规范的规定，为自己提供帮助或者方便条件。违背公平、公正原则，在经济、组织人事管理等活动中，谋取竞争优势的，应当认定为“谋取不正当利益”。

虽然司法解释对“为谋取不正当利益”的认定做出了较为明确的规定，但学界对于如何理解和适用相关规定仍存在争议。争议主要是围绕从何种角度理解“谋取不正当利益”展开，从国家工作人员一端进行解释的主张“违背职务说”，即谋取的利益是否正当，应以国家工作人员是否违背职务要求为标准，违背的为不正当利益，不违背的为正当利益。① 从行为人一端进行解释的则主张“行贿人谋取不正当利益的主观目的一般不取决于受贿人的行为性质”，行贿人只要提出“谋取不正当利益”的要求就足以表现行为“为谋取不正当利益”的主观目的。至于受贿人事实上有无为其他人谋取非法利益、提供违法的帮助或者方便条件，不影响行贿罪的司法认定。②

我们认为，谋取不正当利益的认定角度还是应当坚持行为人一端的解释

---

① 转引自车浩:《行贿罪之“谋取不正当利益”的法理内涵》，载《法学研究》2017年第2期。

② 孙国祥:《行贿罪中的“为谋取不正当利益”辨析》，载《人民检察》2016年第11期。

路径，否则容易导致客观归罪。但这并不意味着行为人意图谋取的利益与受贿人的职务毫不相干。例如，“A 得知公安局举办打击毒品犯罪成果展，遂给受邀前去参观的政府工作人员 B 一万元，让 B 在公安局内部接待室休息时，趁管理人员不备，偷出一些备展的海洛因给 A。”[①] 此时 A 谋取的利益与 B 的职务行为并不相关，不能认定其构成行贿犯罪。为此，可以这样理解“谋取不正当利益”，即行为人谋取的利益是基于受贿人职务的不正当利益，但该利益是否正当，并不以客观上受贿人的行为性质所决定。

（六）行贿罪的认定

在认定行贿犯罪时，要注意与馈赠的区别和界限。我国自古以来就注重人情往来，实践中对国家工作人员馈赠礼品的现象也广泛存在，如何区分其与行贿之间的界限呢？这需要把握住行贿犯罪的核心，即职务行为与财物的交易。如果存在职务行为与财务的对价交易，则是行贿；如果没有这种交易，仅仅只是感情交往，则属于馈赠。

需要注意的是，在司法实践中存在着当行为人给予国家工作人员财物时，并未提出明确的请托事由，而是一种“感情投资”，留待日后有需要时再提出谋取不正当利益的要求，对于这种前期感情投资应当如何界定，目前并没有明确规定。有学者提出应当在立法上进行规制，“在刑法典中明确规定国家工作人员接受好处的最高限额。对超过最高限额的好处，结合行为人主观上是否存在谋取不正当利益的确定故意或概括故意，认定行贿人的行为是否构成行贿罪”。[②] 在受贿罪的认定中，虽然采取了类似的思路，最高人民法院、最高人民检察院 2016 年 4 月 18 日公布的《关于办理贪污贿赂刑事案件适用法律若干问题的解释》第 13 条第 2 款规定：“国家工作人员索取、收受具有上下级关系的下属或者具有行政管理关系的被管理人员的财物价值三万元以上，可能影响职权行使的，视为承诺为他人谋取利益。”这是对感情投资型受贿的规定。但对于感情投资型行贿，就目前的法律规定来看，还不能直接将没有明确谋取不正当利益要求的“感情投资”式的给予财物行为推定为“谋取不正当利益”。

---

① 车浩：《行贿罪之“谋取不正当利益”的法理内涵》，载《法学研究》2017 年第 2 期。

② 徐岱：《行贿罪之立法评判》，载《法制与社会发展》2002 年第 2 期。

五、对有影响力的人行贿罪的犯罪构成

对有影响力的人行贿罪是指为谋取不正当利益，向国家工作人员的近亲属或者其他与该国家工作人员关系密切的人，或者向离职的国家工作人员或者其近亲属以及其他与其关系密切的人行贿的行为。

该罪与行贿罪仅在犯罪客观方面有差异，即行贿的对象不同。犯罪客体、犯罪主体、犯罪主观方面均相同，在此不再重复。

六、介绍贿赂罪的犯罪构成

（一）介绍贿赂罪的概念

介绍行贿罪是指在行贿人与受贿人之间沟通关系、撮合条件，使贿赂行为得以实现、情节严重的行为。

（二）介绍贿赂罪的客体

介绍贿赂罪的客体为国家工作人员职务行为的不可收买性。

（三）介绍贿赂罪的客观方面

介绍贿赂罪的客观方面表现为行为人在行贿人与受贿人之间沟通关系、撮合条件，使贿赂行为得以实现。行为人并不是直接通过国家工作人员的职务行为为自己谋取利益，而是在行贿人与受贿人之间实施相当于“中介”的行为。

例如，被告人张某，男，原系上海某经济发展有限公司董事长兼总经理。被告人张某于2005年年初在得知上海某建设工程有限公司（以下简称建设公司）与上海某（集团）有限公司（以下简称集团公司）存在土地转让补偿款纠纷后，向建设公司总经理李某表示，其可以出面从中斡旋，但要给集团公司总经理王某好处费。李某表示，建设公司不能直接给王某好处费，但事成之后可以按集团公司增加的土地补偿款的一定比例以奖励费的名义给张某，至于张某如何给王某，建设公司不管。张某表示，他会把所有的奖励费全部给王某。嗣后，张某即与王某沟通，许诺纠纷解决后，建设公司会给王某好处费。王某于2005年3月3日批准集团公司在原先拟支付给建设公司人民币367万余元（以下币种均为人民币）的基础上追加100万元，最终以467万余

元的土地补偿款总价与建设公司签订《关于场中路费用结算的协议书》。2005年4月28日，建设公司收到集团公司支付的467万余元土地补偿款。2005年5月11日，建设公司以奖励费的名义交给张某28.4万余元。张某于2005年5月中下旬将此款分3次全部转交给王某。张某因涉嫌行贿被检察机关调查后，主动交代了其介绍贿赂的行为。[①]案中张某就是在建设公司总经理与集团公司总经理之间撮合、沟通关系，其行为符合介绍贿赂罪的客观要件。

（四）介绍贿赂罪的主体

介绍贿赂罪的主体为一般达到刑事责任年龄，具备刑事责任能力的自然人主体。

（五）介绍贿赂罪的主观方面

介绍贿赂罪的主观方面是故意，即明知自己的行为会促成贿赂的实现，并积极追求这一目的。

对于介绍贿赂罪中行为人主观上是否需要以谋取非法利益为目的，学界存在着不同的观点。1985年最高人民法院、最高人民检察院《关于当前办理经济犯罪案件中具体应用法律的若干问题的解答（试行）》（现已失效）中，曾经规定了介绍贿赂罪主观上需以谋取非法利益为目的，而1997年《刑法》并未采取这一做法。有学者认为介绍人之所以在行贿与受贿之间沟通、撮合，介绍贿赂，其主观目的并不在于是否促使行贿与受贿的实现，而是企图通过这种沟通、撮合行为，从中获取非法利益，即促使行贿与受贿的实现仅仅是介绍人获取非法利益的必要手段，通过撮合从中获取非法利益，才是介绍贿赂的根本目的。[②]但这种观点并未得到学界主流观点的认同，学界一般认为介绍贿赂罪并不需要以谋取非法利益为目的，因为介绍贿赂的目的除了谋取非法利益以外，还包括各种各样的情形，如出于感情、出于亲友关系等。如果将谋取非法利益作为介绍贿赂罪的主观要件之一，无疑会大大限缩介绍贿赂

---

① 案例来源于北大法宝网，http://www.pkulaw.cn/case/pfnl_a25051f3312b07f3bbd2a1cadc410eddbb9677087da8a889bdfb.html. 最后访问时间：2018年3月11日。

② 转引自李辰：《行贿犯罪研究》，中国政法大学出版社2013年版，第73页。

罪的范围。可见学界的主流观点与立法规定是一致的。

（六）介绍贿赂罪的认定

在介绍贿赂罪认定中，需要注意的是介绍贿赂罪与行贿罪、受贿罪的共同犯罪的关系。从理论上来说，介绍贿赂本身就是行贿与受贿一种的帮助行为，为此，主张废除介绍贿赂罪，将其归入行贿罪或者受贿罪的共犯中的观点从未平息。我们认为，介绍贿赂罪还是有独立的地位，并不能完全并入到行贿罪或者受贿罪的共犯中去。无论是帮助行贿犯罪还是帮助受贿犯罪，从行为方式上来看都是单向的。而介绍贿赂罪中，行为人是在行贿人与受贿人之间沟通、撮合，其帮助行为是双向的，并不是单一的帮助受贿或者帮助行贿就能充分予以评价的。

值得注意的是，行为人在介绍贿赂的同时，又实施了转交、接受财物等其他帮助行为时，该如何认定。例如，行为人受行贿人的委托，介绍行贿人与受贿人认识，使二者达成了贿赂的意向，但具体的操作中，又由行为人代为转交财物。此时行为人不仅仅只是实施了介绍贿赂的行为，还实施了帮助行贿的行为，如果仅认定为介绍贿赂罪，则对帮助行贿的行为没有进行刑法上的评价。对于这种情况，应当认定为行贿罪的共同犯罪，而介绍贿赂行为是帮助行为的一个部分，通过将其评价为行贿罪的共同犯罪，并不会遗漏介绍贿赂行为的评价。

第二节　非法经营同类营业罪的犯罪构成

非法经营同类营业罪是国有公司、企业的董事、经理违背忠实义务，情节严重的行为。忠实义务指的是董事等高管所承担的以公司利益作为自己行为的最高准则，为公司的最大利益履行职责的义务。高管的忠实义务要求其善意地行使职权，并且充分地考虑公司的利益，而不能将自己或者其他人的利益凌驾于公司的利益之上。[①] 国有公司、企业的董事、经理也必须遵守忠实义务，并因为他们所管理的资产是国有资产，其利用自己担任高管的职务便

① 邓峰:《普通公司法》，中国人民大学出版社 2009 年版，第 460 页。

利，经营与所在职公司、企业同类的营业，获取非法利益，严重侵害了国家利益，违反了忠实管理国有资产的职责义务。

一、非法经营同类营业罪的概念

非法经营同类营业罪是指国有公司、企业的董事、经理利用职务便利，自己经营或者为他人经营与其所任职公司、企业同类的营业，获取非法利益，情节严重的行为。

二、非法经营同类营业罪的客体

非法经营同类营业罪侵犯的客体是国家对公司、企业的管理制度。

三、非法经营同类营业罪的客观方面

非法经营同类营业罪的客观方面表现为利用职务便利，自己经营或者为他人经营与其所任职公司、企业同类的营业，获取非法利益。

“利用职务便利”指的是利用自己在国有公司、企业任职掌握的客户资源、市场信息，以及直接掌管材料、物资、技术、人事等的便利条件。

“经营”包括自己经营与为他人经营。自己经营指的是以自己的名义，或借用他人的名义成立公司、企业，或者在他人已经成立的公司、企业中入股经营。为他人经营则是行为人受他人的雇佣在他人公司、企业中经营，获取报酬、奖励。而何为“经营”，指的是对企业的业务活动进行计划、组织、协调、控制等，其与一般的劳务行为并不相同。为此就有区分一般兼职与经营的必要，兼职虽然违反了公司法对于国有公司、企业负责人不得兼职的规定，但并不是违背竞业禁止的行为，也不会构成非法经营同类营业罪。区分一般兼职与经营行为，关键在于考察行为人提供的劳务内容，如果行为人的劳务内容涉及企业的业务发展、管理谋划等，即属于经营行为。如果行为人提供的劳务内容只是公司业务中的一小部分，则不应当视为经营行为。

国有公司、企业的董事、经理非法经营同类营业的行为，主要有两种形态：一种是横向竞争关系，即行为人的经营行为与其任职国有公司、企业的经营行为在市场机会、市场价格等方面进行竞争。也就是国有公司、企业生产、销售或服务什么，国有公司、企业的董事、经理就兼职生产、销售或服务什么，然后利用其职务便利将其任职国有公司、企业的商业机会交给兼营公司、企业进行经营，或者以其任职国有公司、企业的名义为兼营公司、企业谋取属于任职国有公司、企业的商业机会，获取非法利益。另一种是纵向链接竞争关系，即行为人的兼营行为与其任职国有公司、企业的经营行为形成纵向链接的竞争。也就是国有公司、企业的董事、经理利用职务便利，将其任职国有公司、企业销售、采购业务的商业机会交给经营同类营业的自营或者他营公司、企业经营，自营或者他营公司、企业通过低价买入、高价卖出方式获取本来属于国有公司、企业的经营利润。[①]第一种形态属于非法经营同类营业的行为是比较好认定的，非法经营同类营业，从本质上来说就是篡夺商业机会的行为，即本属于国有公司、企业的商业机会，因为行为人的非法经营同类营业行为而转移至其他公司，从而造成了对该国有公司、企业的不正当竞争。对于第二种形态，要注意其与增设交易环节截留国有财产的贪污罪之间的区别。

“获取非法利益”，根据最高人民检察院、公安部2010年5月7日印发的最高人民检察院、公安部《关于公安机关管辖的刑事案件立案追诉标准的规定（二）》，数额在10万元以上的，应予立案追诉。

四、非法经营同类营业罪的主体

非法经营同类营业罪的主体为国有公司、企业的董事、经理。

1. 国有公司、企业的界定

国有独资公司、企业，属于非法经营同类营业罪中的“国有公司、企业”是毫无疑问的，随着国有企业改制，大量国有资本控股、参股的公司、企业出现，这些企业能否认定为非法经营同类营业罪中的“国有公司、企业”呢，换句话说，国有资本控股、参股的公司、企业的董事和经理能否构成非法经营同类营业罪，还需要进一步分析和探讨。

有学者主张国有公司、企业是指由单一国家投资机构或部门组建的国有独资公司、企业，以及由两个以上的代行国家资产所有权的单位联合组建的有限责任公司、股份有限公司和其他企业。理由是：一方面国家参股、含有

---

① 参见罗开卷:《非法经营同类营业罪疑难问题探讨》，载《中国刑事法杂志》2009年第4期。

其他经济成分的公司、企业，无论国有资产所占比例有多高，都存在非国有经济成分，因而都不是真正意义上的国有公司、企业，如果将其认定为国有公司、企业，则否定了其他经济成分的存在。另一方面根据《关于在国有资本控股、参股的股份有限公司中从事管理工作的人员利用职务便利非法占有本公司财物如何定罪问题的批复》《关于如何认定国有控股、参股股份有限公司中的国有公司、企业人员的解释》两个司法解释对国家工作人员范围的认定，推断出国家参股、含有其他经济成分的公司、企业并不就是国有公司、企业。[①]

我们认为这种观点有失偏颇，应当将在国有资本控股、参股公司、企业的董事和经理纳入非法经营同类营业罪的主体范围。

其一，从刑法的罪名体系来看，只有将国有资本控股、参股公司、企业视为国有企业，才能保证同一概念在类罪内的统一适用。非法经营同类营业罪是妨害对公司、企业的管理秩序罪下的具体罪名，而妨害对公司、企业的管理秩序罪下还包括为亲友非法牟利罪，国有公司、企业、事业单位人员失职罪，徇私舞弊低价折股、出售国有资产罪等，这些罪名的主体也涉及国有公司、企业的认定，且构成要件中都有“致使国家利益遭受重大损失的”规定。而可能造成国家利益重大损失的，显然不仅仅只有国有独资公司、企业，国有资本参股、控股中，也存在着国家利益。

其二，从立法的发展趋势来看，也不应当将国有公司、企业局限在国有独资公司、企业。2014 年第十二届全国人民代表大会第二次会议主席团交付法律委员会审议的代表提出的议案中，就有“加大刑法对民营企业的保护力度，将非法经营同类营业罪，签订履行合同失职被骗罪，国有公司、企业、事业单位人员失职罪，滥用职权罪的适用范围扩大至民营企业”的内容。

其三，从司法实践的角度来看，实务中采取的做法是认为非法经营同类营业罪的主体不仅包含国有独资公司中的董事、经理，也可能包含国有出资公司中的董事、经理。例如，2016 年北京市第一中级人民法院做出的（2016）京 01 刑终 657 号刑事裁定书中就表明：“国有公司是否仅限于国有独资公司在刑法上确实存在一定争议，但刑法第三章第三节规定的罪名中，涉及国有公

① 参见罗开卷:《非法经营同类营业罪疑难问题探讨》，载《中国刑事法杂志》2009 年第 4 期。

司、企业人员的认定，不应仅限于在国有独资公司、企业中的人员。最高人民法院《关于如何认定国有控股、参股股份有限公司中国有公司、企业人员的解释》以及最高人民法院、最高人民检察院《关于办理国家出资企业中职务犯罪案件具体应用法律若干问题的意见》第4条等司法解释和法律性质文件中，均体现了这一结论。”①

2. 董事、经理的认定

非法经营同类营业罪溯源于公司法中的竞业禁止规定，2005年公司法进行了修订，将原来的竞业禁止主体“董事、经理”扩展为“董事、高级管理人员”，但刑法并未进行相应修改，仍旧沿用了“董事、经理”的用法。我们认为，在认定“董事、经理”的范围时，应当进行一定的扩大解释，将其与公司法的相关规定进行衔接。

根据《公司法》第148条规定：董事、高级管理人员不得有下列行为，……未经股东会或者股东大会同意，利用职务便利为自己或者他人谋取属于公司的商业机会，自营或者为他人经营与所任职公司同类的业务。董事、高级管理人员违反前款规定所得的收入应当归公司所有。第216条规定：高级管理人员，是指公司的经理、副经理、财务负责人，上市公司董事会秘书和公司章程规定的其他人员。据此，非法经营同类营业罪的主体应当包括国有公司、企业的董事、经理、副经理及财务负责人等高级管理人员。

五、非法经营同类营业罪的主观方面

非法经营同类营业罪的主观方面为故意。即明知自己利用职务便利，自己经营或者为他人经营与其所任职公司、企业同类的营业，获取非法利益。

六、非法经营同类营业罪的认定

认定非法经营同类营业罪，需要注意其与贪污罪的区别。

例如，董某为某国有造纸公司A公司的总经理，任职期间以其岳母的

---

① 参见北京市第一中级人民法院（2016）京01刑终657号刑事裁定书，来源于北大法宝网，http://www.pkulaw.cn/case/pfnl_a25051f3312b07f3d663c25073e1b1c64632ebecfbcbc7b8bdfb.html. 最后访问时间：2018年3月12日。

名义设立了某纸业有限公司B公司，从事纸品销售业务。董某以B公司的名义从其他单位购进纸张和木浆后，销售给上海某建材有限公司、上海某工贸有限公司等，非法获取利润3万余元。后董某又以A公司的名义与上海某印刷有限公司等业务单位商定纸张销售业务并确定了价格，董某先以低于以上确定的价格将A公司的纸张销售给B公司，B公司加价后在转售给上述企业，非法获取利润10.8余万元。之后，董某在A公司向其他公司购买总标的为146.6万元的纸浆的业务活动中，以B公司的名义购进上述纸浆后，又以153.9万元转售给A公司，非法获取利润7万余元。最终人民法院认定董某构成非法经营同类营业罪。①

我们认为，法院的上述判决是值得商榷的。非法经营同类营业罪在犯罪主体、犯罪主观方面，犯罪客体、犯罪客观方面等都有所不同②，非法经营同类营业罪与贪污罪在绝大多数情况下并不难以区分。容易混淆的是在纵向链接竞争关系中，非法经营同类营业行为与增设交易环节，截留国有资产的贪污行为非常相似，如何区分往往比较困难。有学者提出可以从增设的中间环节是否客观存在、增设的中间环节是否具有经营能力、增设的中间环节是否进行了实际经营活动并承担一定的经营责任风险、所获取的购销差价是否合理③几个方面进行判断，这种判断方法是合理的。总结来说，区分两罪的关键在于非法利益的获取究竟是否来自“经营”。如果行为人是通过经营而获得的利益，其篡夺的是国有企业、公司的商业机会，而商业机会并不必然意味着

---

① 参见徐志伟主编:《破坏社会主义市场秩序罪》，中国民主法制出版社2015年版，第148—149页。

② 1.犯罪主体的范围不同。非法经营同类营业罪的主体是国有公司、企业的董事、经理；贪污罪的主体是国家工作人员，其范围要广于前者。2.犯罪主观方面不同。非法经营同类营业罪的行为人是为了牟取非法经济利益，但其排除行为人取得公共财物所有权的故意；贪污罪的行为人的目的是永久占有公共财物，旨在侵犯公共财物的所有权。3.犯罪客体不同。非法经营同类营业罪所侵犯的客体主要是国有公司、企业的管理秩序和国家的经济利益，但是不包括国有公司、企业的财产所有权；贪污罪侵犯的客体是公共财产的所有权。4.犯罪客观方面不同。非法经营同类营业罪在客观方面的表现是行为人利用职务上的便利，自己经营或者为他人经营与所任职公司、企业同类的营业；贪污罪在客观方面表现为侵吞、窃取、骗取或者以其他手段非法占有公共财物的行为。参见吴冠华、林锦:《此案构成贪污罪还是非法经营同类营业罪》，载《人民检察》2004年第6期。

③ 参见罗开卷:《论非法经营同类营业罪的认定及其与近似犯罪的界限》，载《政治与法律》2009年第5期。

利益，仍然有亏损的风险和可能，这就与贪污行为中直接截取国有财产的行为有本质区别。

上述案例中，董某以B公司的名义购买纸张和木浆，销售给其他公司，是属于经营同类营业的行为。而之后以A公司名义开展，以B公司的业务作为中间环节的一系列行为，已经不属于正常的经营行为，而是人为额外增设的交易环节，应当认定为是贪污行为，而不是非法经营同类营业行为。

第三节　为亲友非法牟利罪的犯罪构成

一、为亲友非法牟利罪的概念

为亲友非法牟利罪是指国有公司、企业、事业单位的工作人员，利用职务便利，将本单位的盈利业务交由自己的亲友进行经营，或以明显高于市场的价格向自己的亲友经营管理的单位采购商品或者以明显低于市场的价格向自己的亲友经营管理的单位销售商品，或向自己的亲友经营管理的单位采购不合格商品，使国家利益遭受重大损失的犯罪。

二、为亲友非法牟利罪的客体

该罪的客体为国有公司、企业、事业单位的正常管理活动和合法利益以及国有公司、企业、事业单位工作人员职务活动的正当性、廉洁性。

三、为亲友非法牟利罪的客观方面

该罪的客观方面表现为利用职务便利为亲友非法牟利，使国家利益遭受重大损失的行为。

1.“亲友”的认定

“亲友”包括亲属和朋友两个概念，亲属概念相对容易界定，而朋友的范围则难以在规则上进行明确规定。为此，对于为亲友非法牟利罪中的“亲友”，尤其是“友”，如何认定，学界有不同的观点，主要有以下几种代表性的观点：一是“他人说”。这种观点认为，刑法中规定“亲友”是不妥当的，应该为他人；行为人将本单位的盈利业务交给任何他人经营，均违背了职责，都侵害了国家利益，因此只要行为人与第三人有一定的联系，均可以认为是“亲友”，不应将“亲友”与他人作过于严格的区分。二是“密切联系说”。这种观点认为，所谓“亲友”是与行为人具有密切联系的人，非与行为人具有密切关系的人，不应该视其为“亲友”。其理由是，为亲友非法牟利罪的犯罪客体是国有公司、企业、事业单位工作人员职务活动的廉洁性和国家对国有公司、企业、事业单位的管理制度。刑法惩治为亲友非法牟利行为的原因不仅是行为人违反了国家对国有公司、企业、事业单位的管理制度，更重要的是行为人亵渎了国家工作人员职务活动的廉洁性而实施为亲友非法牟利行为，既然刑法着重处罚行为人不廉洁从业的行为，那么这里的亲友当然应该是指具有密切关系的人。三是“宽窄适中说”。这种观点认为，司法实践中应本着宽窄适中的原则掌握，既不可仅限于直系亲属、三代以内的旁系亲属，长期交往的朋友这些范围，但又不可过于宽泛，将那些与行为人仅有一面之交的人都划于亲友圈内，会扩大打击面。四是“一定关系说”。这种观点认为，只要行为人明知是本单位的盈利业务，而利用职务便利交给其他人经营，与他人有一定关系，意在使对方获取利益，就可以认定是“交由自己的亲友经营”。四是“朋友关系推定说”。这种观点认为，朋友中判断是否有交情，不应该以彼此平时来往多少为标准，只要行为人将本单位的盈利业务交由对方经营，而对方又不是行为人的亲属，也不是行为人的恋爱对象，那么就可以认定对方与行为人有交情，是行为人的朋友。①

上述观点可以分为两类，一类是主张坚持“亲友”的构成要件地位，另一类是主张淡化“亲友”的构成要件地位。上述“密切联系说”“宽窄适中说”都坚持“亲友”这一概念在认定为亲友非法牟利罪中的作用，避免打击的范围过于宽泛。而“他人说”“一定关系说”“朋友关系推定说”实际上淡化了“亲友”的限定作用，只要行为人实施了为第三人牟利的行为，该第三人与行为人的关系则不是考察的重点。

我们认为，应当坚持对“亲友”的事前认定和考察，而不是淡化这一概念的限定作用。理由是，为亲友非法牟利罪，并不仅仅只是损害了国家财产和国家利益，其行为方式有着明显的“损公肥私”性质，而这种“损公肥私”

① 参见吴平:《为亲友非法牟利罪中的“亲友”如何界定》，载《人民检察》2006年第9期。

的性质只有在行为人与获得利益方之间有着亲属或朋友的关系时才能体现出来。如果获得利益方是任意的第三人，则会导致该罪失去存在的价值和意义，因为行为人将本单位的盈利业务交由他人进行经营，或以明显高于市场的价格向自己的他人经营管理的单位采购商品或者以明显低于市场的价格向他人经营管理的单位销售商品，或向他人经营管理的单位采购不合格商品，使国家利益遭受重大损失，很有可能只是行为人的工作失误，而这应当由签订、履行合同失职被骗罪，国有公司、企业、事业单位人员失职罪等进行调整。行为人为自己的亲友牟利，实际上也是间接为自己牟利，而这一内容只有通过坚持“亲友”在认定犯罪中的作用，才能保证其得到了完全的评价。

2.“非法牟利”的理解

“非法牟利”具体包括三种形式，一是将本单位的盈利业务交由自己的亲友进行经营。需要注意的是，将本单位的盈利业务交由自己的亲友进行经营，既包括私下私自进行，也包括通过决策程序的公开进行。但正常的市场经营中的业务合作等不在此列。二是以明显高于市场的价格向自己的亲友经营管理的单位采购商品或者以明显低于市场的价格向自己的亲友经营管理的单位销售商品。其中，何为“明显高于”，何为“明显低于”，需要结合案件的实际情况进行认定。三是向自己的亲友经营管理的单位采购不合格商品。

3.“遭受重大损失”的认定

根据最高人民检察院、公安部2010年5月7日印发的最高人民检察院、公安部《关于公安机关管辖的刑事案件立案追诉标准的规定（二）》第13条，国有公司、企业、事业单位的工作人员，利用职务便利，为亲友非法牟利，涉嫌下列情形之一的，应予立案追诉：（1）造成国家直接经济损失数额在十万元以上的；（2）使其亲友非法获利数额在二十万元以上的；（3）造成有关单位破产，停业、停产六个月以上，或者被吊销许可证和营业执照、责令关闭、撤销、解散的；（4）其他致使国家利益遭受重大损失的情形。上述几种情形即为“遭受重大损失”的法定情形。

四、为亲友非法牟利罪的主体

为亲友非法牟利罪的主体为国有公司、企业、事业单位的工作人员。

有学者认为，为亲友非法牟利罪的主体应当是国有公司、企业、事业单位中从事公务的人员，国有公司、企业、事业单位中从事劳务的人员不能成为本罪的主体。[①]我们认为将为亲友非法牟利罪的主体限定在国有公司、企业、事业单位中从事公务的人员，会导致该罪主体不清的问题。事实上，要将“劳务”与“公务”截然分开也是十分困难的，而在立法没有规定为亲友非法牟利罪的主体必须是从事公务的人员时，强行解释出这一限制性规定，无疑也会不当限缩为亲友非法牟利罪的范围。为此，只要可以利用职务便利，将本单位的盈利业务交由自己的亲友进行经营，或以明显高于市场的价格向自己的亲友经营管理的单位采购商品或以明显低于市场的价格向自己的亲友经营管理的单位销售商品，或向自己的亲友经营管理的单位采购不合格商品的国有公司、企业、事业单位的工作人员都是本罪的主体，而无须先进行该工作人员从事的是公务还是劳务的判断。

五、为亲友非法牟利罪的主观方面

为亲友非法牟利罪的主观方面为故意，包括直接故意与间接故意。即行为人明知自己的行为是职务行为；明知交亲友经营的是盈利的业务；明知向亲友经营管理的单位采购的商品价格明显高于市场价格或销售的商品价格明显低于市场价格；明知向亲友经营管理的单位采购的是不合格商品，这种明知包括确定知道，也包括可能知道。例如，行为人根据自己对市场价格、交易情况等的经验，推断其亲属向其单位销售的商品为不合格商品，但出于对亲属的照顾仍然大量采购了此种商品，放任了给国家造成损失的结果。

六、为亲友非法牟利罪的认定

行为人利用职务便利，以向亲友经营管理的单位采购的商品价格明显高于市场价格或销售的商品价格明显低于市场价格的方式牟利时，也有可能涉嫌贪污犯罪，为此，有必要区分为亲友非法牟利罪与贪污罪。例如，A 与 B 为情人关系，A 为某国有企业的购销部经理，B 开办了一家个人公司。A 利用职务上的便利，向 B 公司高价购买商品。该商品的市场价格为 100 万元，A 以 130 万元的价格采购，为 B 非法获利 30 万元。此时 A 的行为究竟是为亲友

① 李希慧:《论为亲友非法牟利罪》，载《河南省政法管理干部学院学报》2001 年第 5 期。

非法牟利行为，还是通过为亲友牟利经营这一方式掩盖了的贪污行为呢?

我们认为，利用职务便利，以向亲友经营管理的单位采购的商品价格明显高于市场价格或销售的商品价格明显低于市场价格方式，为亲友非法牟利行为，与贪污行为的区分关键在于利益的最终归属判断。如果该利益最终归属于亲友经营管理的单位，应当属于为亲友非法牟利行为。如果该利益最终归属于行为人，如上述案例中B在获取30万元后，将这30万元转交给A，则属于贪污行为。而当该利益归属于行为人的亲友个人，如亲友的企业为一人公司，或个体经营的，还是应当属于为亲友非法牟利行为。

需要注意的是，亲友经营管理的单位应当是实质事先存在、独立经营的单位，如果是为了谋取利益而临时成立的公司，甚至是虚假的空壳公司，则不应当认定为为亲友非法牟利罪，而是贪污罪。

第四节 徇私舞弊低价折股、出售国有资产罪的犯罪构成

一、徇私舞弊低价折股、出售国有资产罪的概念

徇私舞弊低价折股、出售国有资产罪是指国有公司、企业或者其上级主管部门直接负责的主管人员，徇私舞弊，将国有资产低价折股或者低价出售，致使国家利益遭受重大损失的犯罪。

二、徇私舞弊低价折股、出售国有资产罪的客体

本罪侵犯的客体是国有公司、企业的管理制度以及国家对国有资产的所有权。

三、徇私舞弊低价折股、出售国有资产罪的客观方面

徇私舞弊低价折股、出售国有资产罪的客观方面表现为徇私舞弊，将国有资产低价折股或者低价出售，致使国家利益遭受重大损失的行为。其具体行为方式则多种多样。有的是在合资、合营股份制改革过程中，对国有资产不进行评估。或者虽进行资产评估，但背离所评估资产的价值低价折股，有的则低估实物资产；有的国有资产未按照重置价格折股，未计算增值部分，只

是按账面原值折股；有的对公司企业的商标、信誉等无形资产未计入国家股；有的不经主管部门批准，不经评估组织作价，擅自将属于企业的土地、厂房低价卖给小团体或私营业主，从中收取回扣，等等，致使国有资产大量流失，给国家利益造成重大损害。

例如，在某国有粉冶公司增资扩股工作中，主管负责人为了促成粉冶公司增资扩股成功，同时也能让粉冶公司及下属公司高管、技术团队到时能以低廉的价格从社会投资人手中回购股票，待粉冶公司上市后获取巨额利益，在未告知粉冶公司其他高管的情形下，通过低评、漏评、少评资产、股权，虚增债务的方式，将粉冶公司资产评估到每股 3.5 元或 3.6 元以下，以满足社会投资人对股价的要求，而粉冶公司资产评估的正常价格为每股 4 元。后经过鉴定，在粉冶公司增资扩股中造成国家利益损失 2.105716 亿元。[①]

此外，根据最高人民法院、最高人民检察院 2010 年 11 月 26 日发布的《关于办理国家出资企业中职务犯罪案件具体应用法律若干问题的意见》，国家出资企业中的国家工作人员在公司、企业改制或者国有资产处置过程中徇私舞弊，将国有资产低价折股或者低价出售给其本人未持有股份的公司、企业或者其他个人，致使国家利益遭受重大损失的，依照《刑法》第 169 条的规定，以徇私舞弊低价折股、出售国有资产罪定罪处罚。

对于“致使国家利益遭受重大损失”的认定，最高人民检察院、公安部 2010 年 5 月 7 日发布的最高人民检察院、公安部《关于公安机关管辖的刑事案件立案追诉标准的规定（二）》中明确为：造成国家直接经济损失数额在 30 万元以上的；或造成有关单位破产，停业、停产 6 个月以上，或者被吊销许可证和营业执照、责令关闭、撤销、解散的；以及其他致使国家利益遭受重大损失的情形。

四、徇私舞弊低价折股、出售国有资产罪的主体

徇私舞弊低价折股、出售国有资产罪的主体为国有公司、企业或者其上

① 参见湖南省长沙市中级人民法院（2014）长中刑二终字第 00812 号刑事判决书，来源于北大法宝网，http://www.pkulaw.cn/case/pfnl_a25051f3312b07f32d5a274419d2be1ee7957b076d7f20babdfb.html. 最后访问时间：2018 年 3 月 14 日。

级主管部门直接负责的主管人员。具体包括两类，一是国有公司、企业直接负责的主管人员，一是国有公司、企业的上级主管部门直接负责的主管人员，这些主体都有处置国有资产的权限。

有学者认为现行刑法规定的主体范围过于狭窄，占有国有资产产权的主体还包括其他国家机关及其所属事业单位、政党、人民团体等，为此应当“修正对本罪的主体的规定，在现有基础上，增加‘其他占有国有资产产权主体’，亦可构成徇私舞弊低价折股、出售国有资产罪的内容，以确使侵犯国有资产的犯罪行为得到应有的惩罚”。[①]

我们认为徇私舞弊低价折股、出售国有资产罪的主体不宜太宽。因为该罪位于破坏社会主义市场经济秩序罪一章，妨害对公司、企业的管理秩序罪一节，为此，该罪中所指的国有资产并不是泛指所有的国有资产，而是处于市场经营中的国有资产，即国有公司、企业占有、经营下的国有资产。而对于其他国家机关及其所属事业单位、政党、人民团体等占有的国有资产，可由其他规范进行调整。例如，某国家机关单位的主管人员低价处置本单位的国有资产，造成国家资产流失的，数额较大时可按照玩忽职守罪进行处理，如果数额并未达到入罪标准，则应当由党纪、政纪处理。

五、徇私舞弊低价折股、出售国有资产罪的主观方面

该罪的主观方面为直接故意，即行为主体明知对国有资产折股、出售的价格过低，致使国有资产大量流失，国家利益遭受严重损害。却为了徇私情而坚持将国有资产以远远偏离其正常评估的价格予以处置。此外，行为人必须具有“徇私”的主观目的，如果不具有这一主观目的，则不能构成该罪。例如，在评估机构评估有误的情况下，国有公司、企业或者其上级主管部门直接负责的主管人员基于有误的评估报告出售国有资产时，不能认定为徇私舞弊低价折股、出售国有资产罪。

六、徇私舞弊低价折股、出售国有资产罪的认定

徇私舞弊低价折股、出售国有资产罪的认定中，要注意其与为亲友非法

---

① 曾月英:《徇私舞弊低价折股、出售国有资产罪刍议》，载《当代法学》1999 年第 5 期。

牟利罪，以及其与贪污罪的区别。

徇私舞弊低价折股、出售国有资产罪与为亲友非法牟利罪都因为徇私舞弊造成了国有资产的流失，二者的犯罪主体、主观方面、侵犯的客体也十分近似。二者主要的区别在于客观方面的不同：前者是将国有资产低价折股或者低价出售，后者是将本单位的盈利业务交由自己的亲友进行经营或以明显高于市场的价格向自己的亲友经营管理的单位采购商品，或者以明显低于市场的价格向自己的亲友经营管理的单位销售商品，或向自己的亲友经营管理的单位采购不合格商品。

徇私舞弊低价折股、出售国有资产罪与贪污罪的区别主要在于前者的行为人是将国有资产低价折股、出售给他人，由他人占有；后者的行为人是将公款（包括国有资产）化公为私，由自己占有。

例如，张某为国有彩色印刷厂的厂长，其违规隐瞒该厂 2001 年 12 月 31 日前销售给 11 家业务单位的经营收入计人民币 307018.57 元，而转入下年度开票收取，至 2002 年 4 月全发厂改制时，未按规定要求将该部分经营收入列入资产登记和评估范围。2002 年 4 月 16 日张某签订改制合同后，以其夫妻共同投资设立的彩印公司名义从四家业务单位共实际收取应收款人民币 157804.81 元。检察机关以贪污罪提起公诉。张某辩称漏审的国有资产系被改制后的彩印公司非法占有，而非被张某非法占有，应当构成的是徇私舞弊低价折股、出售国有资产罪。法院认为，由于是张某夫妻共同出资设立了彩印公司，依我国婚姻法关于夫妻财产界定的规定，彩印公司的财产就等于是其夫妻共同所有的财产。由此说明，张某隐匿的国有资产，从表面形式上看是由彩印公司非法占有，但实质上是由上诉人非法占有。故其辩护理由不能成立。法院的意见是合理的。

第五节　巨额财产来源不明罪

一、巨额财产来源不明罪的概念

巨额财产来源不明罪、隐瞒境外存款罪在惩治贪污贿赂犯罪中发挥着堵塞漏洞的兜底性作用。

巨额财产来源不明罪是指国家工作人员的财产、支出明显超出合法收入，差额巨大，而又不能说明其合法来源的行为。

二、巨额财产来源不明罪的客体

该罪的客体为国家工作人员职务的廉洁性。

三、巨额财产来源不明罪的客观方面

该罪的客观方面表现为国家工作人员的财产、支出明显超出合法收入，差额巨大，而又不能说明其合法来源。根据最高人民法院 2003 年印发的《全国法院审理经济犯罪案件工作座谈会纪要》，行为人不能说明巨额财产来源合法，主要包括四种情况：一是行为人拒不说明财产来源；二是行为人无法说明财产的具体来源；三是行为人所说的财产来源经司法机关查证并不属实；四是行为人所说的财产来源因线索不具体等原因，司法机关无法查实，但能排除存在来源合法的可能性和合理性的。根据 1999 年 9 月 16 日最高人民检察院发布的《关于人民检察院直接受理立案侦查案件立案标准的规定（试行）》，涉嫌巨额财产来源不明，数额在 30 万元以上的，应予立案。

四、巨额财产来源不明罪主体

该罪的主体为国家工作人员。

五、巨额财产来源不明罪的主观方面

该罪的主观方面为故意。

第六节　隐瞒境外存款罪的犯罪构成

一、隐瞒境外存款罪的概念

隐瞒境外存款罪是指国家工作人员在境外的存款，应当依照国家规定申报，而隐瞒不报，数额较大的行为。

二、隐瞒境外存款罪的客体

本罪侵犯的客体是复杂客体，即国家的廉政制度和国家的外汇管理制度。

三、隐瞒境外存款罪的客观方面

本罪在客观方面表现为国家工作人员在境外依照国家规定应当申报而隐瞒不报，且数额较大的行为。根据1999年9月16日最高人民检察院发布的《关于人民检察院直接受理立案侦查案件立案标准的规定（试行）》，涉嫌隐瞒境外存款，折合人民币数额在30万元以上的，应予立案。

四、隐瞒境外存款罪的主体

本罪的主体是特殊主体，即只能由国家工作人员构成。

五、隐瞒境外存款罪的主观方面

本罪在主观上是故意，即行为人明知自己的境外存款应当申报而故意隐瞒不报。

第四章　滥用职权型职务犯罪

吏治，自古以来就是国家管理的重点，也是社会治理的难点所在。所谓“天下难治，人皆以为民难治也；不知难治者，非民也，官也”[①]。国家工作人员是否依法履行职务，关系着国家、社会各项事务能否正常运转，也关乎人民能否安居乐业。为此，对于国家工作人员滥用职权，给国家和人民利益造成重大损失的，刑法明确规定为犯罪，予以打击。

滥用职权型职务犯罪，主要是指那些故意违法使用职权或应当使用而违法不使用职权，情节严重或导致重大损失的职务犯罪。滥用职权型职务罪包括一般滥用职权罪；特殊滥用职权罪，如国有公司、企业、事业单位人员滥用职权罪，故意泄露国家秘密罪，执行判决、裁定滥用职权罪，私放在押人员罪，滥用管理公司、证券职权罪，违法发放林木采伐许可证罪，非法批准征用、占用土地罪，非法低价出让国有土地使用权罪，食品监管渎职职权罪，放纵走私罪，办理偷越国（边）境人员出入境证件罪，放行偷越国（边）境人员罪，不解救被拐卖、绑架妇女、儿童罪，阻碍解救被拐卖、绑架妇女、儿童罪，帮助犯罪分子逃避处罚罪等。此外，国家机关工作人员利用职权实施的侵犯公民人身、民主权利的犯罪，与国家工作人员的职权有密切的关联性，严重妨害了国家机关正常管理活动，本书也将其归入滥用职权型职务犯罪的范畴中。

---

① （清）唐甄:《潜书·柅政》。

第一节　一般滥用职权罪的犯罪构成

一、滥用职权罪的概念

滥用职权罪，是指国家机关工作人员超越职权，违法决定、处理其无权决定、处理的事项，或者违反规定处理公务，致使公共财产、国家和人民利益遭受重大损失的行为。

二、滥用职权罪的客体

滥用职权罪的犯罪客体为国家机关的正常管理活动，即各级国家机关对经济、文化等社会生活各个领域所进行的各种管理活动，如工商行政管理部门的市场管理活动、财政部门的预算执行活动等。

三、滥用职权罪的客观方面

犯罪的客观方面表现为超越职权，违法决定、处理其无权决定、处理的事项，或者违反规定处理公务，并使公共财产、国家和人民利益遭受重大损失。具体而言，对本罪客观方面可以从两个方面来理解：

第一，行为人有滥用职权的行为，主要包括两种情况：一是行为人超越职权，违法决定、处理其无权决定、处理的事项。例如，公安机关参与工商行政管理，扣押他人的营业执照；工商行政管理部门超越注册登记权限，为他人登记，颁发营业执照。二是行为人违反规定处理公务，即采取不恰当的手段执行公务。例如，质检部门依法应该对货物进行检查，一般抽样检查即可，但工作人员却强制全面检查，浪费人力物力。至于"滥用职权"行为能否被理解为"以不正当目的实施的职务行为"[①]，我们认为，"滥用职权"是客观方面的问题，而是否有"不正当目的"是主观方面的问题，不宜作为评价客观行为要件的依据。[②]关于滥用职权行为是否包括不作为，司法解释中

① 张明楷：《刑法学》（第二版），法律出版社2003年版，第940页。

② 参见蒋小燕、王安异：《渎职罪比较研究》，中国人民公安大学出版社2004年版，第185页。

并没有涉及，从理论上看，对于国家工作人员明知可能会出现重大损失，当为而不为，致使公共财产、国家和人民利益遭受重大损失的，也应属于“违反规定处理公务”的行为。因此，滥用职权也应该包括不作为。这里要注意不作为的滥用职权与玩忽职守的区别。对于国家机关工作人员超越职权，违法发放石油、天然气勘查、开采、加工、经营许可证、林木采伐许可证等，批准、验收通过不符合矿山法定安全生产条件的事项等，都属于滥用职权行为。

第二，行为人滥用职权行为使公共财产、国家和人民利益遭受重大损失。根据最高人民检察院 2006 年 7 月 26 日发布的《关于渎职侵权犯罪案件立案标准的规定》(以下简称《立案标准》)，下列情形属于致使公共财产、国家和人民利益遭受重大损失：1. 造成死亡 1 人以上，或者重伤 2 人以上，或者重伤 1 人、轻伤 3 人以上，或者轻伤 5 人以上的；2. 导致 10 人以上严重中毒的；3. 造成个人财产直接经济损失 10 万元以上，或者直接经济损失不满 10 万元，但间接经济损失 50 万元以上的；4. 造成公共财产或者法人、其他组织财产直接经济损失 20 万元以上，或者直接经济损失不满 20 万元，但间接经济损失 100 万元以上的；5. 虽未达到 3、4 两项数额标准，但 3、4 两项合计直接经济损失 20 万元以上，或者合计直接经济损失不满 20 万元，但合计间接经济损失 100 万元以上的；6. 造成公司、企业等单位停业、停产 6 个月以上，或者破产的；7. 弄虚作假，不报、缓报、谎报或者授意、指使、强令他人不报、缓报、谎报情况，导致重特大事故危害结果继续、扩大，或者致使抢救、调查、处理工作延误的；8. 严重损害国家声誉，或者造成恶劣社会影响的；9. 其他致使公共财产、国家和人民利益遭受重大损失的情形。

需要注意的是，其中“直接经济损失”指的是与行为有直接因果关系而造成的财产损毁、减少的实际价值；“间接经济损失”，是指由直接经济损失引起和牵连的其他损失，包括失去的在正常情况下可以获得的利益和为恢复正常的管理活动或者挽回所造成的损失所支付的各种开支、费用等。直接经济损失和间接经济损失，是指立案时确已造成的经济损失。移送审查起诉前，犯罪嫌疑人及其亲友自行挽回的经济损失，以及由司法机关或者犯罪嫌疑人所在单位及其上级主管部门挽回的经济损失，不予扣减，但可作为对犯罪嫌疑人从轻处理的情节考虑。

四、滥用职权罪的主体

犯罪的主体为特殊主体，即只有具备国家机关工作人员身份的人，才能构成滥用职权罪。国家机关工作人员包括：在依照法律、法规规定行使国家行政管理职权的组织中从事公务的人员，或者在受国家机关委托代表国家机关行使职权的组织中从事公务的人员，或者虽未列入国家机关人员编制但在国家机关中从事公务的人员等。国家机关工作人员“是指在国家机关中从事公务的人员，包括在各级国家权力机关、行政机关、司法机关和军事机关中从事公务的人员。在依照法律、法规规定行使国家行政管理职权的组织中从事公务的人员，或者在受国家机关委托代表国家行使职权的组织中从事公务的人员，或者虽未列入国家机关人员编制但在国家机关中从事公务的人员，在代表国家机关行使职权时，视为国家机关工作人员。在乡（镇）以上中国共产党机关、人民政协机关中从事公务的人员，视为国家机关工作人员”。

五、滥用职权罪的主观方面

犯罪的主观要件为故意，即行为人明知滥用职权行为会侵犯国家机关正常管理活动，仍然希望或放任该危害的发生。对公共财产、国家和人民利益遭受“重大损失”之结果，行为人至少有预见的可能性，否则不承担责任。

六、滥用职权罪的认定

（一）滥用职权罪与非罪的界限

滥用职权罪与一般滥用职权行为的区别主要在于是否致使公共财产、国家和人民利益遭受重大损失。这种重大损失并不限于直接经济损失。滥用职权造成重大损失的，构成滥用职权罪；未造成重大损失的，则属于一般的滥用职权行为。

（二）滥用职权罪与其他滥用职权型犯罪的界限

《刑法》分则第九章所规定的滥用职权型犯罪还有执行判决、裁定滥用职权罪，私放在押人员罪，滥用管理公司、证券职权罪，违法发放林木采伐许可证罪，非法批准征用、占用土地罪等。滥用职权罪与这些犯罪是普通法条与特别法条的关系。当滥用职权行为同时触犯滥用职权罪和其他相关条款的规定时，应当按照特别法优于一般法的原则，以其他特别的滥用职权罪定罪处罚。只有在滥用职权行为不构成特别的滥用职权犯罪，而仅触犯普通法条时，才能以普通的滥用职权罪处罚。

第二节　特殊滥用职权罪的犯罪构成

一、国有公司、企业、事业单位人员滥用职权罪的犯罪构成

（一）国有公司、企业、事业单位人员滥用职权罪的概念

国有公司、企业、事业单位人员滥用职权罪指的是国有公司、企业的工作人员，由于滥用职权，造成国有公司、企业破产或者严重损失，致使国家利益遭受重大损失的行为。

（二）国有公司、企业、事业单位人员滥用职权罪的客体

本罪的客体为国有公司、企业、事业单位的正常活动和国家利益。

（三）国有公司、企业、事业单位人员滥用职权罪的客观方面

本罪的客观方面表现为滥用职权，造成国有公司、企业破产或者严重损失，致使国家利益遭受重大损失的行为。

根据最高人民检察院、公安部2010年5月7日印发的最高人民检察院、公安部《关于公安机关管辖的刑事案件立案追诉标准的规定（二）》，“遭受重大损失”主要是指：1. 造成国家直接经济损失数额在30万元以上的；2. 造成有关单位破产，停业、停产6个月以上，或者被吊销许可证和营业执照、责令关闭、撤销、解散的；3. 其他致使国家利益遭受重大损失的情形。

（四）国有公司、企业、事业单位人员滥用职权罪的主体

本罪的主体为国有公司、企业、事业单位的工作人员。需要注意的是，本罪的主体并不要求是在国有公司、企业、事业单位中担任领导职务或者具

有主要负责人地位的人员，只要是国有公司、企业、事业单位的工作人员即可构成本罪。

（五）国有公司、企业、事业单位人员滥用职权罪的主观方面

本罪的主观方面为故意。

二、故意泄露国家秘密罪的犯罪构成

（一）故意泄露国家秘密罪的概念

故意泄露国家秘密罪，是指国家机关工作人员或者非国家机关工作人员违反保守国家秘密法，故意使国家秘密被不应知悉者知悉，或者故意使国家秘密超出了限定的接触范围，情节严重的行为。

（二）故意泄露国家秘密罪的客体

犯罪客体为国家的保密制度。我国的保守国家秘密制度是由以《保守国家秘密法》为核心的系列法律法规所构建的一整套国家保密制度，如《保守国家秘密法实施办法》《国家秘密技术出口审查规定》等，旨在保护我国的政治、经济、国防、科学技术安全，保护我国的国计民生和公共利益。泄露国家秘密，则会带来一系列的相关危害。

（三）故意泄露国家秘密罪的客观方面

犯罪的客观方面表现为违反保守国家秘密法，使国家秘密被不应知悉者知悉，或者使国家秘密超出了限定的接触范围，情节严重。泄露国家秘密的行为，是指把自己所掌握或知悉的国家秘密让不应知悉的人知悉，或者使国家秘密超出了限定的接触范围。泄露的方式多种多样，可以是公开的，也可以是秘密的；可以是口头泄露，也可以是通过行为泄露。

本罪的对象要件为国家秘密。根据保守国家秘密法的规定，国家秘密是指关系国家的安全和利益，依照法定程序确定，在一定时间内只限定在某个范围内的人员所知悉的事项，包括国家事务重大决策中的秘密事项、国防建设和武装力量活动中的秘密事项、外交和外事活动中的秘密事项、国民经济

和社会发展中的秘密事项、科学技术的秘密事项、维护国家安全活动和追查刑事犯罪中的秘密事项等。

泄露国家秘密，情节严重的，才构成犯罪。根据《立案标准》下列情形属于情节严重：1. 泄露绝密级国家秘密 1 项（件）以上的；2. 泄露机密级国家秘密 2 项（件）以上的；3. 泄露秘密级国家秘密 3 项（件）以上的；4. 向非境外机构、组织、人员泄露国家秘密，造成或者可能造成危害社会稳定、经济发展、国防安全或者其他严重危害后果的；5. 通过口头、书面或者网络等方式向公众散布、传播国家秘密的；6. 利用职权指使或者强迫他人违反国家保守秘密法的规定泄露国家秘密的；7. 以牟取私利为目的泄露国家秘密的；8. 其他情节严重的情形。

（四）故意泄露国家秘密罪的主体

本罪的主体主要为国家机关工作人员，非国家机关工作人员也可构成本罪。

（五）故意泄露国家秘密罪的主观方面

犯罪的主观方面为故意，即行为人明知是国家秘密而加以泄露的心理态度。行为人如果出于危害国家安全的目的，而故意将国家秘密提供给境外机构、组织或人员的，应以《刑法》第 111 条规定的为境外窃取、刺探、收买、非法提供国家秘密、情报罪处罚。

过失泄露国家秘密的，另行构成过失泄露国家秘密罪。

（六）故意泄露国家秘密罪的认定

1. 本罪与为境外窃取、刺探、收买、非法提供国家秘密、情报罪的区别

上述两罪的区别主要在于：（1）犯罪客体不同，前者侵犯的客体为国家的保密制度，后者侵犯的客体为国家安全；（2）客观构成要件不同，前者不需要特定泄露对象，要求以情节严重为构成要件，而后者则需要为境外机构、组织和人员提供秘密，且不需要以情节严重为构成要件；（3）犯罪主体不同，前者主要是国家机关工作人员，而后者则是一般主体，只要其行为危害国家安全，就可以构成犯罪。

2. 本罪与非法获取国家秘密罪的区别

上述两罪的区别主要在于：(1)客观行为表现不同，前者表现为泄露行为，后者表现为窃取、刺探、收买行为；(2)犯罪主体不同，前者的主体是具有保密义务的人，主要是国家机关工作人员，而后者则为一般主体，不需要负有保密义务。

三、执行判决、裁定滥用职权罪的犯罪构成

(一) 执行判决、裁定滥用职权罪的概念

执行判决、裁定滥用职权罪，是《刑法修正案（四）》新增加的罪名，指司法工作人员在执行判决、裁定活动过程中，滥用职权，不依法采取诉讼保全措施、不履行法定执行职责，或者违法采取诉讼保全措施、强制执行措施，致使当事人或者其他人的利益遭受重大损失的行为。

(二) 执行判决、裁定滥用职权罪的客体

本罪的客体是司法程序，具体而言就是执行和裁定程序，即为了保障司法审判程序顺利进行和保障判决、裁定的顺利执行而规定的一系列诉讼保全程序和执行程序。

(三) 执行判决、裁定滥用职权罪的客观方面

本罪的客观方面是执行判决、裁定滥用职权的行为，致使当事人或者其他人的利益遭受重大损失。执行判决、裁定滥用职权行为表现为：在执行判决、裁定活动中，严重不负责任或者滥用职权，不依法采取诉讼保全措施、不履行法定执行职责，或者违法采取诉讼保全措施、强制执行措施。

根据《立案标准》，下列情形属于致使当事人或者其他人的利益遭受重大损失：1. 致使当事人或者其近亲属自杀、自残造成重伤、死亡，或者精神失常的；2. 造成个人财产直接经济损失 10 万元以上，或者直接经济损失不满 10 万元，但间接经济损失 50 万元以上的；3. 造成法人或者其他组织财产直接经济损失 20 万元以上，或者直接经济损失不满 20 万元，但间接经济损失 100 万元以上的；4. 造成公司、企业等单位停业、停产 6 个月以上，或者破产的；5. 其

他致使当事人或者其他人的利益遭受重大损失的情形。

需要注意的是，根据我国《民事诉讼法》第253条的规定，被执行人未按判决、裁定和其他法律文书指定的期间履行给付金钱义务的，应当加倍支付迟延履行期间的债务利息。如果因为行为人在执行判决、裁定活动中，严重不负责任或者滥用职权，不依法采取诉讼保全措施、不履行法定执行职责，或者违法采取诉讼保全措施、强制执行措施，造成迟延履行期间的债务利息无法追回的，应当属于间接损失而不是直接损失。理由是迟延履行期间的利息是由赔偿本金引起和牵连的损失，其不能独立存在，属于派生的经济利益，必须介入本金和时间等因素才会发生，且延迟履行期间的利息随着延迟履行期间的变化而变化，延迟履行时间越长，利息数额越大。

（四）执行判决、裁定滥用职权罪的主体

本罪的主体为司法工作人员，一般是负责诉讼保全、判决和裁定执行的司法工作人员，这类司法工作人员与一般的审判人员不同，具有一定的执行权和决定权。

（五）执行判决、裁定滥用职权罪的主观方面

本罪的主观方面为故意，即行为人明知其行为破坏了司法程序，而希望或放任破坏司法程序的心理态度；对给当事人或者其他人的利益造成重大损失之结果，行为人主观上至少有认识的可能性。

（六）执行判决、裁定滥用职权罪的罪数问题

根据《刑法》第399条第4款的规定，司法工作人员收受贿赂，有执行判决、裁定滥用职权行为的，同时又构成本法第385条规定之罪的，依照处罚较重的规定定罪处罚。也就是说，当行为人执行判决、裁定滥用职权的同时，又构成受贿犯罪的，从一重罪处罚。

四、私放在押人员罪的犯罪构成

（一）私放在押人员罪的概念

私放在押人员罪是指司法工作人员私放在押（包括在羁押场所和押解途中）的犯罪嫌疑人、被告人或者罪犯的行为。

（二）私放在押人员罪的客体

本罪的客体为国家监管机关的监管制度。国家监管机关包括监狱、看守所、拘留所、拘役所、少年犯管教所等，这些机关对罪犯或犯罪嫌疑人、被告人的监管，既是为了保障相关诉讼程序的顺利进行，也是为了防止这些人员继续实施犯罪。释放被关押的人员必须依照国家监管制度的相关法律法规进行，未经合法程序私放在押人员，是对国家监管机关的监管制度的侵犯。

（三）私放在押人员罪的客观方面

本罪客观方面表现为利用监管职务的便利，非法将在押的犯罪嫌疑人、被告人或罪犯放走。根据《立案标准》，涉嫌下列情形之一的，应予立案：1. 私自将在押的犯罪嫌疑人、被告人、罪犯放走，或者授意、指使、强迫他人将在押的犯罪嫌疑人、被告人、罪犯放走的；2. 伪造、变造有关法律文书、证明材料，以使在押的犯罪嫌疑人、被告人、罪犯逃跑或者被释放的；3. 为私放在押的犯罪嫌疑人、被告人、罪犯，故意向其通风报信、提供条件，致使该在押的犯罪嫌疑人、被告人、罪犯脱逃的；4. 其他私放在押的犯罪嫌疑人、被告人、罪犯应予追究刑事责任的情形。

（四）私放在押人员罪的主体

本罪主体为特殊主体，即司法工作人员，包括公安机关、国家安全机关、检察机关、审判机关、狱政管理机关的负责监管、看守工作的人员。执行监所看守任务的武警人员也可以成为本罪的主体。

（五）私放在押人员罪的主观方面

本罪主观方面只能为故意，即明知是在押的犯罪嫌疑人、被告人或罪犯，而希望或放任其脱逃的心理态度。过失不构成本罪。

五、滥用管理公司、证券职权罪的犯罪构成

（一）滥用管理公司、证券职权罪的概念

滥用管理公司、证券职权罪，是指工商行政管理、人民银行、证券管理

等国家有关主管部门的工作人员徇私舞弊，滥用职权，对不符合法律规定条件的公司设立、登记申请或者股票、债券发行、上市申请予以批准或者登记，致使公共财产、国家和人民利益遭受重大损失的行为，以及上级部门、当地政府强令登记机关及其工作人员实施上述行为的行为。

（二）滥用管理公司、证券职权罪的客体

本罪的客体为国家的公司与证券管理制度。

（三）滥用管理公司、证券职权罪的客观方面

本罪的客观方面表现为：徇私舞弊，滥用职权，对不符合法律规定条件的公司设立、登记申请或者股票、债券发行、上市申请予以批准或者登记，致使公共财产、国家和人民利益遭受重大损失的行为。具体包括以下五种情况：一是工商管理部门的工作人员对不符合法律规定条件的公司设立、登记申请，违法予以批准、登记，严重扰乱市场秩序的；二是金融证券管理机构工作人员对不符合法律规定条件的股票、债券发行、上市申请，违法予以批准，严重损害公众利益，或者严重扰乱金融秩序的；三是工商管理部门、金融证券管理机构的工作人员对不符合法律规定条件的公司设立、登记申请或者股票、债券发行、上市申请违法予以批准或者登记，致使犯罪行为得逞的；四是上级部门强令登记机关及其工作人员实施徇私舞弊，滥用职权，对不符合法律规定条件的公司设立、登记申请或者股票、债券发行、上市申请予以批准或者登记，致使公共财产、国家或者人民利益遭受重大损失的；五是其他致使公共财产、国家和人民利益遭受重大损失的情形。

本罪客观方面还要求其行为致使公共财产、国家和人民利益遭受重大损失。根据《立案标准》，下列情形属于致使公共财产、国家和人民利益遭受重大损失：1. 造成直接经济损失 50 万元以上的；2. 工商行政管理部门的工作人员对不符合法律规定条件的公司设立、登记申请，违法予以批准、登记，严重扰乱市场秩序的；3. 金融证券管理机构的工作人员对不符合法律规定条件的股票、债券发行、上市申请，违法予以批准，严重损害公众利益，或者严重扰乱金融秩序的；4. 工商行政管理部门、金融证券管理机构的工作人员对不符合法律规定条件的公司设立、登记申请或者股票、债券发行、上市申请违法

予以批准或者登记，致使犯罪行为得逞的；5. 上级部门、当地政府直接负责的主管人员强令登记机关及其工作人员，对不符合法律规定条件的公司设立、登记申请或者股票、债券发行、上市申请予以批准或者登记，致使公共财产、国家或者人民利益遭受重大损失的；6. 其他致使公共财产、国家和人民利益遭受重大损失的情形。

（四）滥用管理公司、证券职权罪的主体

本罪的主体为特殊主体，即工商行政管理、人民银行、证券管理等国家有关主管部门的工作人员，还包括上述部门的上级部门、当地政府的相关工作人员。

（五）滥用管理公司、证券职权罪的主观方面

本罪的主观方面为故意。

六、违法发放林木采伐许可证罪的犯罪构成

（一）违法发放林木采伐许可证罪的概念

违法发放林木采伐许可证罪，是指林业主管部门的工作人员违反森林法的规定，超过批准的年采伐限额发放林木采伐许可证或者违反规定滥发林木采伐许可证，情节严重，致使森林遭受严重破坏的行为。

（二）违法发放林木采伐许可证罪的客体

本罪的客体为国家林木采伐管理制度。

（三）违法发放林木采伐许可证罪的客观方面

本罪客观方面表现为违反森林法的规定，超过批准的年采伐限额发放林木采伐许可证或者违反规定滥发林木采伐许可证，情节严重，致使森林遭受严重破坏的行为。违法发放林木采伐许可证，只有情节严重、致使森林遭受严重破坏的，才构成本罪。

根据《立案标准》，下列情形属于致使森林遭受严重破坏：1. 发放林木采

伐许可证允许采伐数量累计超过批准的年采伐限额，导致林木被超限额采伐10立方米以上的；2. 滥发林木采伐许可证，导致林木被滥伐20立方米以上，或者导致幼树被滥伐1000株以上的；3. 滥发林木采伐许可证，导致防护林、特种用途林被滥伐5立方米以上，或者幼树被滥伐200株以上的；4. 滥发林木采伐许可证，导致珍贵树木或者国家重点保护的其他树木被滥伐的；5. 滥发林木采伐许可证，导致国家禁止采伐的林木被采伐的；6. 其他情节严重，致使森林遭受严重破坏的情形。

（四）违法发放林木采伐许可证罪的主体

本罪主体为特殊主体，即林业主管部门的工作人员。

（五）违法发放林木采伐许可证罪的主观方面

本罪主观上只能是故意，过失不构成本罪。

七、滥用食品安全监管职权罪的犯罪构成

（一）食品监管渎职罪的概念

食品监管渎职罪，是指负有食品安全监督管理职责的国家机关工作人员，违反食品安全管理法规，滥用职权，导致发生重大食品安全事故或者造成其他严重后果的行为。

（二）食品监管渎职罪的客体

本罪的客体为国家对食品安全的监督管理制度。

（三）食品监管渎职罪的客观方面

本罪的客观方面表现为违反食品安全管理法规，滥用职权，导致发生重大食品安全事故或者造成其他严重后果。

所谓违反食品安全管理法规，是指卫生行政、农业行政、质量监督、工商行政管理、食品药品监督管理部门或者其他有关行政部门不履行食品安全管理职责的行为，包括对食品安全风险监测和评估、食品安全标准、食品生

产经营、食品检验、食品进出口、食品安全事故处置等方面的监督管理工作。

本罪以"导致发生重大食品安全事故或者造成其他严重后果"为构成要件。这里所规定的"重大食品安全事故"，是指食物中毒、食源性疾病、食品污染等源于食品，对人体健康有危害或者可能有危害的重大事故。其中食物中毒，是指食用了被有毒有害物质污染的食品或者食用了含有毒有害物质的食品后出现的急性、亚急性疾病。食源性疾病，是指食品中致病因素进入人体引起的感染性、中毒性等疾病。"造成其他严重后果"，是指虽未发生重大食品安全事故，但由于食品安全监督管理方面的问题，造成其他严重后果的情形。

（四）食品监管渎职罪的主体

构成本罪的主体是负有食品安全监督管理职责的国家机关工作人员，主要包括在国务院和各级地方人民政府及卫生行政、农业行政、质量监督、工商行政管理、食品药品监督管理等部门负有食品安全监管职责的工作人员。

（五）食品监管渎职罪的主观方面

本罪的主观方面为故意。

八、办理偷越国（边）境人员出入境证件罪的犯罪构成

（一）办理偷越国（边）境人员出入境证件罪的概念

办理偷越国（边）境人员出入境证件罪，是指负责办理护照、签证以及其他出入境证件的国家机关工作人员对明知是企图偷越国（边）境的人员，予以办理出入境证件的行为。

（二）办理偷越国（边）境人员出入境证件罪的客体

本罪的客体为国家对国（边）境的管理秩序。

（三）办理偷越国（边）境人员出入境证件罪的客观方面

本罪的客观方面为对明知是企图偷越国（边）境的人员，予以办理出入

境证件的行为。

根据最高人民法院、最高人民检察院2012年12月12日发布的《关于办理妨害国（边）境管理刑事案件应用法律若干问题的解释》，“出入境证件”，包括护照或者代替护照使用的国际旅行证件，中华人民共和国海员证，中华人民共和国出入境通行证，中华人民共和国旅行证，中国公民往来香港、澳门、台湾地区证件，边境地区出入境通行证，签证、签注，出国（境）证明、名单，以及其他出入境时需要查验的资料。

偷越国（边）境指的是：没有出入境证件出入国（边）境或者逃避接受边防检查；使用伪造、变造、无效的出入境证件出入国（边）境；使用他人出入境证件出入国（边）境；使用以虚假的出入境事由、隐瞒真实身份、冒用他人身份证件等方式骗取的出入境证件出入国（边）境；采用其他方式非法出入国（边）境。

当国家机关工作人员明知他人企图偷越国（边）境，依然违反规定为其办理出入境证件，就可能构成本罪。

（四）办理偷越国（边）境人员出入境证件罪的主体

本罪的主体为特殊主体，即负责办理护照、签证以及其他出入境证件的国家机关工作人员。

（五）办理偷越国（边）境人员出入境证件罪的主观方面

本罪的主观方面为故意。

九、放行偷越国（边）境人员罪的犯罪构成

（一）放行偷越国（边）境人员罪的概念

放行偷越国（边）境人员罪，是指边防、海关等国家机关工作人员对明知是偷越国（边）境的人员予以放行的行为。

（二）放行偷越国（边）境人员罪的客体

本罪的客体为国家出入境管理制度。

（三）放行偷越国（边）境人员罪的客观方面

本罪的客观方面表现为对明知是偷越国（边）境的人员予以放行的行为。

（四）放行偷越国（边）境人员罪的主体

本罪的主体为特殊主体，即边防、海关等国家机关工作人员。

（五）放行偷越国（边）境人员罪的主观方面

本罪的主观方面为故意。

十、不解救被拐卖、绑架妇女、儿童罪的犯罪构成

（一）不解救被拐卖、绑架妇女、儿童罪的概念

不解救被拐卖、绑架妇女、儿童罪，是指对被拐卖、绑架的妇女、儿童负有解救职责的公安、司法等国家机关工作人员接到被拐卖、绑架的妇女、儿童及其家属的解救要求或者接到其他人的举报后，而对被拐卖、绑架的妇女、儿童不进行解救，造成严重后果的行为。

（二）不解救被拐卖、绑架妇女、儿童罪的客体

本罪的客体为复杂客体。既包括国家机关解救被拐卖、绑架妇女、儿童的正常秩序，也包括被拐卖、绑架妇女、儿童的人身权利。

（三）不解救被拐卖、绑架妇女、儿童罪的客观方面

本罪的客观方面表现为接到被拐卖、绑架的妇女、儿童及其家属的解救要求或者接到其他人的举报后，而对被拐卖、绑架的妇女、儿童不进行解救，造成严重后果的行为。

“不进行解救”指的是不采取任何解救措施，或者无故拖延解救工作。

构成不解救被拐卖、绑架妇女、儿童罪，必须造成“严重后果”。根据《立案标准》，以下情形属于造成“严重后果”：1. 导致被拐卖、绑架的妇女、儿童或者其家属重伤、死亡或者精神失常的；2. 导致被拐卖、绑架的妇女、儿童被

转移、隐匿、转卖，不能及时进行解救的；3. 对被拐卖、绑架的妇女、儿童不进行解救 3 人次以上的；4. 对被拐卖、绑架的妇女、儿童不进行解救，造成恶劣社会影响的；5. 其他造成严重后果的情形。

（四）不解救被拐卖、绑架妇女、儿童罪的主体

本罪的主体为特殊主体，即对被拐卖、绑架的妇女、儿童负有解救职责的公安、司法等国家机关工作人员。

（五）不解救被拐卖、绑架妇女、儿童罪的主观方面

本罪的主观方面为故意。

十一、阻碍解救被拐卖、绑架妇女、儿童罪的犯罪构成

（一）阻碍解救被拐卖、绑架妇女、儿童罪的概念

阻碍解救被拐卖、绑架妇女、儿童罪，是指对被拐卖、绑架的妇女、儿童负有解救职责的公安、司法等国家机关工作人员利用职务阻碍解救被拐卖、绑架妇女、儿童的行为。

（二）阻碍解救被拐卖、绑架妇女、儿童罪的客体

本罪的客体为复杂客体。既包括国家机关解救被拐卖、绑架妇女、儿童的正常秩序，也包括被拐卖、绑架妇女、儿童的人身权利。

（三）阻碍解救被拐卖、绑架妇女、儿童罪的客观方面

本罪的客观方面表现为利用职务阻碍解救被拐卖、绑架妇女、儿童的行为。

根据《立案标准》，阻碍解救被拐卖、绑架妇女、儿童具体表现为以下几种形式：1. 利用职权，禁止、阻止或者妨碍有关部门、人员解救被拐卖、绑架的妇女、儿童的；2. 利用职务上的便利，向拐卖、绑架者或者收买者通风报信，妨碍解救工作正常进行的；3. 其他利用职务阻碍解救被拐卖、绑架的妇女、儿童应予追究刑事责任的情形。

（四）阻碍解救被拐卖、绑架妇女、儿童罪的主体

本罪的主体为特殊主体，即对被拐卖、绑架的妇女、儿童负有解救职责的公安、司法等国家机关工作人员。

（五）阻碍解救被拐卖、绑架妇女、儿童罪的主观方面

本罪的主观方面为故意。

十二、帮助犯罪分子逃避处罚罪的犯罪构成

（一）帮助犯罪分子逃避处罚罪的概念

帮助犯罪分子逃避处罚罪，是指有查禁犯罪活动职责的司法及公安、国家安全、海关、税务等国家机关的工作人员向犯罪分子通风报信、提供便利，帮助犯罪分子逃避处罚的行为。

（二）帮助犯罪分子逃避处罚罪的客体

本罪的客体为国家机关查处犯罪分子的正常活动秩序。

（三）帮助犯罪分子逃避处罚罪的客观方面

本罪的客观方面表现为向犯罪分子通风报信、提供便利，帮助犯罪分子逃避处罚的行为。

根据《立案标准》，帮助犯罪分子逃避处罚罪主要表现为以下情形：1. 向犯罪分子泄露有关部门查禁犯罪活动的部署、人员、措施、时间、地点等情况的；2. 向犯罪分子提供钱物、交通工具、通信设备、隐藏处所等便利条件的；3. 向犯罪分子泄露案情的；4. 帮助、示意犯罪分子隐匿、毁灭、伪造证据，或者串供、翻供的；5. 其他帮助犯罪分子逃避处罚应予追究刑事责任的情形。

（四）帮助犯罪分子逃避处罚罪的主体

本罪的主体为特殊主体，即有查禁犯罪活动职责的司法及公安、国家安全、海关、税务等国家机关的工作人员。

（五）帮助犯罪分子逃避处罚罪的主观方面

本罪的主观方面为故意。

第三节　利用职权侵犯公民人身、民主权利犯罪的犯罪构成

公民的人身权利与民主权利是公民最基本、最重要的权利。人身权利指人身安全和其他与人身有关的权利如生命、健康、人身自由等。这是公民最基本的权利。只有人身权利不受侵犯，才能行使民主权利和其他权利。民主权利指依法参加国家管理和参加社会政治生活的权利，如选举权与被选举权。在我国，公民的人身权利与民主权利受到宪法的保护，这也是社会运行发展的前提和基础。为此，对在社会生活中侵犯公民人身权利、民主权利的行为，刑法予以严厉打击。保护公民的人身权利、民主权利是刑法的重要任务之一。

所有侵犯公民人身权利、民主权利的犯罪，国家工作人员都可以利用职权实施。但刑法规定国家机关工作人员利用职权实施非法拘禁犯罪、诬告陷害罪的从重处罚，这是由于国家机关工作人员实施非法拘禁与诬告陷害罪，不仅侵犯了公民的人身权利，破坏了国家机关的正常管理秩序，更是对其手中职权的滥用，其后果和影响较其他主体实施的非法拘禁、诬告陷害行为更为恶劣，也会对国家和政府的公信力造成极坏的影响。此外非法搜查罪、非法侵入住宅罪、刑讯逼供罪、暴力取证罪、非法剥夺公民宗教信仰自由罪、侵犯少数民族风俗习惯罪、报复陷害罪的犯罪主体只能是司法工作人员等国家工作人员，破坏选举罪的犯罪主体一般是国家机关工作人员。

上述犯罪都与国家工作人员的职权有密切的关联性，在严重妨害了国家机关正常管理活动的同时，更直接侵犯了公民人身权利与民主权利。为此，本书将上述犯罪归类到滥用职权型职务犯罪当中，并单独作为一节予以论述。

一、国家机关工作人员利用职权实施的非法拘禁罪的犯罪构成

（一）国家机关工作人员利用职权实施的非法拘禁罪的概念

国家工作人员利用职权实施的非法拘禁罪是非法拘禁罪的一种特殊情形，

指的是国家工作人员利用职权，非法拘禁他人或者以其他方法非法剥夺他人人身自由的犯罪。

（二）国家机关工作人员利用职权实施的非法拘禁罪的客体

一般认为，非法拘禁罪的客体为他人的人身自由。有学者认为非法拘禁罪主要侵犯公民的人身权利，也侵犯国家司法权的专有性。因为在司法实践中，国家机关工作人员滥用职权非法拘禁他人现象甚为突出，特别是司法工作人员利用职务、身份、影响、权势非法拘禁无辜群众，其社会危害性更突出地表现为对国家司法权的侵害[①]；还有学者将非法拘禁罪所保护的法益界定为人身自由以及与人身自由相联系的人格尊严和人身的健康安宁专属权[②]。

我们认为，非法拘禁罪的客体只能是他人的人身自由，所谓与人身自由相联系的人格尊严和人身的健康安宁专属权，实际只是对人身自由的一种更为细化的解读。但国家的司法活动并不是所有的非法拘禁行为会侵犯的对象。对于一般意义上的非法拘禁罪来说，其客体应当是他人的人身自由。但本书着重研究的对象为国家机关工作人员利用职权实施的非法拘禁罪，其犯罪客体就是多重的，既有他人的人身自由，也有国家的司法活动。

人身自由，通说认为指的是人的行动自由，即公民在法律允许的范围内，根据自己的意志，安排自己的人身行动及空间移动的自由。人身自由是公民的基础性权利，我国《宪法》对公民的人身自由给予了明文保护，《宪法》第37条规定：中华人民共和国公民的人身自由不受侵犯。任何公民，非经人民检察院批准或者决定或者人民法院决定，并由公安机关执行，不受逮捕。禁止非法拘禁和以其他方法非法剥夺或者限制公民的人身自由，禁止非法搜查公民的身体。这也表明，限制和剥夺公民的人身自由，只能由司法机关按照严格的司法程序进行，有相关职权的国家机关工作人员滥用职权非法拘禁他人的，同样也是对国家司法活动的侵犯。

国家机关工作人员利用职权实施的非法拘禁罪，与国家机关工作人员的职权具有密切联系，而职权内容上能与非法拘禁罪相联系的国家工作人员往

---

① 参见赵秉志主编：《妨害司法活动犯罪研究》，中国人民公安大学出版社1994年版，第190页。

② 徐大勇：《非法拘禁罪客观构成要素的诠释》，载《中国刑事法杂志》2012年第12期。

往具有一定的执法权，如具有调查、审查特定事项；拘留、逮捕的权限等。不具备此种职权的国家机关工作人员只能构成普通的非法拘禁犯罪。

（三）国家机关工作人员利用职权实施的非法拘禁罪的客观方面

本罪的客观方面表现为利用职权，非法拘禁他人或者以其他方法非法剥夺他人人身自由。具体包括两个方面的要素，一是“拘禁”行为的界定；二是“拘禁”行为的非法性认定。

拘禁行为指的是使得他人无法按照自己的意志离开一定的处所，他人的行动受到了控制和限制，并且持续了一定时间的行为。拘禁的行为方式可能是多种多样的，既可能是强迫的形式，也可能是非强迫的形式。前者如强行将他人关押在房间内，后者如拿走正在洗澡的妇女的衣服，使其出于羞耻心无法离开。国家机关工作人员利用职权实施的非法拘禁，主要是指的国家机关工作人员通过职权行为实施的拘禁。

拘禁行为的非法性主要表现在国家机关工作人员要么根本无权拘留他人，要么违反法律规定的程序拘留他人。如果国家机关工作人员根据法律规定，按照法定程序，对他人采取逮捕、拘留等限制人身自由的强制措施，不是非法拘禁。

此外，拘禁应当达到一定的程度才属于犯罪的范畴。根据《立案标准》，国家机关工作人员利用职权非法拘禁，涉嫌下列情形之一的，应予立案：1. 非法剥夺他人人身自由 24 小时以上的；2. 非法剥夺他人人身自由，并使用械具或者捆绑等恶劣手段，或者实施殴打、侮辱、虐待行为的；3. 非法拘禁，造成被拘禁人轻伤、重伤、死亡的；4. 非法拘禁，情节严重，导致被拘禁人自杀、自残造成重伤、死亡，或者精神失常的；5. 非法拘禁 3 人次以上的；6. 司法工作人员对明知是没有违法犯罪事实的人而非法拘禁的；7. 其他非法拘禁应予追究刑事责任的情形。

（四）国家机关工作人员利用职权实施的非法拘禁罪的主体

非法拘禁罪的主体是一般主体，即达到刑事责任年龄，具备刑事责任能力的自然人主体。但本书研究的重点是国家机关工作人员利用职权实施的非法拘禁罪，即主体为国家机关工作人员。

（五）国家机关工作人员利用职权实施的非法拘禁罪的主观方面

本罪的主观方面是故意，即行为人明知自己的行为是对他人自由的剥夺，而希望或放任这种结果的发生。行为人的主观目的可能是多种多样的，但并不影响本罪的认定。

二、国家机关工作人员实施的诬告陷害罪的犯罪构成

（一）国家机关工作人员实施的诬告陷害罪的概念

诬告陷害罪是指捏造事实诬告陷害他人，意图使他人受刑事追究，情节严重的行为。国家机关工作人员犯诬告陷害罪的，从重处罚。

（二）国家机关工作人员实施的诬告陷害罪的客体

本罪的客体为复杂客体，其主要侵犯的是国家司法机关的正常刑事诉讼活动，降低司法机关的威信，同时也侵犯公民的人身权利。

国家机关工作人员捏造事实诬告陷害他人，一方面将导致被害人受到司法机关的错误追究，导致被害人的名誉受到损害，人格遭到贬低；另一方面会导致国家司法机关基于捏造的案件事实展开立案侦查、起诉、甚至判决，在经过一系列的刑事诉讼程序之后，发现犯罪事实并不存在，这无疑是对司法机关的正常工作秩序的干扰，也是对国家司法资源的浪费。

（三）国家机关工作人员实施的诬告陷害罪的客观方面

本罪的客观方面表现为捏造他人犯罪事实，并进行告发的行为。

捏造犯罪事实并不是指必须虚构所有的犯罪事实，将一般的违法行为捏造为犯罪行为向司法机关告发的，也应当构成诬告陷害罪。

（四）国家机关工作人员实施的诬告陷害罪的主体

诬告陷害罪的主体为一般主体，即达到刑事责任年龄，具备刑事责任能力的自然人主体。国家机关工作人员实施诬告陷害，由于其特殊的身份和地位，会给被害人及国家机关的声誉造成更为恶劣的影响，为此要予以从重处罚。

（五）国家机关工作人员实施的诬告陷害罪的主观方面

本罪的主观方面为故意。

三、司法工作人员滥用职权实施的非法搜查罪的犯罪构成

（一）司法工作人员滥用职权实施的非法搜查罪的概念

司法工作人员滥用职权实施的非法搜查罪，指的是司法工作人员在无权搜查他人身体和住宅的情况下，擅自非法对他人进行搜查，妨害他人人身权益或住宅安宁的行为。

（二）司法工作人员滥用职权实施的非法搜查罪的客体

本罪的客体为复杂客体，既侵犯了公民的人身权利，又侵犯了国家的司法活动的正常秩序。

公民的身体权益和住宅安宁不受他人的随意干扰，是公民的基本权利之一。非法搜查他人身体是对他人隐私权、人身自由的侵犯；而非法搜查他人住宅，也会对他人正常的生活秩序产生干扰。

同时，“搜查”是国家刑事诉讼程序中必要的侦查活动，根据我国刑事诉讼法的规定，为了收集犯罪证据、查获犯罪人，侦查人员可以对犯罪嫌疑人以及可能隐藏罪犯或者犯罪证据的人的身体、物品、住处和其他有关的地方进行搜查，进行搜查必须向被搜查人出示搜查证。在搜查的时候，应当有被搜查人或者他的家属、邻居或者其他见证人在场。搜查妇女的身体，应当由女工作人员进行。搜查的情况应当写成笔录，由侦查人员和被搜查人或者他的家属、邻居或者其他见证人签名或者盖章。如果被搜查人或者他的家属在逃或者拒绝签名、盖章，应当在笔录上注明。不按照这些要求和程序展开搜查，会导致国家司法机关活动的混乱，妨害正常的侦查活动开展。

（三）司法工作人员滥用职权实施的非法搜查罪的客观方面

本罪的客观方面表现为对他人身体和住宅的非法搜查行为。在司法实践中，非法搜查主要表现为以下几种形式：第一种是无搜查权的机关、团体、单

位的工作人员或其他个人，为了寻找失物、有关人或达到其他目的而对他人的身体或住宅进行搜查的；第二种是有搜查权的人员，未经合法批准或授权，滥用权力，非法进行搜查的；第三种是有搜查权的机关和人员不按照法定的程序、手续进行搜查。[①] 司法工作人员滥用职权实施的非法搜查主要指的是后两种情形。

根据《立案标准》，国家机关工作人员利用职权非法搜查，涉嫌下列情形之一的，应予立案：1. 非法搜查他人身体、住宅，并实施殴打、侮辱等行为的；2. 非法搜查，情节严重，导致被搜查人或者其近亲属自杀、自残造成重伤、死亡，或者精神失常的；3. 非法搜查，造成财物严重损坏的；4. 非法搜查 3 人（户）次以上的；5. 司法工作人员对明知是与涉嫌犯罪无关的人身、住宅非法搜查的；6. 其他非法搜查应予追究刑事责任的情形。

（四）司法工作人员滥用职权实施的非法搜查罪的主体

非法搜查罪的主体为一般主体，司法工作人员滥用职权实施非法搜查的，从重处罚。

（五）司法工作人员滥用职权实施的非法搜查罪的主观方面

本罪的主观方面为故意。

四、司法工作人员滥用职权实施的非法侵入住宅罪的犯罪构成

（一）司法工作人员滥用职权实施的非法侵入住宅罪的概念

司法工作人员滥用职权实施的非法侵入住宅罪，指的是司法工作人员滥用职权侵入他人住宅的行为。

（二）司法工作人员滥用职权实施的非法侵入住宅罪的客体

本罪的客体为他人的居住安全的权利以及国家的司法活动秩序。

---

① 参见王小亮：《国家工作人员滥用职权犯罪界限与定罪量刑研究》，中国方正出版社 2010 年版，第 612—613 页。

（三）司法工作人员滥用职权实施的非法侵入住宅罪的客观方面

本罪的客观方面表现为非法侵入他人住宅的行为。其中要注意对“非法”“侵入”及“住宅”概念的理解。

“非法”，指的是未经住宅主人同意，同时又没有法律依据、没有根据法定程序强行进入他人住宅的。国家司法工作人员按照法定程序进行的搜查、逮捕、拘留、查封、扣押财物等司法活动，不是非法侵入住宅。

“侵入”，既包括强行进入他人住宅，也包括获得了住宅主人同意合法进入他人住宅，但在住宅主人要求行为人退出时，行为人强行滞留，拒绝退出的行为。

“住宅”的范围可以在一定程度上做扩大理解，包括宿舍、招待所、疗养院等。但汽车、飞机、办公场所等不属于住宅的范畴。

（四）司法工作人员滥用职权实施的非法侵入住宅罪的主体

非法侵入住宅罪的主体为一般主体，司法工作人员滥用职权非法侵入住宅的，从重处罚。

（五）司法工作人员滥用职权实施的非法侵入住宅罪的主观方面

本罪的主观方面为故意。

五、刑讯逼供罪的犯罪构成

（一）刑讯逼供罪的概念

刑讯逼供罪是指司法工作人员对犯罪嫌疑人、被告人使用肉刑或者变相肉刑逼取口供的行为。

（二）刑讯逼供罪的客体

本罪的客体是复杂客体，即司法机关的正常活动与公民的人身权利。本罪的犯罪对象为犯罪嫌疑人、被告人。

（三）刑讯逼供罪的客观方面

本罪的客观方面表现为对犯罪嫌疑人、被告人使用肉刑或者变相肉刑逼取口供的行为。根据《立案标准》，涉嫌下列情形之一的，应予立案：1. 以殴打、捆绑、违法使用械具等恶劣手段逼取口供的；2. 以较长时间冻、饿、晒、烤等手段逼取口供，严重损害犯罪嫌疑人、被告人身体健康的；3. 刑讯逼供造成犯罪嫌疑人、被告人轻伤、重伤、死亡的；4. 刑讯逼供，情节严重，导致犯罪嫌疑人、被告人自杀、自残造成重伤、死亡，或者精神失常的；5. 刑讯逼供，造成错案的；6. 刑讯逼供3人次以上的；7. 纵容、授意、指使、强迫他人刑讯逼供，具有上述情形之一的；8. 其他刑讯逼供应予追究刑事责任的情形。

（四）刑讯逼供罪的主体

本罪的主体是特殊主体，即司法工作人员。根据《刑法》第94条的规定，司法工作人员，是指有侦查、检察、审判、监管职责的工作人员。具体包括公安机关、国家安全机关的侦查人员、检察机关的检察人员、审判机关的审判人员以及监狱的监管人员。

（五）刑讯逼供罪的主观方面

本罪的主观方面为故意。

六、暴力取证罪的犯罪构成

（一）暴力取证罪的概念

暴力取证罪是指司法工作人员以暴力逼取证人证言的行为。

（二）暴力取证罪的客体

本罪的客体为复杂客体，即司法机关的正常活动与公民的人身权利。本罪的犯罪对象为犯罪嫌疑人、被告人。

（三）暴力取证罪的客观方面

本罪的客观方面为使用暴力逼取证人证言的行为。司法实践中，“暴力”

的形式是多种多样的，既包括捆绑、殴打等肉刑，也包括长时间的罚站、罚跪、饥饿、不许睡觉等变相肉刑的手段。

根据《立案标准》，涉嫌下列情形之一的，应予立案：1. 以殴打、捆绑、违法使用械具等恶劣手段逼取证人证言的；2. 暴力取证造成证人轻伤、重伤、死亡的；3. 暴力取证，情节严重，导致证人自杀、自残造成重伤、死亡，或者精神失常的；4. 暴力取证，造成错案的；5. 暴力取证 3 人次以上的；6. 纵容、授意、指使、强迫他人暴力取证，具有上述情形之一的；7. 其他暴力取证应予追究刑事责任的情形。

需要注意的是，司法工作人员通过暴力取得的证据是否符合客观事实并不影响本罪的成立，即使通过暴力取得的证人证言与客观事实相符，也不影响定罪。例如，2015 年 3 月 12 日，仙游县公安局某甲派出所民警吴某甲等人在副所长罗某甲的带领下，到仙游县大济镇大济村通知“温某甲六合彩案”的证人（押注六合彩的彩民）陈某甲配合取证，用警车带离住所。随后，被告人吴某甲没有依法将陈某甲直接带往某甲派出所执法办案中心，而是将其带至某甲镇治安联防队办公室进行审查。被告人吴某甲通知派出所内勤被告人郭某甲到联防队配合审查工作。因陈某甲拒不承认押注六合彩的事实，被告人吴某甲生气，让其反复深蹲，并扇了陈某甲嘴巴，随后用拳头殴打陈某甲的胸、腹等部位。被告人邱某甲也用拳头打陈某甲的胸腹部两拳。被告人郭某甲在陈某甲被殴打倒地时，将陈某甲反扣在背后的手铐往上提，使陈某甲的肩部受到挤压疼痛不得不站起来，上半身弯下去。在被告人吴某甲、郭某甲、邱某甲等人殴打之下，陈某甲交代押注六合彩的违法事实。[①] 在该案件中，虽然三被告人暴力取证的行为没有造成冤假错案，但仍旧构成暴力取证罪。

（四）暴力取证罪的主体

本罪的主体为特殊主体，即司法工作人员，也就是有侦查、检察、审判、监管职责的工作人员。

---

① 参见福建省仙游县人民法院（2015）仙刑初字第 830 号刑事判决书。案例来源于北大法宝网，http://www.pkulaw.cn/case/pfnl_a25051f3312b07f350117a867a93d9fb9de91f563df9bd2fbdfb.html. 最后访问时间：2018 年 3 月 21 日。

（五）暴力取证罪的主观方面

本罪的主观方面为故意。

七、虐待被监管人罪的犯罪构成

（一）虐待被监管人罪的概念

虐待被监管人罪是指监狱、拘留所、看守所、拘役所、劳教所等监管机构的监管人员对被监管人进行殴打或者体罚虐待，情节严重的行为。

（二）虐待被监管人罪的客体

本罪的客体为复杂客体，即被监管人员的人身权利及国家司法机关的正常活动。

（三）虐待被监管人罪的客观方面

本罪的客观方面为对被监管人进行殴打或者体罚虐待，情节严重的行为。根据《立案标准》，下列情形属于情节严重：1. 以殴打、捆绑、违法使用械具等恶劣手段虐待被监管人的；2. 以较长时间冻、饿、晒、烤等手段虐待被监管人，严重损害其身体健康的；3. 虐待造成被监管人轻伤、重伤、死亡的；4. 虐待被监管人，情节严重，导致被监管人自杀、自残造成重伤、死亡，或者精神失常的；5. 殴打或者体罚虐待 3 人次以上的；6. 指使被监管人殴打、体罚虐待其他被监管人，具有上述情形之一的；7. 其他情节严重的情形。

（四）虐待被监管人罪的主体

本罪的主体为特殊主体，即监狱、拘留所、看守所、拘役所、劳教所等监管机构的监管人员。此外，根据最高人民检察院 2015 年 2 月 15 日发布的《关于强制隔离戒毒所工作人员能否成为虐待被监管人罪主体问题的批复》，强制隔离戒毒所是对符合特定条件的吸毒成瘾人员限制人身自由，进行强制隔离戒毒的监管机构，其履行监管职责的工作人员属于《刑法》第 248 条规定的监管人员。

（五）虐待被监管人罪的主观方面

本罪的主观方面为故意。

八、非法剥夺公民宗教信仰自由罪的犯罪构成

（一）非法剥夺公民宗教信仰自由罪的概念

非法剥夺公民宗教信仰自由罪是指国家机关工作人员非法剥夺公民的宗教信仰自由，情节严重的行为。

（二）非法剥夺公民宗教信仰自由罪的客体

本罪的客体为公民的宗教信仰自由的权利。宗教信仰自由是指：每个公民有信仰宗教的自由与不信仰宗教的自由；有信仰这种宗教的自由和信仰那种宗教的自由；在同一宗教里面，有信仰这个教派或信仰那个教派的自由；有改变宗教信仰和恢复宗教信仰的自由以及进行正当的宗教活动的自由，等等。

（三）非法剥夺公民宗教信仰自由罪的客观方面

本罪的客观方面表现为非法剥夺公民宗教信仰自由，情节严重的行为。

非法剥夺宗教信仰自由，具体表现为采用强制性的手段，强迫他人信仰某一宗教或者是使原本有宗教信仰的人改变原先的宗教信仰。由于宗教信仰属于思想意识层面，他人的强迫行为会对这种意志自由产生迫害，如果是通过宣传教义的方式使他人和平地、自愿地改变宗教信仰不构成犯罪。从客观行为上，本罪主要表现为强迫他人加入或退出宗教教派、强行他人遵从或不遵从宗教教义、教规，对不信仰某一宗教的人实施打击、迫害，破坏或封闭宗教场所及必要设施，禁止或扰乱正常的宗教活动等。

“情节严重”是指行为人的手段恶劣或危害后果严重。“手段恶劣”通常是指：（1）以暴力对公民身体进行强制、伤害等侵犯公民人身自由的；（2）以胁迫的方式，通过精神上的强制，逼迫公民为某种行为或不为某种行为；（3）用言语、传单、标语等传播手段对公民进行侮辱、攻击、诽谤，使其名誉、人格受到损害的；（4）使用砸、抢、烧等极具破坏性的方式毁坏与宗教有

关的场所和设施的；（5）其他可以产生与上述行为类似后果的手段。“后果严重”主要包括以下几方面：（1）造成公民人身伤害的，但重伤及死亡的除外；（2）给被害人的精神造成伤害，严重影响其正常的宗教活动和日常生活的；（3）造成有关宗教场所、设施等重大毁坏，财产损失严重的；（4）引起教徒骚乱、民族纠纷等社会矛盾，社会影响恶劣的；（5）引起被害人家庭解体、自杀或其他严重后果的。①

（四）非法剥夺公民宗教信仰自由罪的主体

本罪的主体为特殊主体，即国家机关工作人员。

在1979年《刑法》第147条的规定中，本罪的表述为：“国家工作人员非法剥夺公民的正当的宗教信仰自由和侵犯少数民族风俗习惯，情节严重的，处两年以下有期徒刑或者拘役。”1997年刑法对本罪的主体进行了限缩，从“国家工作人员”限缩为“国家机关工作人员”。这是因为“国家机关工作人员在执行国家宗教政策和少数民族政策中处于很重要的地位，有人甚至专门从事宗教、民族事务工作，一旦对宗教信仰自由进行干涉和破坏，很容易伤害群众感情，在政治上造成恶劣影响，危害后果非常严重”。②

（五）非法剥夺公民宗教信仰自由罪的主观方面

本罪的主观方面为故意。

九、侵犯少数民族风俗习惯罪的犯罪构成

（一）侵犯少数民族风俗习惯罪的概念

侵犯少数民族风俗习惯罪是指国家机关工作人员侵犯少数民族风俗习惯，情节严重的行为。

（二）侵犯少数民族风俗习惯罪的客体

本罪的客体是少数民族保持或改革本民族风俗习惯的权利。少数民族风

---

① 参见赵秉志：《中国刑法案例与学理研究（第四卷）》，法律出版社2004年版，第233—235页。
② 马章民：《非法剥夺公民宗教信仰自由罪论要》，载《河北法学》2008年第1期。

俗习惯是指除汉族以外的少数民族在长期的历史发展过程中逐渐沉淀下来的饮食、服饰、礼仪、节庆、风气、禁忌等的总称。侵犯汉族的风俗习惯不构成本罪。

（三）侵犯少数民族风俗习惯罪的客观方面

本罪的客观方面表现为国家机关工作人员在执行职务的过程中，对少数民族风俗习惯的侵犯。如果行为人虽然具有国家机关工作人员的身份，但其侵犯少数民族风俗习惯的行为与其职务并无关联，则不能适用这个罪名。

具体来说，本罪的客观方面主要表现为以下几种形式：1. 强迫少数民族改变自己的风俗习惯，如强迫少数民族公民改变自己的饮食禁忌，禁止少数民族公民身着民族服饰等。2. 破坏少数民族的民俗活动，如扰乱少数民族的传统节日，阻挠少数民族的婚丧嫁娶仪式等。3. 阻止少数民族自愿改革本民族的陈规陋习。

（四）侵犯少数民族风俗习惯罪的主体

本罪的主体为特殊主体，即国家机关工作人员。

（五）侵犯少数民族风俗习惯罪的主观方面

本罪的主观方面为故意。

十、报复陷害罪的犯罪构成

（一）报复陷害罪的概念

报复陷害罪是指国家机关工作人员滥用职权、假公济私，对控告人、申诉人、批评人、举报人实行报复陷害的行为。

（二）报复陷害罪的客体

报复陷害罪的客体是公民的民主权利与国家机关的正常活动。公民的民主权利包括公民的控告权、申诉权、批评权以及检举揭发犯罪的权利，国家机关工作人员滥用职权实行的报复陷害行为，是对公民正当行使上述权利的妨害，同时也是对国家机关正常处理控告、申诉、批评、检举活动的破坏。本罪的犯罪对象为控告人、申诉人、批评人、举报人。

（三）报复陷害罪的客观方面

本罪的客观方面表现为滥用职权，假公济私，对控告、申诉或批评人实施报复陷害的行为。具体表现形式多种多样，如非法克扣工资，非法涂改人事档案，等等。总的来说包括两个要素，一是实施了报复陷害行为，二是滥用职权、假公济私。

根据《立案标准》，涉嫌下列情形之一的，应予立案：1. 报复陷害，情节严重，导致控告人、申诉人、批评人、举报人或者其近亲属自杀、自残造成重伤、死亡，或者精神失常的；2. 致使控告人、申诉人、批评人、举报人或者其近亲属的其他合法权利受到严重损害的；3. 其他报复陷害应予追究刑事责任的情形。

（四）报复陷害罪的主体

本罪的主体为特殊主体，即国家机关工作人员。

（五）报复陷害罪的主观方面

本罪的主观方面为故意。

十一、国家机关工作人员利用职权实施破坏选举罪的犯罪构成

（一）国家机关工作人员利用职权实施破坏选举罪的概念

破坏选举罪是指在选举各级人民代表大会代表和国家机关领导人员时，以暴力、威胁、欺骗、贿赂、伪造选举文件、虚报选举票数或者编造选举结果等手段破坏选举或者妨害选民和代表自由行使选举权和被选举权，情节严重的行为。

（二）国家机关工作人员利用职权实施破坏选举罪的客体

本罪的客体为公民的选举权与被选举权，以及国家的选举制度。选举权

与被选举权，是宪法规定公民享有的一项基本政治权利。具有选举权和被选举权的公民应该正确行使自己的权利，同时也应当尊重他人的选举权和被选举权。任何组织和个人都不得有超越宪法和法律的特权，不得以任何非法手段破坏选举活动。

（三）国家机关工作人员利用职权实施破坏选举罪的客观方面

本罪的客观方面表现为在选举各级人民代表大会代表和国家机关领导人员时，以暴力、威胁、欺骗、贿赂、伪造选举文件、虚报选举票数或者编造选举结果等手段破坏选举或者妨害选民和代表自由行使选举权和被选举权，情节严重的行为。

根据《立案标准》，国家机关工作人员利用职权破坏选举，涉嫌下列情形之一的，应予立案：1. 以暴力、威胁、欺骗、贿赂等手段，妨害选民、各级人民代表大会代表自由行使选举权和被选举权，致使选举无法正常进行，或者选举无效，或者选举结果不真实的；2. 以暴力破坏选举场所或者选举设备，致使选举无法正常进行的；3. 伪造选民证、选票等选举文件，虚报选举票数，产生不真实的选举结果或者强行宣布合法选举无效、非法选举有效的；4. 聚众冲击选举场所或者故意扰乱选举场所秩序，使选举工作无法进行的；5. 其他情节严重的情形。

（四）国家机关工作人员利用职权实施破坏选举罪的主体

破坏选举罪的主体为一般主体，但有些破坏选举的行为只能由国家机关工作人员实施，如伪造选民证、选票等选举文件，虚报选举票数，产生不真实的选举结果或者强行宣布合法选举无效、非法选举有效的行为，等等。国家机关工作人员利用职权实施的破坏选举罪是破坏选举罪的一种特殊情形，其主体只能是国家机关工作人员。

（五）国家机关工作人员利用职权实施破坏选举罪的主观方面

本罪的主观方面为故意。

第五章　玩忽职守型职务犯罪的犯罪构成

玩忽职守型职务犯罪，主要是指严重不负责任，不履行或者不认真履行职责，过失导致重大损失的职务犯罪。玩忽职守型职务犯罪包括：玩忽职守罪，国有公司、企业、事业单位人员失职罪、国家机关工作人员签订、履行合同失职被骗罪，过失泄露国家秘密罪、执行判决、裁定失职罪，失职致使在押人员脱逃罪，环境监管失职罪，传染病防治失职罪，商检失职罪，动植物检疫失职罪，失职造成珍贵文物损毁、流失罪。

第一节　一般玩忽职守罪的犯罪构成

一、玩忽职守罪的概念

玩忽职守罪，是指国家机关工作人员严重不负责任，不履行或者不认真履行职责，致使公共财产、国家和人民利益遭受重大损失的行为。

二、玩忽职守罪的客体

犯罪客体是国家机关的正常管理活动。也有观点认为，玩忽职守罪的犯罪客体是复杂客体，除了国家机关的正常管理活动之外，还包括公共财产、国家和人民利益。这种观点值得商榷。

三、玩忽职守罪的客观方面

犯罪的客观方面表现为：严重不负责任，不履行或者不认真履行职责，致使公共财产、国家和人民利益遭受重大损失。严重不负责任，是指行为人对职责漠不关心、得过且过、疏忽马虎的态度。不履行职责，是指根据职责要求，应作为而不作为，或者放弃职守、擅离岗位，一般表现为不作为的方式。不认真履行职责，是指国家机关工作人员在从事公务的过程中，违反规定或者违反操作规程，采取不合法或不合理的方法、手段，或者不及时、不完全履行职责的行为。

本罪的客观方面还要求有危害结果，即公共财产、国家和人民利益遭受重大损失。以下情形属于致使公共财产、国家和人民利益遭受重大损失：1. 造成死亡 1 人以上，或者重伤 3 人以上，或者重伤 2 人、轻伤 4 人以上，或者重伤 1 人、轻伤 7 人以上，或者轻伤 10 人以上的；2. 导致 20 人以上严重中毒的；3. 造成个人财产直接经济损失 15 万元以上，或者直接经济损失不满 15 万元，但间接经济损失 75 万元以上的；4. 造成公共财产或者法人、其他组织财产直接经济损失 30 万元以上，或者直接经济损失不满 30 万元，但间接经济损失 150 万元以上的；5. 虽未达到 3、4 两项数额标准，但 3、4 两项合计直接经济损失 30 万元以上，或者合计直接经济损失不满 30 万元，但合计间接经济损失 150 万元以上的；6. 造成公司、企业等单位停业、停产 1 年以上，或者破产的；7. 海关、外汇管理部门的工作人员严重不负责任，造成 100 万美元以上外汇被骗购或者逃汇 1000 万美元以上的；8. 严重损害国家声誉，或者造成恶劣社会影响的；9. 其他致使公共财产、国家和人民利益遭受重大损失的情形。

四、玩忽职守罪的主体

犯罪主体是特殊主体，即国家机关工作人员，主要是公务员，也包括其他依照法律、法规规定行使国家行政管理职权的组织中从事公务的人员，或者在受国家机关委托代表国家机关行使职权的组织中从事公务的人员，或者虽未列入国家机关工作人员编制但在国家机关中从事公务的人员等。

五、玩忽职守罪的主观方面

犯罪的主观方面为过失，即违反职责所要求的预见义务和结果避免义务，疏忽大意或过于自信，对于其行为可能会导致公共财产、国家和人民利益遭受的重大损失应当预见而没有预见，或者已经预见而轻信能够避免的心理态度。玩忽职守罪的主观罪过包括监督过失，即处于监督管理地位的人违反监督管理义务，对其应当防止的危害结果因疏忽大意或者过于自信而没有防止的心理态度。[①]

六、玩忽职守罪的认定

认定玩忽职守罪，要注意以下几个方面的界限：

1. 玩忽职守罪与一般玩忽职守行为的区别。玩忽职守罪，要求给公共财产、国家和人民利益造成重大损失；而一般的玩忽职守行为则没有导致公共财产、国家和人民利益遭受重大损失。

2. 玩忽职守罪与其他玩忽职守型渎职犯罪的区别。《刑法》分则第九章所规定的玩忽职守型犯罪还有执行判决、裁定失职罪，失职致使在押人员脱逃罪，国家机关工作人员签订、履行合同失职被骗罪等，玩忽职守罪与这些犯罪是普通法条与特别法条的关系。当玩忽职守行为同时触犯玩忽职守罪和其他相关条款的规定时，应当按照特别法优于一般法的原则，以其他特别的玩忽职守型渎职罪定罪处罚。只有在玩忽职守行为不构成特别的玩忽职守型渎职犯罪，而仅触犯普通法条时，才能以普通的玩忽职守罪处罚。

3. 玩忽职守罪与危害公共安全罪中的有关责任事故犯罪的区别。危害公共安全罪中的有关责任事故犯罪，如工程重大安全事故罪等，与玩忽职守罪较为相似，很容易混淆，因此理论上有明确区分的必要。玩忽职守罪与这些犯罪的主要区别在于：从犯罪客体看，玩忽职守罪侵犯的客体是国家机关的正常管理活动，而责任事故类犯罪则危害了公共安全；从犯罪的客观方面看，玩忽职守罪发生在国家机关的社会、经济管理过程中，而责任事故的犯罪则一般发生在各种生产、作业、工程建设活动中；从犯罪主体上看，玩忽职守罪的犯罪主体是国家机关工作人员，而危害公共安全罪中的有关责任事故犯罪的主体可能是国家工作人员，也可能是非国家工作人员。

---

① 参见王安异：《浅谈监督过失的注意义务》，载《华中科技大学学报（社科版）》2005年第6期。

第二节　特殊玩忽职守罪的犯罪构成

一、国家机关工作人员签订、履行合同失职被骗罪的犯罪构成

（一）国家机关工作人员签订、履行合同失职被骗罪的概念

国家机关工作人员签订、履行合同失职被骗罪，是指国家机关工作人员在签订、履行合同过程中，因严重不负责任，不履行或者不认真履行职责被诈骗，致使国家利益遭受重大损失的行为。

（二）国家机关工作人员签订、履行合同失职被骗罪的客体

本罪的客体为国家机关工作人员职务活动的有效性和国家经济利益。

（三）国家机关工作人员签订、履行合同失职被骗罪的客观方面

本罪的客观方面表现为国家机关工作人员在签订、履行合同过程中，因严重不负责任，不履行或者不认真履行职责被诈骗，致使国家利益遭受重大损失的行为。

具体表现为未充分了解合同签订方的真实情况，如资金情况、产品质量情况等，盲目签订合同，导致被诈骗的情形。但是究竟何为“严重不负责任、不履行或者不认真履行职责”，根据现有的法律规定，其判断标准并不十分明确，尤其是何为“严重”，何为“不认真”，在界定的时候应当注意结合国家机关人员的工作要求、流程、职责内容等进行判断。

此外，构成本罪要求至少“致使国家利益遭受重大损失”，根据《立案标准》，“致使国家利益遭受重大损失”指的是造成直接经济损失 30 万元以上，或者直接经济损失不满 30 万元，但间接经济损失 150 万元以上，以及其他致使国家利益遭受重大损失的情形。

（四）国家机关工作人员签订、履行合同失职被骗罪的主体

本罪的主体为特殊主体，即国家机关工作人员。

（五）国家机关工作人员签订、履行合同失职被骗罪的主观方面

本罪的主观方面为过失。

本罪为过失犯罪，应当遵循过失犯罪的一般原理，即行为人应当是可以预见被骗的结果而没有预见，或者是已经预见到了可能会造成国家利益的重大损失，但轻信可以避免。如果该国家工作人员完全履行了自己的工作内容，其他履行同样职务的国家工作人员也难以发现被诈骗的情形下，不能认定为“严重不负责”。

二、国有公司、企业、事业单位人员失职罪的犯罪构成

（一）国有公司、企业、事业单位人员失职罪的概念

国有公司、企业、事业单位人员失职罪是指国有公司、企业、事业单位的工作人员，由于严重不负责任，造成国有公司、企业破产或者严重损失，致使国家利益遭受重大损失的行为。

（二）国有公司、企业、事业单位人员失职罪的客体

本罪的客体为国有公司、企业、事业单位的管理秩序和国家利益。

（三）国有公司、企业、事业单位人员失职罪的客观方面

本罪的客观方面表现为严重不负责任，造成国有公司、企业破产或者严重损失，致使国家利益遭受重大损失的行为。

根据最高人民检察院、公安部2010年5月7日印发的最高人民检察院、公安部《关于公安机关管辖的刑事案件立案追诉标准的规定（二）》，“遭受重大损失”主要是指：1. 造成国家直接经济损失数额在50万元以上的；2. 造成有关单位破产，停业、停产1年以上，或者被吊销许可证和营业执照、责令关闭、撤销、解散的；3. 其他致使国家利益遭受重大损失的情形。

（四）国有公司、企业、事业单位人员失职罪的主体

本罪的主体为国有公司、企业、事业单位的工作人员。

（五）国有公司、企业、事业单位人员失职罪的主观方面

本罪的主观方面为过失。

三、过失泄露国家秘密罪的犯罪构成

（一）过失泄露国家秘密罪的概念

过失泄露国家秘密罪是指国家机关工作人员违反《保守国家秘密法》的规定，过失泄露国家秘密，情节严重的行为。非国家机关工作人员犯此款罪的，依照此罪酌情处罚。

（二）过失泄露国家秘密罪的客体

本罪的客体与故意泄露国家秘密罪的客体相同，都是国家的保密制度。

（三）过失泄露国家秘密罪的客观方面

本罪的客观方面表现为国家机关工作人员或者非国家机关工作人员违反《保守国家秘密法》，过失泄露国家秘密，致使国家秘密被不应知悉者知悉或者超出了限定的接触范围，情节严重的行为。

根据《立案标准》，涉嫌下列情形之一的，应予立案：1. 泄露绝密级国家秘密 1 项（件）以上的；2. 泄露机密级国家秘密 3 项（件）以上的；3. 泄露秘密级国家秘密 4 项（件）以上的；4. 违反保密规定，将涉及国家秘密的计算机或者计算机信息系统与互联网相连接，泄露国家秘密的；5. 泄露国家秘密或者遗失国家秘密载体，隐瞒不报、不如实提供有关情况或者不采取补救措施的；6. 其他情节严重的情形。

（三）过失泄露国家秘密罪的主体

本罪的主体主要为国家机关工作人员，非国家机关工作人员也可构成本罪。

（四）过失泄露国家秘密罪的主观方面

本罪的主观方面为过失。

四、执行判决、裁定失职罪的犯罪构成

（一）执行判决、裁定失职罪的概念

本罪是《刑法修正案（四）》新增加的罪名。执行判决、裁定失职罪，是指司法工作人员在执行判决、裁定活动中，严重不负责任，不依法采取诉讼保全措施、不履行法定执行职责，或者违法采取诉讼保全措施、强制执行措施，致使当事人或者其他人的利益遭受重大损失的行为。

（二）执行判决、裁定失职罪的客体

本罪的客体为司法活动的公正性以及司法机关的威严性。犯罪的对象为“判决”“裁定”，根据全国人民代表大会常务委员会的立法解释，“人民法院的判决、裁定”，是指人民法院依法做出的具有执行内容并已经发生法律效力的判决、裁定。人民法院为依法执行支付令、生效的调解书、仲裁裁决、公证债权文书等所做的裁定属于该条规定的“裁定”。

（三）执行判决、裁定失职罪的客观方面

本罪的客观方面表现为在执行判决、裁定活动中，严重不负责任，不依法采取诉讼保全措施、不履行法定执行职责，或者违法采取诉讼保全措施、强制执行措施，致使当事人或者其他人的利益遭受重大损失的行为。

根据《立案标准》，以下情形属于致使当事人或者其他人的利益遭受重大损失：1. 致使当事人或者其近亲属自杀、自残造成重伤、死亡，或者精神失常的；2. 造成个人财产直接经济损失 15 万元以上，或者直接经济损失不满 15 万元，但间接经济损失 75 万元以上的；3. 造成法人或者其他组织财产直接经济损失 30 万元以上，或者直接经济损失不满 30 万元，但间接经济损失 150 万元以上的；4. 造成公司、企业等单位停业、停产 1 年以上，或者破产的；5. 其他致使当事人或者其他人的利益遭受重大损失的情形。

（四）执行判决、裁定失职罪的主体

本罪的主体是特殊主体，即司法工作人员。所谓司法工作人员包括有侦

查、检察、审判和监管职责的工作人员，在实践中，本罪的主体一般为负有执行职责的司法工作人员。

（五）执行判决、裁定失职罪的主观方面

本罪的主观方面为过失，即行为人应当预见到自己在执行工作中的失职行为会使当事人或者其他人的利益遭受重大损失，因为疏忽大意而没有预见，或者已经预见而轻信能够避免。

五、失职致使在押人员脱逃罪的犯罪构成

（一）失职致使在押人员脱逃罪的概念

失职致使在押人员脱逃罪，是指司法工作人员由于严重不负责任，不履行或者不认真履行职责，致使在押的犯罪嫌疑人、被告人、罪犯脱逃，造成严重后果的行为。

（二）失职致使在押人员脱逃罪的客体

本罪的客体为国家监管机关的监管制度和正常管理活动及秩序。

（三）失职致使在押人员脱逃罪的客观方面

本罪的客观方面表现为严重不负责任，不履行或者不认真履行职责，致使在押的犯罪嫌疑人、被告人、罪犯脱逃，造成严重后果的行为。

根据《立案标准》，以下情形属于造成严重后果：1. 致使依法可能判处或者已经判处 10 年以上有期徒刑、无期徒刑、死刑的犯罪嫌疑人、被告人、罪犯脱逃的；2. 致使犯罪嫌疑人、被告人、罪犯脱逃 3 人次以上的；3. 犯罪嫌疑人、被告人、罪犯脱逃以后，打击报复报案人、控告人、举报人、被害人、证人和司法工作人员等，或者继续犯罪的；4. 其他致使在押的犯罪嫌疑人、被告人、罪犯脱逃，造成严重后果的情形。

（四）失职致使在押人员脱逃罪的主体

本罪的主体为特殊主体，即司法工作人员，主要指的是监管人员。

此外，根据最高人民检察院2001年3月2日发布的《关于工人等非监管机关在编监管人员私放在押人员行为和失职致使在押人员脱逃行为适用法律问题的解释》，工人等非监管机关在编监管人员在被监管机关聘用受委托履行监管职责的过程中私放在押人员的，应当依照《刑法》第400条第1款的规定，以私放在押人员罪追究刑事责任。由此可见工人等非监管机关在编监管人员也可以成为本罪的主体。

（五）失职致使在押人员脱逃罪的主观方面

本罪的主观方面为过失。

六、环境监管失职罪的犯罪构成

（一）环境监管失职罪的概念

环境监管失职罪，是指负有环境保护监督管理职责的国家机关工作人员严重不负责任，不履行或不认真履行环境保护监管职责，导致发生重大环境污染事故，致使公私财产遭受重大损失或者造成人身伤亡的严重后果的行为。

（二）环境监管失职罪的客体

本罪的客体为国家对环境保护的监督管理制度。

（三）环境监管失职罪的客观方面

本罪的客观方面表现为严重不负责任，不履行或不认真履行环境保护监管职责，导致发生重大环境污染事故，致使公私财产遭受重大损失或者造成人身伤亡的严重后果的行为。

根据最高人民法院、最高人民检察院2016年12月23日发布的《关于办理环境污染刑事案件适用法律若干问题的解释》，环境监管失职罪中的“致使公私财产遭受重大损失或者造成人身伤亡的严重后果”指的是致使公私财产损失30万元以上，或者具有下列情形之一的：1. 造成生态环境严重损害的；2. 致使乡镇以上集中式饮用水水源取水中断12小时以上的；3. 致使基本农田、防护林地、特种用途林地5亩以上，其他农用地10亩以上，其他土地20亩以上基本功能丧失或者遭受永久性破坏的；4. 致使森林或者其他林木死亡50

立方米以上，或者幼树死亡2500株以上的；5. 致使疏散、转移群众5000人以上的；6. 致使30人以上中毒的；7. 致使3人以上轻伤、轻度残疾或者器官组织损伤导致一般功能障碍的；8. 致使1人以上重伤、中度残疾或者器官组织损伤导致严重功能障碍的。

（四）环境监管失职罪的主体

本罪的主体为特殊主体，即负有环境保护监督管理职责的国家机关工作人员。

（五）环境监管失职罪的主观方面

本罪的主观方面为过失。

七、食品安全监管失职罪的犯罪构成

（一）食品安全监管失职罪的概念

食品安全监管失职罪，是指负有食品安全监督管理职责的国家机关工作人员，严重不负责任，违反食品安全管理法规，导致发生重大食品安全事故或者造成其他严重后果的行为。

（二）食品安全监管失职罪的客体

本罪的客体为国家对食品安全的监督管理制度。

（三）食品安全监管失职罪的客观方面

本罪的客观方面表现为严重不负责任，违反食品安全管理法规，导致发生重大食品安全事故或者造成其他严重后果的行为。

所谓“严重不负责任”，是指卫生行政、农业行政、质量监督、工商行政管理、食品药品监督管理部门或者其他有关行政部门工作人员对食品安全监管漠不关心、得过且过、疏忽马虎的态度。本罪以“导致发生重大食品安全事故或者造成其他严重后果”为构成要件。所谓违反食品安全管理法规，是指卫生行政、农业行政、质量监督、工商行政管理、食品药品监督管理部门或者其他有关行政部门不履行食品安全管理职责的行为，包括对食品安全风险监测和评估、食品安全标准、食品生产经营、食品检验、食品进出口、食品安全事故处置等方面的监督管理工作。

本罪以“导致发生重大食品安全事故或者造成其他严重后果”为构成要件。这里所规定的“重大食品安全事故”，是指食物中毒、食源性疾病、食品污染等源于食品，对人体健康有危害或者可能有危害的重大事故。其中食物中毒，是指食用了被有毒有害物质污染的食品或者食用了含有毒有害物质的食品后出现的急性、亚急性疾病。食源性疾病，是指食品中致病因素进入人体引起的感染性、中毒性等疾病。“造成其他严重后果”，是指虽未发生重大食品安全事故，但由于食品安全监督管理方面的问题，造成其他严重后果的情形。

（四）食品安全监管失职罪的主体

本罪的主体为特殊主体，即负有食品安全监督管理职责的国家机关工作人员，主要包括在国务院和各级地方人民政府及卫生行政、农业行政、质量监督、工商行政管理、食品药品监督管理等部门负有食品安全监管职责的工作人员。

（五）食品安全监管失职罪的主观方面

本罪的主观方面为过失。

八、传染病防治失职罪的犯罪构成

（一）传染病防治失职罪的概念

传染病防治失职罪，是指从事传染病防治的政府卫生行政部门的工作人员严重不负责任，不履行或者不认真履行传染病防治监管职责，导致传染病传播或者流行，情节严重的行为。

（二）传染病防治失职罪的客体

本罪的客体为国家对于传染病防治的管理制度。

（三）传染病防治失职罪的客观方面

本罪的客观方面表现为严重不负责任，不履行或者不认真履行传染病防治监管职责，导致传染病传播或者流行，情节严重的行为。

根据《立案标准》，属于“情节严重”的情形主要包括：1. 导致甲类传染病传播的；2. 导致乙类、丙类传染病流行的；3. 因传染病传播或者流行，造成人员重伤或者死亡的；4. 因传染病传播或者流行，严重影响正常的生产、生活秩序的；5. 在国家对突发传染病疫情等灾害采取预防、控制措施后，对发生突发传染病疫情等灾害的地区或者突发传染病病人、病原携带者、疑似突发传染病病人，未按照预防、控制突发传染病疫情等灾害工作规范的要求做好防疫、检疫、隔离、防护、救治等工作，或者采取的预防、控制措施不当，造成传染范围扩大或者疫情、灾情加重的；6. 在国家对突发传染病疫情等灾害采取预防、控制措施后，隐瞒、缓报、谎报或者授意、指使、强令他人隐瞒、缓报、谎报疫情、灾情，造成传染范围扩大或者疫情、灾情加重的；7. 在国家对突发传染病疫情等灾害采取预防、控制措施后，拒不执行突发传染病疫情等灾害应急处理指挥机构的决定、命令，造成传染范围扩大或者疫情、灾情加重的；8. 其他情节严重的情形。

（四）传染病防治失职罪的主体

本罪的主体为特殊主体，即从事传染病防治的政府卫生行政部门的工作人员。

（五）传染病防治失职罪的主观方面

本罪的主观方面为过失。

九、商检失职罪的犯罪构成

（一）商检失职罪的概念

商检失职罪，是指国家商检部门、商检机构的工作人员严重不负责任，对应当检验的物品不检验，或者延误检验出证、错误出证，致使国家利益遭受重大损失的行为。

（二）商检失职罪的客体

本罪的客体为国家商检部门、商检机构的正常活动。

（三）商检失职罪的客观方面

本罪的客观方面表现为严重不负责任，对应当检验的物品不检验，或者延误检验出证、错误出证，致使国家利益遭受重大损失的行为。

其中“致使国家利益遭受重大损失”主要表现为：1 致使不合格的食品、药品、医疗器械等商品出入境，严重危害生命健康的；2. 造成个人财产直接经济损失 15 万元以上，或者直接经济损失不满 15 万元，但间接经济损失 75 万元以上的；3. 造成公共财产、法人或者其他组织财产直接经济损失 30 万元以上，或者直接经济损失不满 30 万元，但间接经济损失 150 万元以上的；4. 未经检验，出具合格检验结果，致使国家禁止进口的固体废物、液态废物和气态废物等进入境内的；5. 不检验或者延误检验出证、错误出证，引起国际经济贸易纠纷，严重影响国家对外经贸关系，或者严重损害国家声誉的；6. 其他致使国家利益遭受重大损失的情形。

（四）商检失职罪的主体

本罪的主体为特殊主体，即国家商检部门、商检机构的工作人员。

（五）商检失职罪的主观方面

本罪的主观方面为过失。

十、动植物检疫失职罪的犯罪构成

（一）动植物检疫失职罪的概念

动植物检疫失职罪，是指国家检验检疫部门及检验检疫机构中从事动植物检疫工作的人员严重不负责任，对应当检疫的检疫物不检疫，或者延误检疫出证、错误出证，致使国家利益遭受重大损失的行为。

（二）动植物检疫失职罪的客体

本罪的客体为国家的动植物检疫制度。

（三）动植物检疫失职罪的客观方面

本罪的客观方面表现为严重不负责任，对应当检疫的检疫物不检疫，或者延误检疫出证、错误出证，致使国家利益遭受重大损失的行为。

其中“致使国家利益遭受重大损失”主要表现为：1. 导致疫情发生，造成人员重伤或者死亡的；2. 导致重大疫情发生、传播或者流行的；3. 造成个人财产直接经济损失 15 万元以上，或者直接经济损失不满 15 万元，但间接经济损失 75 万元以上的；4. 造成公共财产或者法人、其他组织财产直接经济损失 30 万元以上，或者直接经济损失不满 30 万元，但间接经济损失 150 万元以上的；5. 不检疫或者延误检疫出证、错误出证，引起国际经济贸易纠纷，严重影响国家对外经贸关系，或者严重损害国家声誉的；6. 其他致使国家利益遭受重大损失的情形。

（四）动植物检疫失职罪的主体

本罪的主体为特殊主体，即国家检验检疫部门及检验检疫机构中从事动植物检疫工作的人员。

（五）动植物检疫失职罪的主观方面

本罪的主观方面为过失。

十一、失职造成珍贵文物损毁、流失罪的犯罪构成

（一）失职造成珍贵文物损毁、流失罪的概念

失职造成珍贵文物损毁、流失罪，是指国家机关工作人员严重不负责任，造成珍贵文物损毁或者流失，后果严重的行为。

（二）失职造成珍贵文物损毁、流失罪的客体

本罪的客体为国家的珍贵文物保护、管理制度。

（三）失职造成珍贵文物损毁、流失罪的客观方面

本罪的客观方面表现为严重不负责任，造成珍贵文物损毁或者流失，后果严重的行为。

“后果严重”主要是指导致国家一、二、三级珍贵文物损毁或者流失，或者导致全国重点文物保护单位或者省、自治区、直辖市级文物保护单位损毁，及其他后果严重的情形。

（四）失职造成珍贵文物损毁、流失罪的主体

本罪的主体为特殊主体，即国家机关工作人员。

（五）失职造成珍贵文物损毁、流失罪的主观方面

本罪的主观方面为过失。

第六章　徇私舞弊型职务犯罪

徇私舞弊型职务犯罪，是指国家机关工作人员徇情、徇私，而违法行使职权的职务犯罪。徇私舞弊型职务犯罪包括：徇私枉法罪，民事、行政枉法裁判罪，枉法仲裁裁决罪，徇私舞弊减刑、假释、暂予监外执行罪，徇私舞弊不移交刑事案件罪，徇私舞弊不征、少征税款罪，徇私舞弊发售发票、抵扣税款、出口退税罪，商检徇私舞弊罪，动植物检疫徇私舞弊罪，放纵制售伪劣商品犯罪的行为罪，招收公务员、学生徇私舞弊罪。

第一节　徇私枉法罪的犯罪构成

一、徇私枉法罪的概念

徇私枉法罪，是指司法工作人员徇私枉法、徇情枉法，对明知是无罪的人而使他受追诉、对明知是有罪的人而故意包庇不使他受追诉，或者在刑事审判活动中故意违背事实和法律作枉法裁判的行为。

二、徇私枉法罪的客体

本罪的客体是国家司法机关的刑事司法公正。国家司法机关的刑事诉讼秩序，要求司法机关依法办案、严格执法，实现刑事司法公正。因为本罪只是涉及刑事诉讼中的枉法行为，所以犯罪客体也应该为刑事司法公正，而不包括民事、行政司法公正。

三、徇私枉法罪的客观方面

本罪的客观方面为对明知是无罪的人而使他受追诉、对明知是有罪的人而故意包庇不使他受追诉，或者在刑事审判活动中违背事实和法律作枉法裁判的行为。徇私，是指徇个人私情、私利，不包括为了本单位利益。徇私枉法罪的行为表现为：其一，对明知是没有犯罪事实或者其他依法不应当追究刑事责任的人，采取伪造、隐匿、毁灭证据或者其他隐瞒事实、违反法律的手段，以追究刑事责任为目的立案、侦查、起诉、审判的；其二，对明知是有犯罪事实需要追究刑事责任的人，采取伪造、隐匿、毁灭证据或者其他隐瞒事实、违反法律的手段，故意包庇使其不受立案、侦查、起诉、审判的；其三，采取伪造、隐匿、毁灭证据或者其他隐瞒事实、违反法律的手段，故意使罪重的人受较轻的追诉，或者使罪轻的人受较重的追诉的；其四，在立案后，采取伪造、隐匿、毁灭证据或者其他隐瞒事实、违反法律的手段，应当采取强制措施而不采取强制措施，或者虽然采取强制措施，但中断侦查或者超过法定期限不采取任何措施，实际放任不管，以及违法撤销、变更强制措施，致使犯罪嫌疑人、被告人实际脱离司法机关侦控的；其五，在刑事审判活动中故意违背事实和法律，做出枉法判决、裁定，即有罪判无罪、无罪判有罪，或者重罪轻判、轻罪重判的；其六，其他徇私枉法应予追究刑事责任的情形。

四、徇私枉法罪的主体

本罪的主体为特殊主体，即司法工作人员，具体而言，就是依法行使刑事侦查权、刑事起诉权和刑事审判权的机关，包括公安机关、国家安全机关、检察机关、审判机关的工作人员。这些机关中没有行使刑事追诉权的人员，如财会人员、后勤人员等不能构成本罪。帮助司法工作人员行使追诉权的专业技术人员，也可以构成本罪。

五、徇私枉法罪的主观方面

本罪的主观方面为故意，且只能是直接故意，还必须有徇情、徇私的动机。徇情，是指行为人出于感情而产生犯罪动机，这种感情包括亲情、友情和爱情等多种情感，徇情的动机可以表现为接受请托、袒护亲友等；徇私，是指行为人出于追求个人私利的动机，一般表现为贪恋女色、报复泄愤、嫉妒逞能、邀功请赏等个人私欲私利。[①] 缺乏徇私和徇情的动机，而仅仅因为业务水

---

① 参见王安异：《刑法第399条中“枉法”的认定》，载《法学评论》2003年第2期。

平较低而出现冤假错案的，则不构成本罪。“徇私”应理解为徇个人私情、私利，如果国家机关工作人员为了本单位的利益，实施滥用职权、玩忽职守行为，构成犯罪的，应当依照《刑法》第397条第1款的规定定罪处罚。[①]徇情、徇私仅是犯罪动机，属主观超过要素，并不要求客观上真的为本人或他人谋取了利益。

六、徇私枉法罪的认定

1. 徇私枉法罪与妨害作证罪、帮助毁灭证据罪、伪造证据罪、包庇罪的区别

徇私枉法罪可以是包庇行为，也可以是毁灭证据、伪造证据、威胁、贿买证人、妨害作证的行为，与妨害作证罪、帮助毁灭证据罪、伪造证据罪、包庇罪有相似之处，容易混淆。要明确本罪与上述犯罪的区别，应当注意：（1）客观方面不同，本罪的行为人利用了自己直接办理或主管刑事案件的便利条件，而其他犯罪则没有这一条件；（2）犯罪主体不同，本罪的主体为司法机关工作人员，其他犯罪的主体则为一般主体；（3）犯罪主观方面不同，本罪要求有徇私、徇情的动机，而其他的犯罪并不以犯罪动机为构成要件。

2. 徇私枉法罪的共同犯罪

非司法工作人员与司法工作人员勾结，共同实施徇私枉法行为，构成犯罪的，应当以徇私枉法罪的共犯追究刑事责任。

第二节　民事、行政枉法裁判罪的犯罪构成

一、民事、行政枉法裁判罪的概念

民事、行政枉法裁判罪，是指审判人员在民事、行政审判活动中，故意违背事实和法律作枉法裁判，情节严重的行为。

---

① 参见2003年11月最高人民法院《全国法院审理经济犯罪案件工作座谈会纪要》。

二、民事、行政枉法裁判罪的客体

本罪的客体为司法机关的正常活动和司法公正。

三、民事、行政枉法裁判罪的客观方面

本罪的客观方面表现为在民事、行政审判活动中，故意违背事实和法律作枉法裁判，情节严重的行为。

根据《立案标准》，情节严重指的是：1. 枉法裁判，致使当事人或者其近亲属自杀、自残造成重伤、死亡，或者精神失常的；2. 枉法裁判，造成个人财产直接经济损失10万元以上，或者直接经济损失不满10万元，但间接经济损失50万元以上的；3. 枉法裁判，造成法人或者其他组织财产直接经济损失20万元以上，或者直接经济损失不满20万元，但间接经济损失100万元以上的；4. 伪造、变造有关材料、证据，制造假案枉法裁判的；5. 串通当事人制造伪证，毁灭证据或者篡改庭审笔录而枉法裁判的；6. 徇私情、私利，明知是伪造、变造的证据予以采信，或者故意对应当采信的证据不予采信，或者故意违反法定程序，或者故意错误适用法律而枉法裁判的；7. 其他情节严重的情形。

四、民事、行政枉法裁判罪的主体

本罪的主体为特殊主体，即审判人员。

五、民事、行政枉法裁判罪的主观方面

本罪的主观方面为故意。审判人员如果基于过失做出违背事实和法律的判决，并不构成此罪。

第三节　枉法仲裁罪的犯罪构成

一、枉法仲裁罪的概念

枉法仲裁罪，是《刑法修正案（六）》新设的罪名，是指依法承担仲裁职责的人员，在仲裁活动中故意违背事实和法律作枉法裁决，情节严重的行为。

二、枉法仲裁罪的客体

本罪的客体为仲裁公正。我国仲裁制度包括经济仲裁、劳动仲裁等，是司法外解决纠纷的一种方式，要求各仲裁人依法公正仲裁，维护当事人的权利。枉法仲裁裁决行为破坏的就是这种公正秩序。

三、枉法仲裁罪的客观方面

本罪的客观方面表现为违背事实和法律，违法裁决，且情节严重的行为。

何为“情节严重的行为”，当前的司法解释并没有给予明确的规定，但可以参照民事、行政枉法裁判罪的相关认定方法和思路，存在下列情形之一的，可视为情节严重：1. 枉法仲裁，致使当事人或者其近亲属自杀、自残造成重伤、死亡，或者精神失常的；2. 枉法仲裁，造成个人财产直接经济损失 10 万元以上，或者直接经济损失不满 10 万元，但间接经济损失 50 万元以上的；3. 枉法仲裁，造成法人或者其他组织财产直接经济损失 20 万元以上，或者直接经济损失不满 20 万元，但间接经济损失 100 万元以上的；4. 伪造、变造有关材料、证据，制造假案枉法仲裁的；5. 串通当事人制造伪证，毁灭证据、故意丢失证据或者篡改仲裁笔录而枉法仲裁的；6. 徇私情、私利，明知是伪造、变造的证据予以采信，或者故意对应当采信的证据不予采信，或者故意违反法定程序，或者故意错误适用法律而枉法仲裁的；7. 其他情节严重的情形。

四、枉法仲裁罪的主体

本罪主体为特殊主体，即仲裁人。仲裁人是在仲裁活动中承担仲裁职责的人，具有特定的法律地位。

五、枉法仲裁罪的主观方面

本罪的主观方面为故意。在司法实践中，认定仲裁人员是否具有枉法仲裁的故意，可以综合以下几个方面进行判断：[①] 一是仲裁人员在裁决的过程中是否存在徇私情、私利的情节；二是仲裁人员是否明显违反法定程序做出枉法

① 参见余文权：《枉法仲裁罪法律适用问题探析》，载《人民检察》2013 年第 17 期。

裁决；三是仲裁人员是否明知当事人及其代理人伪造、隐匿、毁灭证据或妨害作证；四是违背事实和法律做出错误裁决的错误是否达到明显的程度；五是明显违背事实和法律的行为是否经仲裁庭其他成员、仲裁委员会、当事人及其代理人以及其他人指出。

第四节　徇私舞弊减刑、假释、暂予监外执行罪的犯罪构成

一、徇私舞弊减刑、假释、暂予监外执行罪的概念

徇私舞弊减刑、假释、暂予监外执行罪，是指司法工作人员徇私舞弊，对不符合减刑、假释、暂予监外执行条件的罪犯予以减刑、假释、暂予监外执行的行为。

二、徇私舞弊减刑、假释、暂予监外执行罪的客体

本罪的客体为国家的减刑、假释、暂予监外执行制度。

三、徇私舞弊减刑、假释、暂予监外执行罪的客观方面

本罪的客观方面表现为徇私舞弊，对不符合减刑、假释、暂予监外执行条件的罪犯予以减刑、假释、暂予监外执行的行为。

根据《立案标准》，徇私舞弊，对不符合减刑、假释、暂予监外执行条件的罪犯予以减刑、假释、暂予监外执行的行为主要包括以下情形：1. 刑罚执行机关的工作人员对不符合减刑、假释、暂予监外执行条件的罪犯，捏造事实，伪造材料，违法报请减刑、假释、暂予监外执行的；2. 审判人员对不符合减刑、假释、暂予监外执行条件的罪犯，徇私舞弊，违法裁定减刑、假释或者违法决定暂予监外执行的；3. 监狱管理机关、公安机关的工作人员对不符合暂予监外执行条件的罪犯，徇私舞弊，违法批准暂予监外执行的；4. 不具有报请、裁定、决定或者批准减刑、假释、暂予监外执行权的司法工作人员利用职务上的便利，伪造有关材料，导致不符合减刑、假释、暂予监外执行条件的罪犯被减刑、假释、暂予监外执行的；5. 其他徇私舞弊减刑、假释、暂予监外执行应予追究刑事责任的情形。

四、徇私舞弊减刑、假释、暂予监外执行罪的主体

本罪的主体为特殊主体，即司法工作人员

五、徇私舞弊减刑、假释、暂予监外执行罪的主观方面

本罪的主观方面为故意。

第五节　徇私舞弊不移交刑事案件罪的犯罪构成

一、徇私舞弊不移交刑事案件罪的概念

徇私舞弊不移交刑事案件罪，是指行政执法人员徇私舞弊，对依法应当移交司法机关追究刑事责任的不移交，情节严重的行为。徇私，是指出于私情、私利的动机，此为主观超过要素，只要行为人暴露出该动机即可，并不要求实际上私情得偿所愿或者牟取了私利；舞弊，是指实施伪造材料、隐瞒情况、弄虚作假的行为。徇私舞弊包括主客观两方面的内容，徇私为主观决定因素，表现了不移交刑事案件的主观动机，而舞弊则为客观的行为表现，表现了不移交刑事案件的手段。

二、徇私舞弊不移交刑事案件罪的客体

本罪的客体为国家司法活动的正常秩序。

三、徇私舞弊不移交刑事案件罪的客观方面

本罪的客观方面表现为行政执法人员，徇私情、私利，伪造材料，隐瞒情况，弄虚作假，对依法应当移交司法机关追究刑事责任的刑事案件，不移交司法机关处理，情节严重的行为。

“不移交刑事案件”的行为，是指将本来应该移交刑事侦查、审判的案件，拒不移交的行为。对此，行为人主观上明知该案件涉嫌犯罪，应该移交刑事侦查机关，否则就会放纵犯罪；客观上也确实使本应受到刑事查处的行为面临逃脱刑事审判的危险。如果该行为根本就不构成犯罪，则即使不移交，也不

构成本罪。

徇私舞弊不移交刑事案件的，情节严重才构成犯罪。“情节严重”包括下列情形：1. 对依法可能判处 3 年以上有期徒刑、无期徒刑、死刑的犯罪案件不移交的；2. 不移交刑事案件涉及 3 人次以上的；3. 司法机关提出意见后，无正当理由仍然不予移交的；4. 以罚代刑，放纵犯罪嫌疑人，致使犯罪嫌疑人继续进行违法犯罪活动的；5. 行政执法部门主管领导阻止移交的；6. 隐瞒、毁灭证据，伪造材料，改变刑事案件性质的；7. 直接负责的主管人员和其他直接责任人员为牟取本单位私利而不移交刑事案件，情节严重的；8. 其他情节严重的情形。

四、徇私舞弊不移交刑事案件罪的主体

本罪的主体为特殊主体，即行政执法人员。

五、徇私舞弊不移交刑事案件罪的主观方面

本罪的主观方面为故意。

第六节　徇私舞弊不征、少征税款罪的犯罪构成

一、徇私舞弊不征、少征税款罪的概念

徇私舞弊不征、少征税款罪，是指税务机关工作人员徇私舞弊，不征、少征应征税款，致使国家税收遭受重大损失的行为。

二、徇私舞弊不征、少征税款罪的客体

本罪的客体为国家的税款征收制度。

三、徇私舞弊不征、少征税款罪的客观方面

本罪的客观方面表现为徇私舞弊，不征、少征应征税款，致使国家税收遭受重大损失的行为。

“致使国家税收遭受重大损失”主要是指：1. 徇私舞弊不征、少征应征税款，致使国家税收损失累计达 10 万元以上的；2. 上级主管部门工作人员

指使税务机关工作人员徇私舞弊不征、少征应征税款，致使国家税收损失累计达 10 万元以上的；3. 徇私舞弊不征、少征应征税款不满 10 万元，但具有索取或者收受贿赂或者其他恶劣情节的；4. 其他致使国家税收遭受重大损失的情形。

四、徇私舞弊不征、少征税款罪的主体

本罪的主体为特殊主体，即税务机关工作人员。

五、徇私舞弊不征、少征税款罪的主观方面

本罪的主观方面为故意。

第七节 徇私舞弊发售发票、抵扣税款、出口退税罪的犯罪构成

一、徇私舞弊发售发票、抵扣税款、出口退税罪的概念

徇私舞弊发售发票、抵扣税款、出口退税罪，是指税务机关工作人员违反法律、行政法规的规定，在办理发售发票、抵扣税款、出口退税工作中徇私舞弊，致使国家利益遭受重大损失的行为。

二、徇私舞弊发售发票、抵扣税款、出口退税罪的客体

本罪的客体为国家的税收管理制度。

三、徇私舞弊发售发票、抵扣税款、出口退税罪的客观方面

本罪的客观方面表现为违反法律、行政法规的规定，在办理发售发票、抵扣税款、出口退税工作中徇私舞弊，致使国家利益遭受重大损失的行为。

“致使国家利益遭受重大损失”主要指以下情形：1. 徇私舞弊，致使国家税收损失累计达 10 万元以上的；2. 徇私舞弊，致使国家税收损失累计不满 10 万元，但发售增值税专用发票 25 份以上或者其他发票 50 份以上或者增值税专用发票与其他发票合计 50 份以上，或者具有索取、收受贿赂或者其他恶劣情节的；3. 其他致使国家利益遭受重大损失的情形。

四、徇私舞弊发售发票、抵扣税款、出口退税罪的主体

本罪的主体为特殊主体，即税务机关工作人员。

五、徇私舞弊发售发票、抵扣税款、出口退税罪的主观方面

本罪的主观方面为故意。

第八节　违法提供出口退税凭证罪的犯罪构成

一、违法提供出口退税凭证罪的概念

违法提供出口退税凭证罪，是指海关、商检、外汇管理等国家机关工作人员违反国家规定，在提供出口货物报关单、出口收汇核销单等出口退税凭证的工作中，徇私舞弊，致使国家利益遭受重大损失的行为。

二、违法提供出口退税凭证罪的客体

本罪的客体为国家机关对出口退税凭证的管理活动。

三、违法提供出口退税凭证罪的客观方面

本罪的客观方面表现为违反国家规定，在提供出口货物报关单、出口收汇核销单等出口退税凭证的工作中，徇私舞弊，致使国家利益遭受重大损失的行为。

违法提供出口退税凭证罪，根据《立案标准》第1条第16款的规定，在实践中一般表现为：1. 徇私舞弊，致使国家税收损失累计达10万元以上的；2. 徇私舞弊，致使国家税收损失累计不满10万元，但具有索取、收受贿赂或者其他恶劣情节的；3. 其他致使国家利益遭受重大损失的情形。

四、违法提供出口退税凭证罪的主体

本罪的主体为特殊主体，即海关、商检、外汇管理等国家机关工作人员。

五、违法提供出口退税凭证罪的主观方面

本罪的主观方面为故意。

第九节　非法批准征用、占用土地罪的犯罪构成

一、非法批准征用、占用土地罪的概念

非法批准征用、占用土地罪，是指国家机关工作人员徇私舞弊，违反土地管理法规，滥用职权，非法批准征用、占用土地，情节严重的行为。

二、非法批准征用、占用土地罪的客体

本罪的客体为国家的土地管理制度。

三、非法批准征用、占用土地罪的客观方面

本罪的客观方面表现为徇私舞弊，违反土地管理法规，滥用职权，非法批准征用、占用土地，情节严重的行为。

所谓违反土地管理法规，是指违反土地管理法、森林法、草原法等法律以及有关行政法规中关于土地管理的规定。所谓非法批准征用、占用土地，是指非法批准征用、占用耕地、林地等农用地以及其他土地的行为。

根据《立法标准》，下列情形属于情节严重：1. 非法批准征用、占用基本农田 10 亩以上的；2. 非法批准征用、占用基本农田以外的耕地 30 亩以上的；3. 非法批准征用、占用其他土地 50 亩以上的；4. 虽未达到上述数量标准，但造成有关单位、个人直接经济损失 30 万元以上，或者造成耕地大量毁坏或者植被遭到严重破坏的；5. 非法批准征用、占用土地，影响群众生产、生活，引起纠纷，造成恶劣影响或者其他严重后果的；6. 非法批准征用、占用防护林地、特种用途林地分别或者合计 10 亩以上的；7. 非法批准征用、占用其他林地 20 亩以上的；8. 非法批准征用、占用林地造成直接经济损失 30 万元以上，或者造成防护林地、特种用途林地分别或者合计 5 亩以上或者其他林地 10 亩以上毁坏的；9. 其他情节严重的情形。

四、非法批准征用、占用土地罪的主体

本罪的主体为特殊主体，即国家机关工作人员。

五、非法批准征用、占用土地罪的主观方面

本罪的主观方面为故意。

第十节　非法低价出让国有土地使用权罪的犯罪构成

一、非法低价出让国有土地使用权罪的概念

非法低价出让国有土地使用权罪，是指国家机关工作人员徇私舞弊，违反土地管理法规，滥用职权，非法低价出让国有土地使用权，情节严重的行为。

二、非法低价出让国有土地使用权罪的客体

本罪的客体为国家的土地使用权管理制度。

三、非法低价出让国有土地使用权罪的客观方面

本罪的客观方面表现为徇私舞弊，违反土地管理法规，滥用职权，非法低价出让国有土地使用权，情节严重的行为。

根据《立法标准》，下列情形属于情节严重：1. 非法低价出让国有土地 30 亩以上，并且出让价额低于国家规定的最低价额标准的百分之六十的；2. 造成国有土地资产流失价额 30 万元以上的；3. 非法低价出让国有土地使用权，影响群众生产、生活，引起纠纷，造成恶劣影响或者其他严重后果的；4. 非法低价出让林地合计 30 亩以上，并且出让价额低于国家规定的最低价额标准的百分之六十的；5. 造成国有资产流失 30 万元以上的；6. 其他情节严重的情形。

四、非法低价出让国有土地使用权罪的主体

本罪的主体为特殊主体，即国家机关工作人员。

五、非法低价出让国有土地使用权罪的主观方面

本罪的主观方面为故意。

第十一节　放纵走私罪的犯罪构成

一、放纵走私罪的概念

放纵走私罪，是指海关工作人员徇私舞弊，放纵走私，情节严重的行为。

二、放纵走私罪的客体

本罪的客体为国家海关对进出口业务的监管制度。

三、放纵走私罪的客观方面

本罪的客观方面表现为徇私舞弊，放纵走私，情节严重的行为。

根据《立法标准》，下列情形属于情节严重：1. 放纵走私犯罪的；2. 因放纵走私致使国家应收税额损失累计达 10 万元以上的；3. 放纵走私行为 3 起次以上的；4. 放纵走私行为，具有索取或者收受贿赂情节的；5. 其他情节严重的情形。

四、放纵走私罪的主体

本罪的主体为特殊主体，即海关工作人员。

五、放纵走私罪的主观方面

本罪的主观方面为故意。

第十二节　商检徇私舞弊罪的犯罪构成

一、商检徇私舞弊罪的概念

商检徇私舞弊罪，是指国家商检部门、商检机构的工作人员徇私舞弊，

伪造检验结果的行为。

二、商检徇私舞弊罪的客体

本罪的客体为国家的商品检验制度。

三、商检徇私舞弊罪的客观方面

本罪的客观方面表现为徇私舞弊，伪造检验结果的行为。主要包括下列情形：1. 采取伪造、变造的手段对报检的商品的单证、印章、标志、封识、质量认证标志等作虚假的证明或者出具不真实的证明结论的；2. 将送检的合格商品检验为不合格，或者将不合格商品检验为合格的；3. 对明知是不合格的商品，不检验而出具合格检验结果的；4. 其他伪造检验结果应予追究刑事责任的情形。

四、商检徇私舞弊罪的主体

本罪的主体为特殊主体，即国家商检部门、商检机构的工作人员。

五、商检徇私舞弊罪的主观方面

本罪的主观方面为故意。

第十三节　动植物检疫徇私舞弊罪的犯罪构成

一、动植物检疫徇私舞弊罪的概念

动植物检疫徇私舞弊罪，是指国家检验检疫部门及检验检疫机构中从事动植物检疫工作的人员徇私舞弊，伪造检疫结果的行为。

二、动植物检疫徇私舞弊罪的客体

本罪的客体为国家的动植物检疫制度。

三、动植物检疫徇私舞弊罪的客观方面

本罪的客观方面表现为徇私舞弊，伪造检疫结果的行为。

主要包括下列情形：1. 采取伪造、变造的手段对检疫的单证、印章、标志、封识等作虚假的证明或者出具不真实的结论的；2. 将送检的合格动植物检疫为不合格，或者将不合格动植物检疫为合格的；3. 对明知是不合格的动植物，不检疫而出具合格检疫结果的；4. 其他伪造检疫结果应予追究刑事责任的情形。

四、动植物检疫徇私舞弊罪的主体

本罪的主体为特殊主体，即国家检验检疫部门及检验检疫机构中从事动植物检疫工作的人员。

五、动植物检疫徇私舞弊罪的主观方面

本罪的主观方面为故意。

第十四节 放纵制售伪劣商品犯罪行为罪的犯罪构成

一、放纵制售伪劣商品犯罪行为罪的概念

放纵制售伪劣商品犯罪行为罪，是指对生产、销售伪劣商品犯罪行为负有追究责任的国家工商行政管理、质量技术监督等机关工作人员徇私舞弊，不履行法律规定的追究职责，情节严重的行为。

二、放纵制售伪劣商品犯罪行为罪的客体

本罪的客体为国家对商品生产、销售的正常管理活动。

三、放纵制售伪劣商品犯罪行为罪的客观方面

本罪的客观方面表现为徇私舞弊，不履行法律规定的追究职责，情节严重的行为。

“情节严重”主要指：1. 放纵生产、销售假药或者有毒、有害食品犯罪行为的；2. 放纵生产、销售伪劣农药、兽药、化肥、种子犯罪行为的；3. 放纵依法可能判处 3 年有期徒刑以上刑罚的生产、销售伪劣商品犯罪行为的；4. 对生产、销售伪劣商品犯罪行为不履行追究职责，致使生产、销售伪劣商品犯

罪行为得以继续的；5.3 次以上不履行追究职责，或者对 3 个以上有生产、销售伪劣商品犯罪行为的单位或者个人不履行追究职责的；6. 其他情节严重的情形。

四、放纵制售伪劣商品犯罪行为罪的主体

本罪的主体为特殊主体，即对生产、销售伪劣商品犯罪行为负有追究责任的国家工商行政管理、质量技术监督等机关工作人员。

五、放纵制售伪劣商品犯罪行为罪的主观方面

本罪的主观方面为故意。

第十五节　招收公务员、学生徇私舞弊罪

一、招收公务员、学生徇私舞弊罪的概念

招收公务员、学生徇私舞弊罪，是指国家机关工作人员在招收公务员、省级以上教育行政部门组织招收的学生工作中徇私舞弊，情节严重的行为。

二、招收公务员、学生徇私舞弊罪的客体

本罪的客体为国家招收公务员、学生的正常管理活动。

三、招收公务员、学生徇私舞弊罪的客观方面

本罪的客观方面表现为在招收公务员、省级以上教育行政部门组织招收的学生工作中徇私舞弊，情节严重的行为。

"情节严重"主要指：1. 徇私舞弊，利用职务便利，伪造、变造人事、户口档案、考试成绩或者其他影响招收工作的有关资料，或者明知是伪造、变造的上述材料而予以认可的；2. 徇私舞弊，利用职务便利，帮助 5 名以上考生作弊的；3. 徇私舞弊招收不合格的公务员、学生 3 人次以上的；4. 因徇私舞弊招收不合格的公务员、学生，导致被排挤的合格人员或者其近亲属自杀、自残造成重伤、死亡，或者精神失常的；5. 因徇私舞弊招收公务员、学生，导致

该项招收工作重新进行的；6. 其他情节严重的情形。

四、招收公务员、学生徇私舞弊罪的主体

本罪的主体为特殊主体，即国家机关工作人员。

五、招收公务员、学生徇私舞弊罪的主观方面

本罪的主观方面为故意。

图书在版编目(CIP)数据

职务犯罪构成新论 / 童德华，陈梅编著. —北京：中国法制出版社，2018.12

ISBN 978-7-5093-9688-9

Ⅰ. ①职… Ⅱ. ①童… ②陈… Ⅲ. ①职务犯罪—预防犯罪—研究—中国 Ⅳ. ①D924.304

中国版本图书馆CIP数据核字（2018）第187103号

策划编辑：李 佳（amberlee2014@126.com）

责任编辑：孙璐璐（cindysun321@126.com） 封面设计：杨泽江

职务犯罪构成新论

ZHIWU FANZUI GOUCHENG XINLUN

编著 / 童德华 陈 梅

审订 / 齐文远

经销 / 新华书店

印刷 / 北京京华虎彩印刷有限公司

开本 / 710毫米×1000毫米 16开 印张 / 17 字数 / 260千

版次 / 2018年12月第1版 2018年12月第1次印刷

中国法制出版社出版

书号ISBN 978-7-5093-9688-9 定价：68.00元

北京西单横二条2号 邮政编码100031 传真：010-66031119

网址：http://www.zgfzs.com **编辑部电话：010-66038703**

市场营销部电话：010-66017726 **邮购部电话：010-66033288**